Schriften des Vereins für Socialpolitik

Gesellschaft für Wirtschafts- und Sozialwissenschaften

Neue Folge Band 274

zugleich Beiheft 9

Zeitschrift für Wirtschafts- und Sozialwissenschaften

SCHRIFTEN DES VEREINS FÜR SOCIALPOLITIK
Gesellschaft für Wirtschafts- und Sozialwissenschaften
Neue Folge Band 274

zugleich Beiheft 9
Zeitschrift für Wirtschafts- und Sozialwissenschaften

Jahrestagung des Vereins für Socialpolitik
Gesellschaft für Wirtschafts- und Sozialwissenschaften
in Mainz
vom 28. September - 1. Oktober 1999

Duncker & Humblot · Berlin

Jahrestagung des Vereins für Socialpolitik
Gesellschaft für Wirtschafts- und Sozialwissenschaften
in Mainz 1999

Erweiterung der EU

Von

Andries Brandsma, Michael C. Burda,
Wilhelm Kohler, Hans Peter Lankes, Reinhard Selten,
Hans-Werner Sinn, Alfred Steinherr

Herausgegeben von

Lutz Hoffmann

Duncker & Humblot · Berlin

Die Deutsche Bibliothek – CIP-Einheitsaufnahme

Erweiterung der EU / Hrsg.: Lutz Hoffmann. – Berlin :
Duncker und Humblot, 2000
(Jahrestagung des Vereins für Socialpolitik, Gesellschaft für Wirtschafts- und Sozialwissenschaften ; 1999)
(Zeitschrift für Wirtschafts- und Sozialwissenschaften : Beiheft ; 9)
(Schriften des Vereins für Socialpolitik, Gesellschaft für Wirtschafts- und Sozialwissenschaften ; N.F., Bd. 274)
ISBN 3-428-10282-7

Fremddatenübernahme und Druck:
Berliner Buchdruckerei Union GmH, Berlin
Printed in Germany

ISSN 0505-2777
ISBN 3-428-10282-7

Gedruckt auf alterungsbeständigem (säurefreiem) Papier
entsprechend ISO 9706 ♾

Inhaltsverzeichnis

I. Referate und Reden der Kerntagung

I. Referate und Reden der Kerntagung

Eröffnungsrede

Von Prof. Dr. *Hans-Werner Sinn,*
Vorsitzender des Vereins für Socialpolitik

Magnifizenz, Spektabilis, verehrte Gäste, meine Damen und Herren,

Europa besteht nicht nur aus 15 Staaten! Prag und Warschau sind nicht weniger als europäische Metropolen zu bezeichnen als Rom, London oder Paris! Der Fall des Eisernen Vorhangs und die Beitrittsbegehren der osteuropäischen Staaten führen uns diese Wahrheit wieder vor Augen. In der Tat gibt es keinen vernünftigen Grund, die Europäische Union auf die Länder des Westens zu beschränken. Auch Osteuropa gehört dazu. Die Erweiterung der Union eröffnet Chancen und birgt Risiken; sie wird Probleme aufwerfen und Erfolge mit sich bringen. Das Thema ist so wichtig und wirtschaftspolitisch brisant, daß es geradezu eine Schande wäre, wenn der Verein für Socialpolitik sich nicht auf einer seiner Jahrestagungen damit auseinander setzen würde.

Am Anfang der europäischen Integration standen sechs Staaten, deren Außenminister am 25. März 1957 mit ihren Unterschriften unter die Römischen Verträge die Europäische Wirtschaftsgemeinschaft begründeten: Belgien, Holland, Luxemburg, Frankreich, Italien und die Bundesrepublik Deutschland. 1973 – aus der Europäischen Wirtschaftsgemeinschaft war in der Zwischenzeit die Europäische Gemeinschaft geworden – traten Großbritannien, Dänemark und Irland bei. 1981 folgte Griechenland und 1986 Spanien und Portugal. In diesen Ländern bildeten die politischen Umwälzungen, die aus Diktaturen Demokratien werden ließen, die Voraussetzung für einen Beitritt zur Europäischen Gemeinschaft. Die politischen Umbrüche in Osteuropa ermöglichten es 1995 dann auch Finnland und Österreich, zusammen mit Schweden, der inzwischen so genannten „Europäischen Union" beizutreten. Doch damit ist der Prozeß der europäischen Integration noch lange nicht zum Stillstand gekommen. Nach dem Zusammenbruch des kommunistischen Regimes in den osteuropäischen Ländern bildeten sich demokratische Staaten, die ebenfalls den Wunsch äußern, der Europäischen Union beizutreten. Beitrittsverhandlungen wurden mit Estland, Polen, der Tschechischen Republik, Ungarn und Slowenien aufgenommen. Weitere osteuropäische Staaten wie Lettland, Litauen, die Slowakische Republik, Rumänien und Bulgarien sind assoziierte Mitglieder und wollen ebenfalls Beitrittsverhandlungen führen. Zur Gruppe der assoziierten Mitglieder gehören weiterhin Zypern, Malta und die Türkei. Die Geschichte wird zeigen, ob und wann diese Länder beitreten können.

In militärischer Hinsicht ist die Osterweiterung der EU, die ja der Nato-Osterweiterung folgt, ein Segen für die existierenden EU-Länder, insbesondere für Deutschland, denn sie schiebt die geographische Grenze für mögliche Konflikte nach Osten. Endlich scheint es nach den Turbulenzen der vergangenen Jahrhunderte zu gelingen, um Deutschland herum eine stabile politische Ordnung zu schaffen, die Kriege mit den Nachbarn unmöglich macht. Das würde die Osterweiterung auch dann rechtfertigen, wenn sie mit wirtschaftlichen Nachteilen verbunden wäre.

Von solchen Nachteilen kann jedoch im Grundsatz nicht die Rede sein. Die Erweiterung der europäischen Freihandelszone verspricht, allen Beteiligten Vorteile zu verschaffen, weil die Spezialisierung zunimmt und die komparativen Vorteile der einzelnen Länder ausgenutzt werden können. Schon heute, nur zehn Jahre nach dem Fall der Mauer, ist der Handel zwischen den alten EU-Ländern und den genannten osteuropäischen Beitrittsaspiranten halb so groß wie der Handel mit den USA.

Handelsgewinne gibt es nicht nur durch den Austausch von Gütern, sondern auch durch Faktorwanderungen. Ein wachsender Strom von Finanzkapital und Direktinvestitionen fließt von der jetzigen EU nach Osteuropa und trägt dort zum Aufschwung bei. Deutschland ist in Osteuropa der bei weitem größte Direktinvestor, gefolgt von den USA, den Niederlanden und Österreich. Von diesen Direktinvestitionen profitieren nicht nur die Empfängerländer, sondern ebenso die westlichen Kapitalgeberländer, denn ihnen fließen ja die verdienten Kapitaleinkommen zu.

Häufig wird voller Sorge vor den zu erwartenden Arbeitskräftewanderungen gewarnt. In der Tat sind wegen der immer noch sehr großen Einkommensunterschiede erhebliche Wanderungseffekte zu erwarten. Der durchschnittliche Monatsverdienst der kaufmännischen und technischen Angestellten des produzierenden Gewerbes der fünf Beitrittsländer liegt derzeit bei knapp 10% des westdeutschen Niveaus. Die deutsche Sozialhilfe für eine fünfköpfige deutsche Familie ist knapp 6 Mal so groß wie das durchschnittliche Nettolohneinkommen eines polnischen Arbeitnehmers. Man muß kein ökonometrisches Wanderungsmodell schätzen, um zu ahnen, welch gewaltige Anreizeffekte dies auf die Menschen ausübt. Schon heute ist der westdeutsche Schwarzmarkt fest in polnischer Hand, und es wird geschätzt, daß sich derzeit etwa eine knappe halbe Million Polen in Deutschland aufhalten. Wenn den östlichen Beitrittsländern die volle Niederlassungsfreiheit gewährt wird, wie sie zwischen den alten EU-Ländern besteht, wird es kein Halten mehr geben.

So richtig freilich die Erwartung massenhafter Wanderungen ist, so differenziert muß das Urteil über die damit angeblich verbundenen Gefahren ausfallen. Im Prinzip ist ja eine Westwanderung bei flexiblen Arbeitsmärkten nichts Schlimmes. Im Gegenteil. Solange das Grenzprodukt der Arbeit im Westen jenes im Osten hinreichend übersteigt, um die marginalen Wanderungskosten zu kompensieren, führt die Wanderung zu einem gesamteuropäischen Wohlfahrtsgewinn. Und wenn die

Löhne dem Grenzprodukt gleichen, dann wird die freie Wanderung auch tatsächlich dafür sorgen, daß dieser Wohlfahrtsgewinn realisiert wird. Gastarbeit nützt dem Gastland und dem Gastarbeiter gleichermaßen.

Wenn die Arbeitsmärkte nicht flexibel sind, muß das Urteil relativiert werden. Wenn wegen überhöhter Löhne Arbeitslosigkeit herrscht und die Zuwanderer inländische Arbeitnehmer von ihren Arbeitsplätzen verdrängen, dann ergibt sich aus der Zuwanderung kein Vorteil in Höhe des Grenzproduktes der Arbeit, sondern nur in Höhe des niedrigeren Grenzleids der Arbeit der verdrängten Inländer. Die freie Wanderung schießt dann über ihr Optimum hinaus, was freilich nicht heißt, daß sie keine Wohlfahrtsgewinne mehr erzeugen kann.

Ein Problem ist die Wanderung von Menschen auch dann, wenn sie künstlich durch die Leistungen des Sozialstaates induziert wird. Wohngeld, Kindergeld, Sozialwohnungen und eine ergänzende Sozialhilfe gehören zu den Leistungen, die ein zuwandernder Arbeitnehmer in Anspruch nehmen kann und die einen übermäßigen Wanderungsanreiz ausüben.

Deutschland hat das Problem der übermäßigen Zuwanderung bei der deutschen Vereinigung dadurch gelöst, daß es neben der Wirtschafts- und Währungsunion eine Sozialunion geschaffen hat, die seit dem Fall der Mauer staatliche Nettotransfers von West- nach Ostdeutschland im Umfang von deutlich über 1.000 Mrd. DM (1.032 Mrd. DM bis Ende 1989) impliziert hat und die deutsche Staatsschuld von 900 Mrd. auf 2.300 Mrd. DM ansteigen ließ. Die Sozialhilfe in Ostdeutschland ist heute nominal etwa doppelt so groß wie, und real um immerhin 40% höher als der Lohn nach der Währungsumstellung. Die Renten übersteigen sogar dann das westdeutsche Niveau, wenn man die hohe Frauenerwerbsquote im Osten herausrechnet.

Ähnliches ist auf EU-Ebene schwer vorstellbar. Rein gedanklich mag man sich zwar Transferszenarien ausmalen. Die DDR-Bevölkerung betrug etwa ein Viertel der westdeutschen Bevölkerung, und in den fünf Beitrittsländern wohnt nur ein Sechstel der Menschen der heute existierenden EU. So gesehen, würde auf die alten EU-Länder eine Finanzierungslast treffen, die geringer als die westdeutsche Vereinigungslast ist. Jedoch muß man bedenken, daß die Solidarität zwischen den Ländern West- und Osteuropas sicherlich viel geringer als die innerdeutsche Solidarität ist, und vor allem, daß Deutschland seine Last ja bereits trägt. Neben der Ex-DDR nun auch noch Polen, Ungarn und Tschechien mit durchzufüttern, ist für Westdeutschland schlechterdings unmöglich. Im übrigen würde eine Aufnahme aller zehn osteuropäischen Beitrittsaspiranten die EU-Bevölkerung um immerhin 28% oder 105 Mio. Personen anwachsen lassen.

Soweit ich weiß, sucht man auf EU-Ebene eine Lösung durch eine trotz der EU-Mitgliedschaft eingeschränkte Niederlassungsfreiheit. Dies ist jedoch kein sinnvoller Weg, weil er die beschriebenen Migrationsgewinne ausschließt. Auch ein dirigistisches System mit begrenzten Arbeitserlaubnissen könnte den Markt niemals ersetzen.

Besser ist es, die Ursachen für übermäßige Wanderungsanreize selbst zu verhindern, und der Ansatzpunkt hier liegt meines Erachtens vor allem beim Sozialsystem.

Zunächst einmal müßte man das derzeit gültige Wohnsitzlandprinzip bei den sozialen Leistungen für Arneitnehmer durch ein Heimatlandprinzip ersetzen. Wenn die Ansprüche nicht mehr an das Wohnsitzland gerichtet sind, dann reduziert sich der Anreiz, in ein anderes Land zu wandern. Alternativ kann man daran denken, daß der Anspruch zwar an das Wohnsitzland gerichtet ist, doch nur in der für das Heimatland üblichen Höhe gewährt wird.

Sodann muß die Flexibilität des Arbeitsmarktes verbessert werden, die in Deutschland bekanntlich durch die großzügige Ausgestaltung der Arbeitslosenunterstützung und die Sozialhilfe eingeschränkt ist. Ein Sozialstaat, der seine Leistungen als Subventionen für die Untätigkeit gestaltet, erzeugt natürlich Arbeitslosigkeit und inflexible Löhne. Werden die Leistungen stattdessen verstärkt als Lohnsubventionen ausgestaltet, dann steigt die Lohnflexibilität und mit ihr die Wahrscheinlichkeit, daß die freie Wanderung der Menschen ein Maximum an Wohlfahrtsgewinnen hervorbringt.

Es wäre fatal für Europa, wenn der alte Sozialstaat mit seiner unzulänglichen Anreizstruktur das Argument dafür lieferte, die volle Integration der neuen Beitrittsländer durch den Aufbau juristischer Wanderungsbarrieren zu behindern. Die physische Mauer ist endlich gefallen. Hüten wir uns davor, eine neue Mauer mit Hilfe von Gesetzesbüchern zu errichten.

Man darf sich bei allem freilich auch nichts vormachen. Auch dann wenn die Bedingungen erfüllt sind, unter denen ein Freihandel im Verein mit einer freien Wanderungsentscheidung eine Maximum an Wohlfahrtsgewinnen erzeugt, verbleibt ein gravierendes Verteilungsproblem, denn die hiesigen Arbeitsanbieter werden angesichts des wachsenden Konkurrenzdrucks nicht mehr in der Lage sein, in den Genuß der gleichen Lohnentwicklung zu kommen, mit der sie ohne den Fall des Eisernen Vorhangs hätten rechnen können. Die relativen Knappheitsverhältnisse zwischen Kapital und Arbeit werden sich in der neuen EU dramatisch zu Lasten der Arbeit verschieben, denn während der Osten reich an Arbeitskräften ist, fehlt ihm wettbewerbsfähiges Kapital, und es wird lange dauern, bis das Defizit durch zusätzliche Ersparnisse oder Kapitalimporte aus dem Rest der Welt ausgeglichen ist.

Vielleicht wird es möglich sein, daß einige der westdeutschen Berufsgruppen zu den Gewinnern der Ost-Erweiterung gehören, weil sie einen Typ von Arbeitskraft anbieten, der ein Komplement zu den im Osten verfügbaren Arbeitskräften ist. Ich wage aber zu bezweifeln, daß es sich dabei um umfangreiche Gruppen handelt. Osteuropäische Arbeitnehmer sind nicht generell unqualifiziert, sondern in sehr vielen Berufsgruppen, bis vielleicht auf die juristischen und kaufmännischen Berufe, stark vertreten. Nicht nur bei Audi schwärmt man von der hohen Qualität und der Einsatzbereitschaft der ungarischen Ingenieure.

Zur Abfederung der Verteilungsimplikationen der Osterweiterung muß man sich hierzulande etwas einfallen lassen, wenn man die Gefahr, daß eine Mehrheit des Volkes zu den Verlierern gehört, bannen möchte. Ich denke, ein sinnvoller Weg liegt in der Forcierung einer Vermögensbildung in Arbeitnehmerhand über Beteiligungsmodelle, kapitalgedeckte Altersvorsorgesysteme und ähnliches. Nur wenn die breite Masse der Bevölkerung zu Vermögensbesitzern wird, kann sie von der Steigerung der Kapitaleinkommen, die die Folge der veränderten Knappheitsverhältnisse ist, profitieren. Die Lehren Oppenheimers, Preisers und Krelles sind bei einer Osterweiterung der EU wichtiger denn je zuvor.

Dies sind die großen Probleme der europäischen Integration. Die kleinen Probleme betreffen Effekte, die vom EU-Budget selbst ausgehen. Sicherlich muß die Struktur dieses Budgets, ja die gesamte Finanzverfassung geändert werden. Einem besonders hohen Reformdruck ist das System der Agrarsubventionierung ausgesetzt, das derzeit ja sage und schreibe 45% des gesamten EU-Budgets umfaßt. Eine lineare Fortschreibung der alten Förderrichtlinien für die neuen Beitrittsländer wird wegen des großen Umfangs der Agrarbevölkerung in diesen Ländern kaum in Frage kommen. Allein der Beitritt Polens wird die Anzahl der in der Landwirtschaft Beschäftigten EU-Bürger um 31% vergrößern. Zusammen mit den anderen vier Beitrittskandidaten, mit denen schon verhandelt wird, ergibt sich ein Anstieg um 63,5%, und wenn gar alle osteuropäischen Aspiranten aufgenommen werden, steigt die Anzahl der in der Landwirtschaft beschäftigten Personen um 137%, also auf weit mehr als das Doppelte. Man kann zwar nicht behaupten, daß eine Aufrechterhaltung des existierenden Subventionssystems die alten EU-Staaten in die Knie zwingen würde. Selbst wenn sie allein alle Lasten tragen müßten, so würden die Gesamtkosten der EU nur von 1,3% auf 2,1% des gemeinsamen Sozialprodukts ansteigen. Aber es würde in einem solchen Fall ein so gewaltiges Überangebot an Agrarprodukten in der EU geben, daß schon von daher eine Rückführung des Förderbeträge erforderlich ist.

Die EU-Budgetprobleme des Beitritts eignen sich für reißerische Presseberichte. Ihnen kommt aber angesichts der ohnehin geringen Bedeutung des EU-Budgets keine Bedeutung zu, die den harten ökonomischen Effekten, die aus dem Handel und den Faktorwanderungen resultieren, in irgendeiner Form vergleichbar wäre. Soweit meine Bemerkungen zum Thema der Tagung.

Wir werden gleich anschließend im Vortrag von Andries Brandsma von der EU-Kommission und später in jenen von Hans-Peter Lankes von der EBRD in London und Alfred Steinherr von der Europäischen Investitionsbank in Luxemburg sehr viel mehr zu den Budgetproblemen und den politischen Strukturproblemen der Osterweiterung hören, und Wilhelm Kohler aus Linz und Michael Burda aus Berlin werden die ökonomische Grundproblematik stärker durchleuchten. Ich bin sehr gespannt, zu welchem Urteil die Referenten kommen werden. Ich freue mich schon auf die Vorträge und danke Herrn Kollegen Hoffmann dafür, daß er ein so attraktives Programm zusammengestellt hat.

Lassen Sie mich nun noch einige Worte zum Ablauf der Tagung sagen. Zum dritten Mal wird der Verein den mit 20.000 DM dotierten Gossen-Preis an einen Ökonomen unter 45 Jahren vergeben, der sich mit seinen Arbeiten international in besonderer Weise hervorgetan hat. Sie werden sich sicher an die letzten Jahre erinnern. 1997 erhielt Jürgen von Hagen den Preis, 1998 war es Michael Burda. Wenn Sie wissen wollen, wer der dritte Preisträger ist, so müssen Sie sich noch gedulden. Auch in diesem Jahr werde ich das Geheimnis, wer der Preisträger ist, noch nicht lüften. Sie müssen schon bis heute abend warten.

Im Anschluß an die Verleihung des Gossen-Preises haben wir das Vergnügen, der nun schon gut etablierten Thünen-Vorlesung zu folgen. Kein geringerer als der einzige deutsche Nobelpreisträger Reinhard Selten ist der Thünen-Redner dieses Jahres. Das Thema seines Referates lautet: „Eingeschränkte Rationalität und ökonomische Motivation". Ich bin auf diesen Vortrag schon sehr gespannt. Er stellt sicherlich einen Höhepunkt der diesjährigen Tagung dar. Im Anschluß an die Thünen-Vorlesung darf ich Sie zu einem kleinen Umtrunk im Foyer direkt vor diesem Saal einladen, um gemeinsam auf den Gossen-Preisträger und den Thünen-Redner anzustoßen.

Neben der Kerntagung und der Thünen-Rede ist die offene Tagung als dritte Säule des wissenschaftlichen Programms inzwischen nicht mehr von den Tagungen des Vereins für Socialpolitik wegzudenken. Jahr für Jahr werden mehr Arbeiten eingereicht. Die Auswahlkommission um Herrn Wiegard sah sich diesmal nicht weniger als 502 eingereichten Beiträgen gegenüber – noch einmal 20% mehr als in Rostock. Nicht einmal die Hälfte der Beiträge konnte angenommen werden; und das nicht, weil viele Arbeiten schlecht waren. Nein, es ist die Zeitbeschränkung einer dreitägigen Konferenz und die erklärte Absicht, die offene Tagung nicht ausufern zu lassen.

Die Qualität der deutschen Ökonomen läßt, das zeigt auch diese Tagung wieder sehr deutlich, wenig zu wünschen übrig, und sie hält auch internationalen Vergleichen stand. Das läßt sich an der verstärkten Präsenz unseres wissenschaftlichen Nachwuchses auf internationalen Tagungen und in den hochrangigen internationalen Zeitschriften durchaus ablesen. Ein wenig darf sich der Verein rühmen, zu diesem Erfolg beigetragen zu haben. Seit 1997 hat der Verein über 300 Vorträge auf internationalen Konferenzen finanziell gefördert. Wer auf einer der großen Konferenzen dieses Jahres, etwa in Oslo, Lissabon, Santiago de Compostella oder Moskau war, konnte sich selbst ein Bild von den erfolgreichen Auftritten der jungen deutschsprachigen Wirtschaftswissenschaftler machen. Viele der dort vorgetragenen Arbeiten wurden zunächst auf einer Tagung des Vereins für Socialpolitik vorgestellt. Auch in diesem Jahr werden Sie viele Premieren von Aufsätzen erleben, die später auf die internationale Bühne getragen werden. Der Auswahlkommission und insbesondere ihrem Leiter, Herrn Kollegen Wiegard, danke ich sehr herzlich für die geleistete Arbeit.

Ich möchte in diesem Zusammenhang auch auf eine Neuerung im offenen Teil hinweisen. Am Freitagvormittag stehen zwei aktuelle wirtschaftspolitische Arbeitskreise auf dem Programm, der eine zur Reform der Unternehmensbesteuerung und der andere zur Reform der 630-Mark-Jobs. Hier treffen Theoretiker und Praktiker aufeinander, und Sie sind herzlich eingeladen mitzudiskutieren.

Lassen Sie mich auf ein paar weitere Programmpunkte der Tagung hinweisen, die Sie nicht verpassen sollten. Heute Mittag werden Sie Dr. Peter Fisch von der Europäischen Kommission und Frau Dieta Lohmann darüber informieren, wie Sie von der Forschungsförderung der EU profitieren können. Morgen Mittag findet – wie schon in den letzten zwei Jahren – ein „Arbeitsmarkt für internationale Organisationen“ statt. Ab 12.30 Uhr werden Sie die Vertreter der Bank für internationalen Zahlungsverkehr, der Deutschen Bundesbank, des International Labour Office, des IMF und der OECD über Arbeitsbereiche, Beschäftigungsmöglichkeiten und vieles mehr informieren. Im Anschluß an die Präsentation stehen Ihnen die Vertreter der Institutionen auch noch für persönliche Gespräche zur Verfügung.

Wie Sie aus unseren Werbeaktionen sicher schon wissen, haben wir den Arbeitsmarkt dieses Jahr noch um eine Attraktion erweitert. Wir haben Universitäten, Forschungsinstitute, Unternehmen und Ministerien eingeladen, ihre Stellenausschreibungen auf unseren Internet-Seiten zu veröffentlichen und auf diese Weise frühzeitig mit Bewerbern Kontakte zu knüpfen, so daß sich auf dieser Tagung die Gelegenheit ergibt, sich persönlich kennenzulernen. Ich glaube, diese Art von Arbeitsmarkt hat – zumindest was den akademischen Bereich betrifft – im deutschsprachigen Raum bisher gefehlt. Daß der Bedarf für einen solchen Marktplatz der Jobs groß ist, haben wir an der Zahl der Stellenausschreibungen gesehen. Rund 50 Stellenausschreibungen für Wirtschaftswissenschaftler sind momentan auf den Internet-Seiten des Vereins zu finden. Ich danke Marcel Thum vom CES dafür, daß er diesen neuen Arbeitsmarkt mit großem Einsatz geschaffen hat. Ich bin mir sicher, daß er die Vereinstagungen für viele noch attraktiver macht, als sie ohnehin schon waren.

Ich möchte mich schon gleich zu Beginn dieser Tagung sehr herzlich für die Gastfreundschaft bedanken, die der Verein für Socialpolitik hier in Mainz genießen kann. Ich danke den lokalen Organisatoren, allen voran Herrn Kollegen Werner Zohlnhöfer, die sehr gute Arbeit geleistet haben, um auch diese Jahrestagung zu einem Erfolg zu machen. Bislang hat die Organisation reibungslos geklappt, und ich denke, daß das auch so bleiben wird. Ich bedanke mich auch bei den vielen Sponsoren, die diese Tagung finanziell unterstützt haben, sehr herzlich. Man sieht daran, daß die Arbeit des Vereins auch in der Wirtschaft gewürdigt wird.

Vergessen möchte ich bei all dem Dank keinesfalls die Mitarbeiter der Geschäftstelle des Vereins, die unter der Leitung von Ronnie Schöb auch heuer wieder eine hervorragende Koordinationsarbeit geleistet haben.

Mein besonderer Gruß gilt nun zum Schluß den Ehrengästen, die zu dieser Einführungsveranstaltung gekommen sind. Ich freue mich, daß der Vizepräsident der

Johannes Gutenberg-Universität Mainz, Herr Professor Ulrich Druwe, und der Dekan des Fachbereichs Rechts- und Wirtschaftswissenschaften, Herr Professor Volker Hentschel, sowie viele Vertreter aus den Bundes- und Landesministerien unter uns weilen.

Jetzt wünsche ich allen Teilnehmern ein gutes Gelingen der Tagung und übergebe für die Grußadressen das Mikrophon nun an den Vize-Präsidenten und den Dekan.

Herzlichen Dank für Ihre Aufmerksamkeit.

The Economic Implications of EU Enlargement to Eastern Europe

By *Andries Brandsma*[1], Bruxelles

Introduction

The next enlargement of the European Union may take place in little more than four years from now and will probably include countries which ten years ago still belonged to the Comecon trade bloc. This will not be the first exercise of this kind in the EU. The last three decades has seen five consecutive batches of in total nine countries joining the Union, among which Ireland, Spain and Portugal are perhaps the most fitting examples for the central European candidate countries. It should be recognised, however, that even though Spain and Portugal emerged from a period of dictatorship and oppression, they already had many of the characteristics of a functioning market economy, and that, at the time of their accession, the single market formed by the EU member states was not yet in the state in which it is today. It should also be noted that the almost total demise of the communist system has forever disqualified the central planning of economies. At the same time, the collapse of command economies has put the market and rules-based approach followed by the European Community in an even more favourable light. The candidate countries will be joining a European Union in which the role of free market forces has been enhanced without losing sight of the institutional and legal framework which is the necessary fundament of the internal market.

Regular reports

The Commission's assessment of where the central and eastern European candidate countries (CECCs) are with respect to readiness for EU membership has been guided from the start by the criteria formulated in 1993 by the European Council in Copenhagen. Following the request of the Council in Madrid in December 1995 the Opinions were tied in with Commission proposals for the policies and financial

[1] The views expressed in this contribution are the author's views. They do not necessarily correspond with the views of the European Commission.

framework of the EU beyond the turn of the century. The package was published as Agenda 2000 in July 1997. The Council decided to open negotiations with Cyprus and five of the ten CECCs in the same year.

The findings of 1997 were largely confirmed by the 1998 Regular Reports, which noted progress in most of the candidate countries. The regular reports are accompanied by a composite paper which summarises the economic developments and the Commission's recommendations on the readiness for membership. Despite the falling away of the Russian market and the increased caution on emerging markets, further progress on the economic criteria was observed in the Regular Reports published by the Commission in October 1999. However, partial progress each year on any subset of the Copenhagen criteria does not necessarily bring the readiness for membership much closer in time.

The Copenhagen criteria

In its regular assessment of the readiness for EU membership of the central and eastern European candidate countries (CECCs), the Commission focuses on the consistency of policy choices and responses rather than on quantitative criteria such as the size of foreign capital inflows. That does not take way that, in recent years, foreign direct investment has rapidly increased in most of the candidate countries and in the region as a whole. Especially when policies are consistent and the economic situation is regarded as sustainable, capital inflows serve to finance sizeable trade and current account deficits. The recent fall in Russian demand for imports has exacerbated these deficits, but at the same time most CECCs appear to have been shielded from the fall-out of the financial turmoil in the world and their exchange rates have broadly moved back to where they were before the crisis broke out.

The accession criteria are closely knit: it is difficult to imagine how a country would be able (and allowed) to compete within the Union when it is not considered to be a functioning market economy, and the economy needs to have functioned as a market economy at least for some years before it can be regarded as ready for membership. More fundamentally, there is no point in starting the negotiations when the political criteria are not fulfilled or legal certainty is not assured. But there is also not much point in going through the motions when it is clear beforehand or becomes clear during the negotiations that a country cannot be expected to fulfil the conditions for entry in, say, five years time.

If there is one area where we cannot rely on new laws and good intentions alone it is the economic criteria, on which the Commission has been asked to take a forward-looking approach in its analysis. It is fair to say that the assessment of the Commission services has always been fully shared by the international organisations, and by the Bretton Woods institutions in particular. A Memorandum of Understanding on how the Commission and other international organisations will co-operate in the candidate countries on a project level has been underwritten by the World Bank and the EBRD, and an increasing number of international institutions is willing to subscribe to a recent revision which takes into account the availability of pre-accession support in the areas of infrastructure and environment (ISPA) and rural development (SAPARD). Together with the funds available under Phare, they amount to more than € 3 billion of EU grants per year for the candidate countries in central and eastern Europe.

Recent economic developments

In the past year average real GDP growth in the candidate countries has been lower than the year before and the positive difference with respect to the EU average has diminished. The Baltic countries have been affected most by the primary and secondary effects of the Russian crisis. GDP growth compared to the previous year came virtually to a standstill in the last quarter of 1999 and has since been falling even deeper, especially in Lithuania, before picking up again. Romania's economic situation remains very fragile, mainly for internal reasons, whereas Bulgaria's recovery was briefly interrupted by the Kosovo crisis. The Czech and Slovak governments are coping with rising unemployment as a result of bad or lacking enterprise reform in the past. Growth in the other CECCs has remained positive despite the unfavourable external developments.

Falling oil and commodity prices have contributed to low inflation in most of the candidate countries, and in some cases to inflation rates that were much lower than expected. This may cause problems for the government's budget when wage setting is based on forward indexation and expenditure fixed in nominal terms. Consumer price inflation was reduced to rates in the range of 1 – 3% in Bulgaria, the Czech Republic, Estonia and Latvia, and to even lower rates in Lithuania. Administrative price changes can sometimes temporarily obscure the trend. For this reason, the Czech National Bank formulates net inflation targets. The target of 4.5±0.5% was undershot by 2 percentage points in 1998 and in August 1999 12-month net inflation was actually negative. The introduction of VAT in Slovenia on 1 July 1999 is expected to have an upward effect on inflation, after the downward influences resulting from real exchange rate appreciation, moderate wage growth and increased price competition on the domestic markets had prevailed in the previous one and a half year. The only CECCs with more than single-digit inflation are Romania and Slovakia. Slovakia's inflation may be heading towards 15% at the end of this year although net inflation is expected to remain at last year's level of 6 – 7%.

Due to falling exports the trade and current account deficits of Bulgaria, Hungary, Latvia, Lithuania and Poland deteriorated, whereas weak domestic demand in the Czech Republic led to an improvement of the external balance. In general, macroeconomic stability did not come under great threat. Slovakia and Lithuania needed to adjust their policy to counter unsustainable developments and Romania's inappropriate policy mix continuously failed to tackle the imbalances.

Progress on structural reforms

Although many of the candidate countries in the past year showed a disappointing growth performance, and across the board the results were not as good as in previous years, most of them have made significant progress in areas of structural reform and in a number of cases have taken encouraging initiatives.

The Slovak government launched the restructuring and privatisation of banks, enterprises and public utilities. Its economic policies and reform efforts constitute an impressive break with the past. In fact, the temporary slowdown of economic growth in Slovakia can be seen as a result of austerity measures necessary to restart structural reform.

The macroeconomic problems in the Czech Republic have highlighted the need to proceed equally determined with its remaining structural reforms.

In Estonia, the slowdown also revealed structural weaknesses and this has reinvigorated the reform effort.

The Latvian government continued with the reform agenda it embarked upon two years ago. Moreover, it responded to the Russian crisis with an appropriate mix of policies and as a result of strong supervision largely avoided the systemic risk to the banking sector.

In contrast, Lithuania loosened its policy and reform efforts in sectors such as energy remain incomplete.

Bulgaria successfully strengthened the financial discipline in state-owned enterprises. The restructuring process in Romania, on the other hand, for which substantial international support has been mobilised, needs to be stepped up.

If some of the candidate countries are not included in the list above that is not because there is nothing to say on structural reform. The Polish authorities have perhaps embarked upon the most wide ranging set of reforms, combined with an ambitious privatisation agenda. In the end this should lead to a more efficient allocation of resources but each reform entails sizeable start-up costs to the government budget. Hungary and Slovenia are already up to a second generation of reforms, where attention is needed for such areas as the health sector, public transport and local government finance.

Economic policies

As set out in Agenda 2000, the existence of a functioning market economy requires that prices, as well as trade, are liberalised and that an enforceable legal system, including property rights, is in place. Macroeconomic stability and consensus about economic policy enhance the performance of a market economy. A well-developed financial sector and the absence of any significant barriers to market entry and exit improve the efficiency of the economy.

Low inflation and exchange rate stability have generated rather wide support among the population of the candidate countries. At present the candidate countries show a variety of exchange rate regimes ranging from currency boards (Bulgaria, Estonia and Lithuania) to regimes which are fully flexible in principle but a managed float in practice (the Czech Republic, Romania and Slovenia). On 1 January 1999 the euro has replaced the deutsche mark as a peg for the Estonian kroon and the Bulgarian lev. After the removal of three zeros on 5 July the lev equals one DM. Lithuania has announced that it will switch its peg from the US dollar to the euro in mid-2001, whereas monetary policy in Latvia continues to operate within the narrow technical bands of the exchange rate peg to the SDR.

Hungary and Poland maintained their crawling peg exchange rate regimes, adjusting the basket for the introduction of the euro and reducing the rate of crawl in a sequence of steps to indicate targeted reduction in inflation. Poland also widened the band to ±15% around the central parity and plans to move to a full float when the crawl is reduced to zero. Hungary will widen the band when abandoning its crawl. After having been forced by the markets to let their currencies float in 1998, the Czech and Slovak monetary authorities only intervene to limit the fluctuations of the currency movements. In both cases the confidence in the koruna has been restored and it has appreciated against the euro in the course of this year. Since mid-1998 the Romanian leu has been depreciating in real terms.

Credible exchange rate arrangements have allowed for a reduction of interest rates, most spectacularly in Estonia. At the same time, the Czech monetary authorities have been able to cut the reserve requirements in several steps to 2%. The Central Bank of Romania, on the other hand, increased them to 20% of the deposits.

When the candidate countries join the EU they should have exchange rate regimes that are compatible though not necessarily conform with the EU exchange rate mechanism. The crucial point to remember, however, is that before joining the exchange rate mechanism and eventually the euro-zone the candidate countries need to have sound, credible and sustainable macroeconomic policies and an approach to structural reform that has put their economy on a real convergence track.

Unemployment rates are difficult to compare across countries because the incentives to register are not the same and the opportunities of finding work in the grey economy may be different. In the past year high and rising unemployment has been observed in Bulgaria and Slovakia, which is a clear sign of restructuring. Registered unemployment in the Czech Republic, the Baltic candidate countries and Romania is lower but has risen by 2–3% of the labour force. Hungary, Poland and Slovenia have more stable unemployment rates, although unemployment in Poland rose briefly above 12% in March 1999. Keeping real wage growth in line with productivity improvements is the stated policy of many of the countries, but their room for manœuvre is limited to different degrees by wage bargaining procedures, exchange rate regimes and the initial under-valuation of the exchange rate.

The CECCs with fixed exchange rate regimes have made remarkable adjustments to move their government deficits back to balance. Fiscal policy changes in the same direction have helped to restore the confidence in the currencies of the countries with more flexible exchange rate regimes. Some countries do not yet publish consolidated general government balances, while other countries do not properly account for privatisation, but broadly three groups can be distinguished:

- Bulgaria, Estonia, Latvia and Slovenia, where a budget close to balance is within reach
- Hungary, Poland and the Czech Republic, where the general government deficit as a percentage of GDP may be up to 3 points higher than indicated in the government accounts but where a steady reduction to lower levels is possible
- Slovakia, Lithuania and Romania, where the widening of the deficit to unsustainable levels has been reversed but the reduction is not yet in a steady downward direction

Foreign direct investment and privatisation

All candidate countries have gone far in trade and price liberalisation and the setting up of a legal basis for the functioning of a market economy, but some have been more hesitant on capital account liberalisation and opening up their market to foreign investors. Slovenia, for instance, among the central European and Baltic candidate countries is by far the most advanced country in terms of GDP per capita in purchasing power standards compared to the EU average but has accumulated less FDI per capita in the past decade than Hungary, the Czech Republic, Estonia and Latvia. Foreign direct investment is important for the modernisation of the economy in the phase when domestic saving is inevitably insufficient. It acts as an incentive for the labour force to acquire the technical and management skills necessary to match the inflow of capital. Attracting strategic investors has prove to be a vital element of privatisation, especially in countries such as the Czech Republic where well-intended voucher privatisation ended up in a concentration of shareholder influence in the hands of a few with intricate connections to banks.

Privatisation proceeded in all countries, with Bulgaria and Estonia making the boldest moves on utilities. Most of the privatisation revenue was generated in the sector of telecommunications, with total sales including minority stakes amounting to some two billion euro and more to come. Poland and Lithuania encountered difficulties in their attempts to privatise oil refineries.

Not many banks have been sold to the private sector last year but the plans and preparations of bank privatisation in the next few years are promising. Major advances were made in Poland, which sold majority stakes in three banks. The Czech Republic sold one bank (to Belgian KBC) and Romania two small ones. Scandinavian investors continued to show an interest in Baltic banks.

The use of privatisation receipts to finance current expenditure is a cause for concern, especially considering the huge need for investment in infrastructure in all of the candidate countries and for fiscal sustainability in the medium term. A related issue is the earmarking of privatisation revenue within the state budget, for instance to build up the capital pillar of the pension scheme. Whereas this may increase the social acceptability of privatisation deals it may also impede upon the setting of priorities.

The overall volume of foreign direct investment into the central European candidate countries increased in 1998 despite greater investor caution about emerging markets in general. Net inflows were higher than 3% of GDP in most countries. Foreign direct investment into Estonia and Lithuania increased sharply, to 11% and nearly 9% of GDP respectively, although much of the increase in Lithuania was due to a single large deal. The Czech Republic, Poland and Romania attracted twice as much as in the previous year, as did Slovakia although at a much lower level than could be expected on the basis of its potential.

Governments are conscious of the need to develop a more investor-friendly environment by increasing legal certainty and by reducing red tape and government intervention in the economy. The Commission has indicated its concern about a number of 'tailor made' deals regarding the level of import protection, tax relief and other incentives being sought by international investors and being agreed by certain governments. In the interests of economic efficiency, transparency and equity, any concession should be made on an objective basis and made available to all those meeting the criteria, whether they are domestic or foreign companies.

Other priorities for structural economic reform

The restructuring of certain large industrial sectors is proving difficult in some countries due to the painful social consequences. For example, the restructuring of the steel industry is not advancing at a sufficient pace in Poland and is also proving difficult in Romania, Slovakia, the Czech Republic and Bulgaria. Energy restructuring is needed everywhere, and in particular in Bulgaria and Lithuania with their abundance of energy generated by Czernobyl-type reactors. Land reform and the restructuring of agriculture are particularly urgent in Poland, Romania and Lithuania, where a large part of the active population is producing a relatively small part of GDP. National governments need to take on these challenges, as they will affect their future capacity to cope with competitive pressure and market forces within the Union.

The development of the financial sector is spurred to some extent by privatisation but the mediation between savings and investment (between deposits and lending) is still at a low level in most of the countries. It is most advanced in the candidate countries with which the EU has opened negotiations in March 1998, with the proviso that the scope for further development is still large in Poland. There is no reason why other candidate countries would not catch up in this area when they do in all other respects. Stock market development and pension reform in particular could act as powerful catalysts.

Areas of structural reform in which the candidate countries could go beyond the acquis and take a lead by adopting the best practices of the EU member states are for instance taxation, education, social security, health care and territorial reform. In some sense these are "second generation" reforms. Poland has initiated the most comprehensive set but there are risks of overloading and of implementing them in a not very well co-ordinated matter. The overhaul and simplification of the tax system is discussed in other countries as well, in particular in Estonia and Lithuania, whereas health sector reform is listed in the Regular Report as a priority for structural reform in Hungary. Obviously these countries are at a stage of reform which differs from the situation in Romania, where a medium-term economic strategy is still missing and the provision of proper child care had to be made into a condition for the opening of negotiations on EU accession.

Conclusion

Just as enlargement requires internal reforms in the European Union, EU accession poses challenges to the economic policies of the candidate countries which go beyond the narrow acquis communautaire. In fact, since in some areas they start from scratch or need a complete overhaul of the old system, the candidate countries have an opportunity to take the lead by adopting the best practices of the EU member states or to do even better.

The opening of negotiations with six more candidate countries makes it easier to make comparisons. What the countries have in common is a drive towards macroeconomic stability. This, together with the medium-term prospect of EU accession, has set them apart from other emerging economies in the recent turmoil on the financial markets.

Sensible macroeconomic policies, with possibly some fitting amendments in due time, prepare the candidate countries for participation in the exchange rate system of the Union, but the confidence of foreign and domestic investors can only be maintained by proceeding with structural reform. Apart from institution building and assistance in the adoption of the acquis, EU support is available for rural development, investment in infrastructure and environmental improvement.

Wer gewinnt, wer verliert durch die Osterweiterung der EU?

Von *Wilhelm Kohler*, Linz*

Zusammenfassung

Die Osterweiterung der Europäischen Union wird aus der Sicht der bestehenden Mitgliedsländer zwei wichtige Auswirkungen haben. Zum einen werden diese Länder höhere Nettobeitragszahlungen an die Gemeinschaft leisten müssen (bzw. von der Union geringere Nettorückflüsse erhalten), da die neuen Mitglieder gemäß geltender EU-Agrar- und -strukturpolitik in erheblichem Ausmaß Nettoempfänger von EU-Mitteln sein werden. Andererseits bringt die Erweiterung auch die Vorteile eines größeren Integrationsraumes. Der Handel mit den neuen Ländern wird von jeglicher Zollbelastung befreit, und die Ausdehung des Gemeinsamen Marktes bedingt eine zumindest partielle Beseitigung der „technischen" Barrieren sowohl für den Güterhandel, als auch für die Faktorwanderungen. Die damit verbundenen Wohlstandswirkungen werden im allgemeinen weniger klar verstanden als die fiskalischen Belastungen, und sie werden in der öffentlichen Auseinandersetzung selten gebührend berücksichtigt. Die vorliegende Arbeit tut Zweierlei. Zum einen bietet sie – unter Rückgriff auf die moderne Integrationstheorie – eine systematische Darstellung der Wohlstandswirkungen, die von der Osterweiterung der EU auf die bestehenden Mitgliedsländer ausgehen werden. Zum anderen versucht sie, diese Wirkungen für die einzelnen EU15-Länder zu beziffern, und den jeweiligen Finanzierungslasten gegenüberzustellen. Auf diese Weise werden – aus rein ökonomischer Sicht betrachtet – Gewinner und Verlierer der Osterweiterung identifiziert. Unter Berücksichtigung von Wachstumseffekten zeigen sich für die am Ostrand der gegenwärtigen Union befindlichen Länder, insbesondere für Österreich und Deutschland, Nettowohlstandsgewinne, während die Integrationswirkungen für Länder an der südlichen und westlichen Peripherie die fiskalischen Belastungen nur zum Teil kompensieren können.

* Ich danke Gabriel Felbermayr für wertvolle Unterstützung bei der empirischen Arbeit. Rudolf Winter-Ebmer danke ich für kritische Kommentare zu einer ersten Fassung.

Abstract

An eastern enlargement of the European Union will affect present member states in two important ways. On the one hand, they will face higher net contribution payments to (lower net return flows from) the Union, resulting from large net transfers to new members who benefit from the Common Agricultural Policy and European Structural Funds. On the other hand, present member states should benefit from trade liberalization with new members as well as from lower „technical" barriers to trade and factor movements, which will follow from a corresponding extension of the Single Market. However, the welfare effects from integrated commodity and factor markets are less clearly understood and acknowledged in public debates than the fiscal burden. This paper does two things. Drawing on modern theory of economic integration, it presents a synthesis of the welfare effects that existing members of the EU may expect from the integration part of enlargement. It then goes on to quantify these effects for each of the EU15-countries, and to weigh them against the fiscal costs that each of them will likely face as a result of enlargement. In this way, the paper tries to identify winners and losers of enlargement. While countries located at the eastern border of the EU15, such as for instance Austria and Germany, turn out to be net winners, countries at the southern and western periphery are likely losers.

A. Wer ist Wer? – Was heißt Gewinn?

Wirtschaftspolitische Reformen werden nur sehr selten einhellig begrüßt, in aller Regel gibt es Gewinner und Verlierer. Die Osterweiterung der Europäischen Union stellt hier keine Ausnahme dar, vielmehr bestätigt sie die Regel.[1] Die öffentliche Diskussion führt meist recht schnell zu konkreten Vermutungen, am schnellsten wohl mit Blickrichtung auf mögliche Verlierer auf der westlichen Seite: Arbeit mit geringem Ausbildungsgrad, die Landwirtschaft, oder gar ganze Länder, die mehr als andere von den Finanzierungslasten der Erweiterung zu tragen haben. Leicht könnte man mit Hinweisen auf mögliche Gewinner auf westlicher und östlicher Seite fortfahren, auch auf Verlierer in den neuen Mitgliedsländern aus dem Osten.

Es existiert also ein breites Spektrum von Fragen, in dem eine sorgfältige Analyse aus Vermutungen wissenschaftlich gestützte Aussagen machen kann. Die Analyse muß mit einer Präzisierung der Frage beginnen, und dies ist fast zwangsläufig auch mit einer erheblichen Einschränkung verbunden. Zu groß ist die Tragweite der Osterweiterung, zu vielfältig ihre Implikationen, um die Identifikation von Ge-

[1] Die historischen Fakten und Pläne zur Osterweiterung sind weitestgehend bekannt, sie brauchen hier nicht wiederholt zu werden. Siehe dazu z. B. *Baldwin* (1997), *Baldwin* et al. (1997), und *Keuschnigg & Kohler* (1999a,1999b), sowie http://europa.eu.int/comm/agenda2000/index_en.htm und http://wiiwsv.wsr.ac.at/countdown/.

winnern und Verlierern hier in einem umfassenden Sinne vornehmen zu wollen. Was soll also Gegensand dieses Beitrags sein, und was nicht?

Ich werde mich ausschließlich auf die *bestehenden Mitgliedsländer* der EU (fortan mit EU15 abgekürzt) konzentrieren. Dies reflektiert den Umstand, daß der Beitritt in den *Beitrittsländern* Mittel- und Osteuropas (ab jetzt mit MOEL abgekürzt) insgesamt als klar erwünscht angesehen wird, wohingegen die Erweiterung in den bestehenden EU-Ländern durchaus kontrovers diskutiert wird. Nicht betrachten werde ich des weiteren die Verteilungskonflikte innerhalb der einzelnen Länder. Solche wird es ohne Zweifel geben, und sie können die Osterweiterung mitunter zu einem formidablen innenpolitischen Problem werden lassen. Ihre Analyse kann indes nur im Rahmen detaillierter Betrachtungen einzelner Länder erfolgen. Hier sollen hingegen nicht einzelne Länder isoliert betrachtet werden. Mich interessiert vielmehr der internationale Vergleich. Muß man erwarten, daß manche der bestehenden Mitgliedsländer durch die Erweiterung der Union in Richtung Osten verlieren, während andere davon profitieren werden? Welche Faktoren sind dafür entscheidend, und welche Länder zählen zu den Gewinnern, welche zu den Verlierern? Auf diese Weise möchte ich im Weiteren die im Titel gestellte Frage präzisieren. Die praktische Bedeutung dieser Frage liegt auf der Hand, wird doch die Diskussion über die Finanzierung der Osterweiterung typischerweise mit länderspezifischer Perspektive geführt. Klar scheint zunächst, daß die einzelnen Länder je nach ihrer besonderen Positionierung im EU-Budget, und je nach der gewählten Strategie zur budgetären Bewältigung der Erweiterung, unterschiedliche *fiskalische Lasten* zu tragen haben. Zugleich aber sind die Länder auch unterschiedlich positioniert bezüglich der realwirtschaftlichen Auswirkungen, die sich aus einer Ausdehnung des Integrationsraumes ergeben. Sind die Finanzierungslasten ähnlich verteilt wie die *Integrationsvorteile*? Nichts scheint von vornherein zu garantieren, daß dies der Fall ist. Ich werde versuchen, im Wege einer Gegenüberstellung der budgetären Effekte und der Integrationswirkungen im internationalen Vergleich Gewinner und Verlierer zu identifizieren.

Als nächstes zum Kriterium. Ein solches braucht man ja immer, wenn von Gewinnern und Verlierern die Rede ist. Ich möchte das aus ökonomischer Sicht Naheliegende tun, und das konventionelle *Wohlstandskriterium* der normativen Theorie zugrundelegen. Das mag wenig spektakulär anmuten. Tatsache ist aber, daß dieses Kriterium bislang bedauerlich wenig Eingang in die politische Debatte gefunden hat, jedenfalls wenig expliziten Eingang. Zwar kann man hinter allem, was hier und da an Kosten und Vorteilen der Erweiterung reklamiert wird, letztendlich auch Wohlstandsüberlegungen vermuten. Aber eben nur vermuten, wirklich erkennen und nachvollziehen kann man sie solange nicht, als sie nicht explizit gemacht werden.

Ich möchte versuchen, das Kriterium explizit, und einer empirischen Anwendung zugänglich zu machen. Lassen sie mich die Erwartungen in diesem Punkt aber gleich zurechtrücken. Ich werde nicht ein *empirisch implementiertes Modell* präsentieren, das eine rigorose empirische Anwendung des Wohlstandskriteriums auf alle EU-Länder erlaubt. Mein Vorhaben ist viel bescheidener. Ich werde letztlich nicht viel mehr tun, als einige *deskriptive Statistiken* präsentieren, die Richtlinien für die Beantwortung der gestellten Frage darstellen können. Dies soll aber nicht ohne die heilsame Disziplinierung durch die Theorie geschehen. Vielmehr werde ich für meine deskriptiven Statistiken zwecks solider Interpretation einen theoretischen Rahmen bereitstellen, es sollen also *theoriegestützte* deskriptive Statistiken sein. Dabei greife ich auf die Theorie der Zollunion zurück, etwas moderner ausgedrückt die Theorie präferenzieller Handelsabkommen (ab sofort PHA), oder – allgemeiner – die Theorie der regionalen ökonomischen Integration.

Nun wird man mit Recht gleich einwenden, daß die EU weit mehr ist als eine Zollunion. In den gegenwärtig stattfindenden Beitrittsverhandlungen geht es immerhin um einen in mehr als 80.000 Seiten kodifizierten gemeinsamen Rechtsbestand („acquis communautaire"), dessen Implementation den Beitrittswerbern vor einer Aufnahme abverlangt wird. Die Erweiterung einer Zollunion würde hingegen im Kern wenig mehr als einen Satz benötigen. Aus der Sicht der Beitrittswerber geht es also in der Tat um wesentlich mehr, als nur um den Beitritt zu einem präferenziellen Handelsraum. Aus der Sicht der alten Mitgliedsländer läßt sich das Problem hingegen weitgehend auf eine Kernfrage der Theorie der PHA reduzieren: Läßt die regionale Integration der Güter- und Faktormärkte Effizienzvorteile erwarten? Wenn ja, können sie die allenthalben betonten Nettotransfers zu den neuen Mitgliedsländern kompensieren? Nachdem es sich bei regional beschränkten Integrationsschritten bekanntlich immer um ein „Experiment des Zweitbesten" handelt, kann selbst die erstgenannte Frage nicht von vornherein mit Ja beantwortet werden. Um so mehr ergibt sich, daß das Problem als ganzes nur auf empirischem Wege geklärt werden kann.[2]

Bevor ich in die Details gehe, noch eine kurze Klarstellung zu dem Begriff der Osterweiterung. Diesen möchte ich hier etwas allgemeiner auslegen, als gemeinhin üblich. Wie allgemein bekannt, bestehen zwischen der EU und den 10 MOE Beitrittskandidaten schon seit einiger Zeit ratifizierte Abkommen über die wechselseitige Beseitigung der Zollsätze im nicht-agrarischen Bereich, die sogenannten *Europa Abkommen*. Die Zollbefreiung des Handels mit diesen Ländern ist also eigentlich nicht mehr eine Frage der EU-Mitgliedschaft im engen Sinne des Wortes. Gleichwohl möchte ich die Wirkung dieser Zollbefreiung als integralen Bestandteil der Osterweiterung der EU auffassen. Dies scheint insofern gerechtfertigt, als diese

---

2 Hier darf nicht unerwähnt bleiben, daß die Osterweiterung der EU auch institutionelle Reformen verlangt, welche aus der Sicht der bestehenden Mitgliedsländer durchaus unterschiedlich attraktiv sein mögen. Immerhin geht es um eine weitere Revision der grundlegenden Verträge von Maastricht und Amsterdam, die wohl auf eine weitere Relativierung der nationalen Souveränität hinauslaufen werden. Man denke hier vor allem an die Frage der Stimmenverteilung im Europäischen Rat, um das Problem der Einstimmigkeit der Ratsentscheidungen, sowie um die Frage der Größe und Zusammensetzung der Europäischen Kommission. Diese Aspekte sollen hier nicht näher betrachtet werden.

Abkommen von allen Beteiligten stets als integraler Bestandteil eines mit dem Endziel der Vollmitgliedschaft eingeschlagenen Weges der Annäherung zwischen der EU und den MOEL verstanden wurden.[3]

B. Was lehrt uns die Theorie der regionalen Integration?

Die fiskalische Belastung aus den Finanzierungserfordernissen der Osterweiterung birgt kein konzeptionelles Problem, sie ist vor allem eine empirische Frage: Wie hoch sind die Kosten, und wie werden sie finanziert? Im Unterschied dazu bedürfen die Wohlstandswirkungen der Ausdehnung des Integrationsraumes einer konzeptionellen Klärung, bevor wir uns den Zahlen zuwenden können. Zu diesem Zweck ist vorab ein Blick auf die Theorie der regionalen Integration (oder der PHA) notwendig. Was kann sie zur Identifikation von Nettogewinnern und Nettoverlierern beitragen?

Sie ist eine *„Theorie des Zweitbesten"*, und damit leider fast zwangsläufig komplex und unhandlich. Vor allem aber ist sie alles eher als mit eindeutigen Resultaten gesegnet. Es gibt eigentlich nur zwei Möglichkeiten, sie fruchtbar zur Anwendung zu bringen. Entweder man begibt sich in die Niederungen empirischer Kleinarbeit, oder man tut das Gegenteil und versucht, im Wege stilisierter, radikal vereinfachter Modelle den Blick für einzelne Aspekte zu schärfen. Letzteres ist immer wieder versucht worden, früher in Form von 3-Länder-3-Güter Modellen mit willkürlich unterstellten Spezialisierungsmustern, in letzter Zeit – auf gewohnt provokative Weise von *Krugman* (1991a) initiiert – mit stilisierter Betonung von Produktdifferenzierung und unvollständiger Konkurrenz und mit Blickrichtung auf die inzwischen wieder recht heftig geführte Debatte um Regionalismus vs. Multilateralismus.[4] Dieser Weg hilft uns indes hier nicht weiter, denn unser Problem ist ein essentiell empirisches. Es geht um die Ermittlung von Wohlstandswirkungen der Erweiterung eines real existierenden Integrationsblocks auf die bestehenden Blockmitglieder, und dabei ist eine simultane Berücksichtigung möglichst vieler Effekte vonnöten, und nicht die gedankliche Isolierung einzelner Aspekte.

I. Handelsschaffung / Handelsumlenkung – ein „verstaubtes" Paradigma?

Lohnt sich der einzig verbleibende, der empirische Weg? Er führt unweigerlich über das Viner-Meade Paradigma der *Handelsschaffung versus Handelsumlenkung*.[5] Auch hier mag man gleich Bedenken anmelden. Zum einen zählt dieses Pa-

---

3 Siehe dazu *Baldwin* (1997).

4 Siehe z. B. *Deardorff & Stern* (1994), *Bhagwati & Panagariya* (1996), *Bhagwati* et al. (1998), und *Ethier* (1998).

radigma zweifellos nicht zum modernsten, sondern wohl eher zum „verstaubten" Teil der ökonomischen Instrumentenkiste. Zum anderen, und das scheint wichtiger, stellen sich sehr schnell Zweifel darüber ein, ob man je über hinreichend empirische Information verfügen wird, um aus der für „Experimente des Zweitbesten" typischen Koexistenz von gegenläufigen Effekten eine auch nur einigermaßen gesicherte Aussage über wahrscheinliche Gewinner und Verlierer der Osterweiterung ableiten zu können. Um diesen Punkt noch zuzuspitzen, wird gelegentlich die Vermutung geäußert, das Paradigma sei schlichtweg irreführend, weil es die Aufmerksamkeit auf Unwichtiges lenke. So zum Beispiel *Summers* (1991), der die Handelsumlenkungseffekte in einer oft zitierten Bemerkung als a priori lächerlich klein bezeichnet.[6] Ich halte dem entgegen: Wie stark auch immer verstaubt, wie klein oder groß auch immer die a priori erwarteten Effekte, das Viner-Meade Paradigma ist für die hier interessierende Frage relevant, und es lohnt sich der Versuch, einen davon geleiteten, detaillierten Blick auf die Daten zu nehmen. Ich werde zu zeigen versuchen, daß dieses Konzept hinreichend allgemein formuliert werden kann, um als Grundlage für die empirische Beleuchtung auch eines weit über den „klassischen" Fall einer Zollunion hinausgehenden Integrationsschrittes, wie der Osterweiterung der EU, dienen zu können.

II. „Natürliche" und „weniger natürliche" Partner

Ein intuitiv sehr einleuchtendes Argument, das bei fast allen PHA ins Spiel gebracht wird, beruft sich auf die Vorstellung *„natürlicher"* Handelspartner. Das Argument wurde von Wonnacott & Lutz (1989) in die neuere Debatte eingeführt, aber es ist im Grunde so alt, wie die Theorie der PHA selbst.[7] Die Stoßrichtung ist

---

5 Ich möchte hier zumindest mit einer Fußnote erwähnen, daß die Theorie der Zollunion, heute i.a. als nur schwer konkret anwendbar präsentiert, in doch recht konkreten Anwendungszusammenhängen entstanden ist. Das gilt einerseits für *Viner* (1950), dessen Arbeit im Auftrag der Carnegie Endowment mit Blick auf die konkrete Gestaltung des Nachkriegs-Handelssystems entstanden ist, und es gilt noch mehr für die Arbeit von *Meade* (1955), der sich sehr detailliert mit den möglichen Auswirkungen der BENELUX Union auseinandersetzte.

6 „I find it surprising that this issue is taken so seriously – in most other situations, economists laugh off second best considerations and focus on direct impacts" ... „To the chagrin of economists, the real gains from trade policies of any kind cannot, with the possible exception of agriculture, lie in the triangles and welfare measures we are so good at calculating. Instead, they can be found in the salutary effects of competition and openness on domestic policy more generally" (*Summers,* 1991, p. 299). Dieser Einschätzung stimme ich mit Blick auf die beitretenden Länder zu. Indes dürfte sich der Effekt der Erweiterung auf die bestehenden Mitgliedsländer in der Tat weitgehend auf die herkömmlichen „Wohlfahrtsflächen" beschränken. Ich sage bewußt Flächen, und nicht von vornherein Dreiecke. Es wird sich noch zeigen, daß es sich zum Teil um „Rechteckseffekte" handelt, die man a priori als bedeutsamer einstufen wird. Ob nun der Effekt insgesamt lächerlich klein sein wird oder nicht, das ist den Daten zu überlassen.

7 *Panagariya* (1997) präsentiert einen kurzen Abriß der „klassischen" Argumente.

stets die, daß PHA zwischen „natürlichen“ Handelspartnern wenig Handelsumlenkung verursachen und deswegen im Zweifel als vorteilhaft einzustufen sind. Dabei wird zur Identifikation natürlicher Partner in der Regel das Kriterium des *Handelsvolumens* zu Rate gezogen, wie etwa bei *Krugman* (1991b) oder *Summers* (1991).[8]

Es kann nicht überraschen, daß dies die Kritik überzeugter „Multilateralisten“ auf sich zog. Überraschend mag aber sein, wie stark fundamentalistisch angehaucht die Gegenposition bezogen wurde, insbesondere von Bhagwati und Panagariya.[9] Der Punkt ist hier deswegen von Belang, weil man doch versucht ist, das Krugman-Summers Kriterium des Handelsvolumens zur Hand zu nehmen, und danach zu bemessen, wie „natürlich“ die neuen Mitgliedsländer aus MOE als Handelspartner für die verschiedenen EU15-Länder sind, um daraus Rückschlüsse über das Ausmaß der realwirtschaftlichen Integrationsvorteile zu ziehen. Die fundamentalistische Position von Bhagwati und Panagariya würde dieses Unterfangen von vornherein als abwegig erscheinen lassen.

Indessen scheint diese fundamentalistische Position dann stark überzogen, wenn man nicht gleich den Anspruch erhebt, die Weltwirtschaft in „natürliche“ Handelsblöcke gliedern zu wollen, vergleichbar etwa der Identifikation optimaler Währungsräume, sondern wenn es schlicht und einfach darum geht, die Auswirkung eines bestimmten – wenn man so will: marginalen – Integrationsschritts auszuloten. Dies gilt zumal dann, wenn der Handel in der Ausgangssituation bereits „relativ frei“ ist. Dann wird wohl die bereits bestehende Handelsverflechtung einen gewissen Informationswert haben bezüglich der Auswirkung einer weiteren Vertiefung der Integration. M.a.W., was immer dafür verantwortlich sein mag, daß der Handel zwischen Spanien und der Tschechischen Republik schon vor der Osterweiterung geringer ist als etwa zwischen der Tschechischen Republik und Österreich, man wird wohl in der Vorstellung nicht fehlgehen, daß die Erweiterung des Gemeinsamen Marktes aus genau diesem Grunde für Österreich von größerer Bedeutung sein wird als für Spanien. Insofern scheint also die Idee „natürlicher“ Handelspartner mitnichten abwegig. Und in diesem Sinne taucht die Idee ja auch schon bei *Meade* (1955) und *Lipsey* (1970) auf.

Allerdings griffe, so würden Meade und Lipsey wohl gleich einwenden, eine Betrachtung des Handelsvolumens allein, zumal eine *aggregierte* Betrachtung, viel zu kurz. Insbesondere wurde immer wieder betont, daß die Wohlstandswirkungen eines Integrationsvorhabens auch entscheidend davon abhängen, wie hoch die Bar-

---

8 Es lohnt sich, die entsprechenden Passagen im Wortlaut anzusehen: Bei *Krugman* (1991b) liest man „... if a disproportionate share of world trade would take place within trading blocks *even in the absence of any preferential trading arrangement*, then the gains from trade creation within blocks are likely to outweigh any possible losses from external trade diversion.“. Bei *Summers* (1991) heißt es „... to the extent that blocks are created between countries that *already* trade disproportionately, the risk of large amounts of trade diversion is reduced.“ Die Hervorhebungen stammen von mir und sollen darauf hindeuten, daß das Kriterium des Handelsvolumens durchaus nicht von vornherein eindeutig definiert ist.

9 Siehe *Bhagwati & Panagariya* (1996), und *Bhagwati* et al. (1998).

rieren sind, um deren Beseitigung es geht. Ich werde nun ein allgemeines Modell Meade'scher Prägung präsentieren, welches die Frage der „natürlichen“ Handelspartner auf entsprechend *differenzierte* Weise an 5 verschiedenen Effekten festmacht, die in Summe die Wohlstandswirkungen des größeren Integrationsraumes ausmachen, und denen der erhöhte Nettobeitrag an die Union gegenüberzustellen ist, der aufgrund der Kosten der Erweiterung auf die Unionsländer zukommt. Auf diese Weise entstehen 6 Effekte, die für jedes der bestehenden Unionsländer die Gesamtwohlstandswirkung der Osterweiterung bestimmen. Wenn man so will, *15 × 6 Effekte zur Identifikation von Gewinnern und Verlierern*, die dann später in den einleitend erwähnten deskriptiven Statistiken ihre – wie auch immer unvollkommene – empirische Entsprechung finden sollen.

III. Ein allgemeines Modell Meade'scher Prägung

1. Die Ausgangssituation

Es gebe K verschiedene Länder, mit den hochgestellten Indizes $j, k \in \{1 \ldots K\}$ angedeutet, und N verschiedene Güter, angedeutet mit den tiefgestellten Indizes $i \in \{1 \ldots N\}$. Der *Produzentenpreis* des Gutes i im Land k sei p_i^k. Weiters sei t_i^{jk} die im Land j existierende ad-valorem Distorsion für Importe aus dem Land k, und analog dazu z_i^{jk} die im Land k bestehende Distorsion für Exporte in das Land j. Die Distorsionen können entweder Steuern (Importzoll, Exportsteuer), oder Quotenrenten aufgrund von nicht-tarifären Beschränkungen sein. Negative Steuern sind Subventionen. Es gebe nur handelsbedingte Distorsionen, d. h., $t_i^{jj} = z_i^{jj} = 0$.

Der Preis, zu dem das Gut i an der Grenze des Landes j verfügbar wird, wenn es aus dem Land k importiert wird, ist fortan mit $\tilde{p}_i^{jk}$ angedeutet. Es entsteht dann im Land j für diese Importe ein *Konsumentenpreis* in Höhe von

$$p_i^{jk} = \tilde{p}_i^{jk}(1 + t_i^{jk}) \; . \tag{1}$$

Der *„Grenzpreis“* wird seinerseits bestimmt durch die realen Handelskosten im Ausmaß von r_i^{jk} und die Exportsubvention bzw. -steuer des Landes k:

$$\tilde{p}_i^{jk} = p_i^k(1 + z_i^{jk}) + r_i^{jk} \tag{2}$$

Nachdem es annahmegemäß nur handelsbezogene Distorsionen gibt, ist p_i^k auch der Konsumentenpreis für heimische erzeugte Güter im Land k. D. h., die Gleichung 2 ist zugleich eine Bedingung der *Arbitragefreiheit* aus der Sicht der Anbieter des Landes k. Importe aus dem Land j werden im Land k zum Preis von $p_i^{kj} = \tilde{p}_i^{kj}(1 + t_i^{kj})$ verfügbar, wobei $\tilde{p}_i^{kj}$ der analog zu 2 ermittelte „Grenzpreis“ darstellt. Wenn die Güter mit verschiedener Herkunft perfekte Substitute darstellen, dann muß im Gleichgewicht die Bedingung der Arbitragefreiheit aus der Sicht der Nachfrage gelten, d. h.

(3) $$p_i^k = \tilde{p}_i^{kj}\,, \quad \text{bzw.} \quad p_i^j = \tilde{p}_i^{jk}\,.$$

In diesem Fall kann offensichtlich ein beliebiges Gut in einem bestimmten Land nicht zugleich importiert und exportiert werden.

Um *diskriminierende* Handelsdistorsionen analytisch in den Griff zu bekommen, benötigt man eine Theorie, die auch das *bilaterale* Handelsmuster erklärt, und nicht nur den gesamten Handel eines Landes. Die traditionelle Theorie komparativer Vorteile kann dies nur sehr bedingt leisten. Die Zollunionstheorie hat dieses Dilemma über weite Strecken dadurch zu lösen versucht, daß auf willkürliche Weise ganz bestimmte Muster der vollständigen Spezialisierung unterstellt wurden.[10] Eine etwas weniger extrem und willkürlich anmutende Annahme mit demselben Effekt ist die der Produktdifferenzierung nach dem Herkunftsland. In der angewandten Gleichgewichtstheorie ist dieser Weg unter Armington-Annahme bekannt geworden; siehe *Armington* (1969). Dort wird er in der Regel beschritten, um die beobachtete Koexistenz von Exporten und Importen innerhalb einzelner Sektoren mit den Gleichgewichtsbedingungen des Modells vereinbar zu machen. Hier möchte ich mich dieser Annahme bedienen, um von eindeutig bestimmten bilateralen Handelsmustern ausgehen zu können. Es sei also fortan $\mathbf{p}^{jk}$ der $N \times 1$ Vektor der im Land j herrschenden Preise für Importe aus dem Land k, und $\mathbf{p}^{jj}$ sei der Vektor der Inlandspreise für heimisch erzeugte Güter.

Nun sei $E^j(\mathbf{p}^{j1}, \dots, \mathbf{p}^{jK}, W^j)$ die Ausgabenfunktion eines repräsentativen Haushalts des Landes j, und $G^j(\mathbf{p}^{jj}, V^j)$ die BIP-Funktion des Landes j, wobei W^j für das Wohlstandsniveau und V^j für die Ressourcenausstattung steht. Das Wohlstandsniveau des Landes j ist bestimmt durch[11]

(4) $$E^j(\mathbf{p}^{j1}, \dots, \mathbf{p}^{jK}, W^j) = G^j\big(\mathbf{p}^{jj}, V^j\big) + Z^j - F^j\,,$$

wobei

(5) $$Z^j = \sum_{k=1}^{K} \sum_{i=1}^{N} c_i^{jk} \tilde{p}_i^{jk} t_i^{jk} + \sum_{k=1}^{K} \sum_{i=1}^{N} x_i^{kj} p_i^j z_i^{kj}\,.$$

---

[10] Siehe z. B. die Diskussion bei *Panagariya* (1997).

[11] Der Ansatz folgt dem Muster von *Dixit & Norman* (1980). Siehe auch *Baldwin & Venables* (1995), *Panagariya* (1997), und *Keuschnigg & Kohler* (1998). Die Verwendung von aggregierten Ausgabenfunktionen $E(\cdot)$ für ganze Länder erfolgt ganz in der Tradition der Theorie PHA, sie birgt aber ein Aggregationsproblem, sofern die einzelnen Haushalte in ihren Präferenzen und/oder ihren Ausstattungen divergieren. Dies gilt insbesondere dann, wenn man, wie ich es hier tue, auf normative Aussagen zielt; siehe dazu *Mas-Colell, Whinston & Greene* (1995, S. 116–122).

Dabei sind gemäß „Shephard's Lemma"

$$c_i^{jk} = \partial E^j(\cdot)/\partial p_i^{jk} \tag{6}$$

die Gut-i-Importe des Landes j aus dem Land k (c_i^{jj} ist der heimische Konsum heimischer Güter), während $x_i^{kj} = c_i^{kj}$ die Exporte des Gutes i in das Land k sind. Z^j sind die Nettoeinnahmen der Handelspolitik.[12] Wie allgemein üblich, und in Übereinstimmung mit unserer Konzentration auf die aggregierte Betrachtung einzelner Länder, unterstelle ich hier eine pauschale Rückführung dieser Nettoeinnahmen an den repräsentativen Haushalt. F^j ist der Nettotransfer an das Ausland, in unserem Falle zu interpretieren als Nettobeitrag an die EU. Ich betrachte diese Größe hier vorerst als exogen, Details zu den fiskalischen Implikationen der Osterweiterung folgen weiter unten. Die Produktionsmengen des Landes j sind gemäß „Hotelling's Lemma"

$$y_i^j = \partial G^j(\cdot)/\partial p_i^j \,. \tag{7}$$

Hierbei sind alle Ableitungen im Ausgangsgleichgewicht bewertet. Die beiden Gleichungen 6 und 7 unterstellen preisnehmendes Verhalten aller Akteure. Zur Konsequenz von Marktmacht werde ich später noch etwas sagen. Weiters gehe ich für den Moment von einer konstanten Ressourcenbasis aus, auch die Behandlung von Wachstum wird erst weiter unten erfolgen. Schließlich impliziert Markträumung

$$y_i^j = \sum_{k=1}^{K} c_i^{kj} \,. \tag{8}$$

Die K Gleichungen vom Typ 4, jeweils $N \times K$ Gleichungen vom Typ 6 und 8, sowie K Gleichungen vom Typ 7 bestimmen die Wohlstandsniveaus W^j der K Länder, deren Produzentenpreise p_i^j und Outputs y_i^j, sowie das gesamte Muster der bilateralen Handelsströme. Im Sinne einer zügigen Befassung mit den hier im Zentrum stehenden Fragen sei es gestattet, davon auszugehen, daß die Präferenzen und Technologie so „beschaffen" seien, daß Existenz und Eindeutigkeit dieses Gleichgewichts garantiert sind. Auch den Anpassungsprozeß und die Frage der Stabilität möchte ich hier nicht thematisieren. Weiters lasse ich bewußt die Bestimmungsgründe des internationalen Handels, d. h. die Details der Ausgaben- und BIP-Funktionen, im Hintergrund. Sie sind für die Analyse der Osterweiterung nicht essentiell.

---

12 Ich betrachte hier die Zolleinnahmen auch für die EU-Mitgliedsländer als nationalen Einkommensbestandteil, obwohl das Eigenmittelsystem der EU vorsieht, daß das gesamte Zollaufkommen an die Gemeinschaft abzuführen ist; siehe dazu *Leonard* (1998, S. 89 ff.). Um konsistent zu bleiben, muß demgemäß F als *Gesamt*nettobeitrag verstanden werden, und zwar *einschließlich* des abgeführten Zollaufkommens; siehe auch weiter unten.

2. Die Algebra der „kleinen" Politikveränderungen

Um dieses Modell nun auf die Osterweiterung anwenden zu können, müssen wir Veränderungen betrachten, wenn man so will eine komparativ statische Analyse vornehmen. Im Sinne der gestellten Frage beschränke ich mich auf die Wohlstandseffekte. Ich unterstelle der Einfachheit halber, die zugrundeliegende Wohlstandsfunktion sei linear homogen.[13] Dann läßt sich die Ausgabenfunktion schreiben als $E^j(\mathbf{p}^{j1}, \ldots, \mathbf{p}^{jK}, W^j) = P^j(\mathbf{p}^{j1}, \ldots, \mathbf{p}^{jK})W^j$, und in differenzierter Form erhalten wir aus der Gleichung 4 unter Berücksichtigung von „Hotelling's Lemma" (7) die Gleichung

$$P^j \mathrm{d}W^j + W^j \mathrm{d}P^j = \sum_{i=1}^{N} y_i^j \mathrm{d}p_i^j + \mathrm{d}Z^j - \mathrm{d}F^j \,. \tag{9}$$

Ab sofort ist d der Operator für „kleine" Veränderungen. Wie eben erwähnt, unterstelle ich zunächst $\mathrm{d}V^j = 0$. Aufgrund von „Shephard's Lemma" (6) ist

$$W^j \mathrm{d}P^j = \sum_{k=1}^{K} \sum_{i=1}^{N} c_i^{jk} \mathrm{d}p_i^{jk} \,, \tag{10}$$

wobei die Inlandspreise bzw. „Grenzpreise" für die Importe sich gemäß 1 und 2 wie folgt verändern:

$$\mathrm{d}p_i^{jk} = (1 + t_i^{jk})\mathrm{d}\tilde{p}_i^{jk} + \tilde{p}_i^{jk} \mathrm{d}t_i^{jk} \tag{11}$$

$$\mathrm{d}\tilde{p}_i^{jk} = (1 + z_i^{jk})\mathrm{d}p_i^k + p_i^k \mathrm{d}z_i^{jk} + \mathrm{d}r_i^{jk} \tag{12}$$

Zerlegt man $\mathrm{d}Z^j$ gemäß 5 in die einzelnen Komponenten, so ergibt sich unter Berücksichtigung von 10, sowie 11 und 12 aus der Gleichung 9 die folgende Gleichung für die Wohlstandsveränderung:

$$\begin{aligned} P^j \mathrm{d}W^j = {} & \sum_{i=1}^{N} (y_i^j - c_i^{jj})\mathrm{d}p_i^j + \sum_{k \neq 1} \sum_{i=1}^{N} \left(t_i^{jk} \tilde{p}_i^{jk} \mathrm{d}c_i^{jk} - c_i^{jk} \mathrm{d}\tilde{p}_i^{jk} \right) + \\ & \sum_{k \neq 1} \sum_{i=1}^{N} \left(x_i^{kj} p_i^j \mathrm{d}z_i^{kj} + x_i^{kj} z_i^{kj} \mathrm{d}p_i^j + p_i^j z_i^{kj} \mathrm{d}x_i^{kj} \right) - \mathrm{d}F^j \,. \end{aligned} \tag{13}$$

Nun ist aber bei Markträumung $y_i^j - c_i^{jj} = \sum_{k \neq j} x_i^{kj}$, und daraus ergibt sich, in Verbindung mit einer zu 12 analogen Gleichung für $\mathrm{d}\tilde{p}_i^{kj}$, daß

---

13 Die Restriktion liegt in der Homogenität, nicht jedoch im *Grad* der Homogenität, der durch eine zulässige positiv monotone Transformation immer auf eins gebracht werden kann.

$$
\begin{aligned}
P^j \mathrm{d}W^j = & \sum_{k \neq j} \sum_{i=1}^{N} x_i^{kj} \left(\mathrm{d}\tilde{p}_i^{kj} - \mathrm{d}r_i^{kj} \right) - \sum_{k \neq 1} \sum_{i=1}^{N} c_i^{jk} \mathrm{d}\tilde{p}_i^{jk} + \\
& \sum_{k \neq 1} \sum_{i=1}^{N} t_i^{jk} \tilde{p}_i^{jk} \mathrm{d}c_i^{jk} + \sum_{k \neq 1} \sum_{i=1}^{N} z_i^{kj} p_i^j \mathrm{d}x_i^{kj} - \mathrm{d}F^j \, .
\end{aligned} \tag{14}
$$

Die erste Zeile dieser Gleichung erfaßt die *Terms-of-trade Effekte*, während die ersten beiden Terme der zweiten Zeile die *Handelsschaffungs-* und *Handelsumlenkungseffekte* wiedergeben. Der letzte Term ist der Beitragseffekt.

IV. Die globale Perspektive

Die Gleichung 14 erlaubt noch einmal einen kurzen, aber recht erhellenden Blick auf die globalen Wohlstandswirkungen. Normiert man alle Preisindizes P^j auf 1, und mißt man – in Meade'scher Tradition – den weltweiten Wohlstandseffekt an $\sum_j \mathrm{d}W^j$, so erkennt man zweierlei. Erstens verschwinden alle Preiseffekte, weil $x_i^{kj} \mathrm{d}\tilde{p}_i^{kj} = c_i^{kj} \mathrm{d}\tilde{p}_i^{kj}$. Und nachdem $\sum_j \mathrm{d}F^j = 0$, gilt zweitens: Wenn eine regionale Integration die realen Handelskosten unberührt läßt, $\mathrm{d}r_i^{kj} = 0$, dann nimmt der Wohlstand weltweit dann und nur dann zu, wenn sich die Handelsströme im Zuge der Integration so verändern, daß die Einnahmen der Handelspolitik bei konstanten „Steuerkeilen" zugenommen hätten.[14]

Man sieht hier, daß die Frage der *realen Handelskosten* von großer Bedeutung ist für die Wirkung der Integration. In der Tat mutet es etwas seltsam an, daß man in der Theorie den Begriff der Integration fast immer ausschließlich mit der Beseitigung von *reinen Distorsionen* identifiziert. Jede Verringerung der realen Handelskosten, $\mathrm{d}r_i^{kj} < 0$, führt in der ersten Zeile zu einem eindeutig positiven Term, und dieser Term ist im Unterschied zu jenen der Handelsschaffung und Handelsumlenkung ein *„Rechteckseffekt"*, und nicht ein *„Harberger-Dreieck"*. Rechteckseffekte aber sind im Zweifel deutlich größer als Dreieckseffekte; darauf werde ich gleich noch einmal zurückkommen. Ich kann mich des Eindrucks nicht erwehren, daß die machmal etwas fundamentalistisch anmutende Ablehnung regionaler Integrationsblöcke durch überzeugte „Multilateralisten" zum Teil auch damit zu tun hat, daß der Blick in traditioneller Weise auf reine Distorsionen beschränkt bleibt.

Umgekehrt mag die Gleichung 14 ein Mißverständnis aufdecken, das mitunter im Spiel ist, wenn die empirische Bedeutung von Handelsumlenkungseffekten manchmal heruntergespielt wird, wie z. B. auf etwas saloppe Weise in dem oben erwähnten Zitat von *Summers* (1991). Die häufig verwendeten partialanalytischen Darstellungen suggerieren nämlich, daß diese Effekte immer darin bestehen, daß die Herkunft der Importe *ein und desselben* Gutes vom Drittland zum Partnerland

---

14 Siehe auch *Panagariya* (1997).

umgelenkt wird. In der Tat aber ist, wie die obige Gleichung zeigt, jede Abnahme der Importe *eines beliebigen* Gutes aus einem Drittland „an der Grenze“ wohlstandsmindernd, wenn dieses Gut einem Zoll unterliegt.

V. Die Osterweiterung: 15 × 6 Effekte

Nun zum eigentlichen Thema. Will man Gewinner und Verlierer der Osterweiterung identifizieren, so darf man sich nicht auf die Nettobeitragszahlungen zur Finanzierung der größeren Gemeinschaft beschränken, sondern man muß diesen jene Wohlstandswirkungen gegenüberstellen, welche die bestehenden Mitgliedsländer aus der regionalen Integration der Güter- und Faktormärkte erfahren werden. Diese genau zu benennen und umfassend darzustellen, ist der Zweck des Modells. Ist dies erst einmal gelungen, so kann man – davon geleitet und diszipliniert – die Suche empirischer Evidenz beginnen.

Ab sofort sei das Land $j \in \mathcal{E}$ eines der 15 bestehenden EU-Mitglieder. Bedingt durch die Vergemeinschaftlichung der externen Handelspolitik, ist dann $t_i^{jk} = t_i^U$ (gemeinsamer EU-Außenzoll). Wir setzen, wenngleich dies weniger zwingend erscheint, zugleich $r_i^{jk} = r_i^U$.[15] Die bestehenden EU-Partnerländern des Landes j seien mit der Indexmenge $\mathcal{E}^j$ angedeutet, die neuen Mitglieder aus MOE mit der Indexmenge $\mathcal{O}$, und der Rest der Welt mit der Indexmenge $\mathcal{R}$. Für die Partnerländer ($k \in \mathcal{E}^j$) sind die Handelsdistorsionen (t_i^{jk}, t_i^{kj}, z_i^{jk}, z_i^{kj}), sowie die realen Handelskosten (r_i^{jk}, r_i^{kj}) schon beseitigt. Gegenüber den neuen Partnernländern ($k \in \mathcal{O}$) werden sie im Zuge der Osterweiterung beseitigt, gegenüber dem Rest der Welt ($k \in \mathcal{R}$) hingegen beibehalten. Dies ist das Element des „Zweitbesten“ in unserem Szenario. Für $k \in \mathcal{O}$ gilt mithin:

(15) $$dt_i^{jk} = -t_i^U \quad \text{sowie} \quad dt_i^{kj} = -t_i^{kj}$$

(16) $$dz_i^{jk} = -z_i^{jk} \quad \text{sowie} \quad dz_i^{kj} = -z_i^{kj}$$

(15) $$dr_i^{jk} = -r_i^U \quad \text{sowie} \quad dr_i^{kj} = -r_i^{kj}$$

(18) $$dF^j = \bar{f}^j$$

Dies ist natürlich eine *stilisierte Darstellung der Osterweiterung*, aber sie erfaßt den für unseren Zweck entscheidenden Kern der Sache. Es sei hier noch einmal daran erinnert, daß die Zollbeseitigung, obwohl Gegenstand der Europa-Abkom-

---

15 Für Importe aus Nichtunionsländern gilt weder das „Cassis de Dijon“ Prinzip der wechselseitigen Anerkennung von nationalen Produktvorschriften, noch das Prinzip der Anerkennung von Konformitätsprüfungen. So können die realen Handelskosten für Importe aus verschiedenen Drittländern je nach regulatorischen Diskrepanzen durchaus unterschiedlich sein. Diese Unterschiede möchte ich hier indes nicht weiter betrachten, da auch in der später folgenden empirischen Untersuchung mangels Datenverfügbarkeit nicht darauf eingegangen werden kann.

men, und nicht der momentanen Beitrittsverhandlungen, als integraler Bestandteil des Osterweiterungsprozesses aufgefaßt wird. Die Annahme, daß die Osterweiterung alle realen Handelskosten gänzlich beseitigt, vereinfacht allein die Darstellung und ist in keiner Weise von grundlegender Bedeutung.[16] Was die Veränderung der Nettobeitragszahlung an die Union anlangt, die aus dem Finanzierungserfordernis resultieren, so setze ich hierfür an dieser Stelle eine exogen vorgegebene Größe $\bar{f}^j$ an. Deren Quantifizierung werde ich weiter unten ausführlich thematisieren.

Der angestrebte Vergleich zwischen verschiedenen EU15-Ländern wird erst dadurch sinnvoll möglich, daß wir relative Veränderungen betrachten, ab sofort durch ein Dach angedeutet. Wir kehren zurück zur Gleichung 14 und schreiben dort $P^j\,\mathrm{d}W^j = Y^j\,\widehat{W}^j$, wobei $\widehat{W}^j = \mathrm{d}W^j/W^j$ und $Y^j = P^jW^j = E^j(\cdot)$, was gemäß 4 gleich dem Inlandsprodukt (bewertet zu heimischen Preisen) in der Ausgangssituation ist. Man beachte auch, daß aufgrund von 17 $\hat{r}_i^{kj} = -1$. Nach einigen Umformungen erlaubt die Gleichung 14 eine Identifikation der verschiedenen realwirtschaftlichen Integrationseffekte, die im Zuge der so definierten Osterweiterung auftreten werden. Die Tabelle 1 stellt diese Effekte auf übersichtliche Weise dar. Die dort auftauchenden neuen Symbole stellen intuitiv recht verständliche Anteilswerte dar, die in der Legende zur Tabelle genau definiert sind, so daß sie hier nicht noch einmal erläutern werden müssen. Die ausführliche Erörterung der einzelnen Effekte möchte ich im folgenden Abschnitt gleich mit der Frage ihrer Repräsentation durch die schon erwähnten deskriptiven Statistiken verknüpfen, welche in der äußerst rechten Spalte symbolhaft den einzelnen Effekten zugeordnet werden.

---

16 Die realen Handelskosten sind ein zugegebenermaßen etwas problematisches Hilfskonstrukt. Bezweckt ist die analytische Erfassung einer Vielzahl von Maßnahmen, die – initiiert durch die 1987 verabschiedete „Einheitliche Europäische Akte“ (bekannt geworden unter den Bezeichnungen „Binnenmarktprogramm“ bzw. „Europe-1992“) – den von Zoll- und Quotenbarrieren bereits befreiten innergemeinschaftlichen Handel auch von allerlei kostentreibenden administrativen und technischen Barrieren befreien sollten. Das Binnenmarktprogramm betrifft auch die Kapital- und Arbeitsmärkte, aber hier geht es zunächst um die Gütermärkte. Z.B. geht es um die Beseitigung von Grenzkontrollen, die Vereinfachung des Formularwesens, und die gegenseitige Anerkennung von technischen Standards bzw. Konformitätsnachweisen. Die Vielzahl der involvierten Details schließt eine Modellierung einzelner Maßnahmen im Rahmen gesamtwirtschaftlicher Betrachtungen aus. Statt dessen behilft man sich mit dem Hilfskonstrukt der oben dargestellten realen Handelskosten. Diese Tradition wurde durch die erste systematische Untersuchung des Binnenmarktprogramms von *Smith & Venables* (1988) begründet, und sie ist jüngst von *Baldwin* et al. (1997), sowie *Keuschnigg & Kohler* (1999a, 1999b) auch auf die Osterweiterung angewandt worden. Auf das Problem der Quantifizierung von r_i^U werde ich etwas später zu sprechen kommen.

Tabelle 1: **Die Wohlstandseffekte der Osterweiterung auf ein Mitgliedsland der EU-15**

	$\widehat{W}^j =$			Indizes (*)
Effekte	**EU-15:** $k \in \mathcal{E}^j$	**MOEL:** $k \in \mathcal{O}$	**Rest der Welt:** $k \in \mathcal{R}$	
1. **"Dreieckseffekte" – Importe**	0	$\sum_k \sum_{i=1}^N \mu_i^{jk} t_i^U \hat{c}_i^{jk}$		T_O_1, T_R, T_O_2
2. **reale Handelskosten**	0	$-\sum_k \sum_{i=1}^N \mu_i^{jk} \rho_i^{jk} \hat{r}_i^U$	0	K_O_1, K_O_2
3. **"Dreieckseffekte" – Exporte**	0	$+\sum_k \sum_{i=1}^N \bar{\xi}_i^{kj} z_i^{kj} \hat{x}_i^{kj}$		—
4. **Terms-of-trade – Importe**	$+\sum_k \sum_{i=1}^N \mu_i^{jk} \hat{p}_i^k$	$+\sum_k \sum_{i=1}^N \mu_i^{jk} \left[(1-\rho_i^{jk})\hat{p}_i^k + \varsigma_i^{jk} \hat{z}_i^{jk}\right]$	$+\sum_k \sum_{i=1}^N \mu_i^{jk} (1-\rho_i^{jk})\hat{p}_i^k$	G_O_1, G_O_2
5. **Terms-of-trade – Exporte**	$+\sum_k \sum_{i=1}^N \xi_i^{kj} \hat{p}_i^j$	$+\sum_k \sum_{i=1}^N \xi_i^{kj} \left[(1-\rho_i^{kj})\hat{p}_i^j + \varsigma_i^{kj} \hat{z}_i^{kj}\right]$	$+\sum_k \sum_{i=1}^N \xi_i^{kj} (1-\rho_i^{kj})\hat{p}_i^j$	X_O_1, X_O_2
6. **Transfereffekt**	$+\, \mathrm{d}F^j / Y^j$			

Legende: $\xi_i^{kj} = x_i^{kj} \tilde{p}_i^{kj} / Y^j$, $\bar{\xi}_i^{kj} = \xi_i^{kj} p_i^{kj} / \tilde{p}_i^{kj}$, $\mu_i^{jk} = c_i^{jk} \tilde{p}_i^{jk} / Y^j$, $\rho_i^{kj} = r_i^{kj} / \tilde{p}_i^{kj}$, $\varsigma_i^{kj} = p_i^k z_i^{kj} / \tilde{p}_i^{kj}$.

(*): zu empirischen Zwecken konstruierte Indizes; siehe weiter unten.

C. Ein Weg der Anwendung: deskriptive Statistiken

Idealerweise hätte man das obige Gleichungssystem 4 bis 8 als Gesamtmodell empirisch implementiert, so daß man die eben beschriebenen Veränderungen als exogenen „Politik-Schock" übernehmen, und die daraus resultierenden Veränderungen aller hier interessierenden Größen *endogen* ermitteln kann, insbesondere die Preisveränderungen, $\hat{p}_i^j$ und $\hat{p}_i^k$, sowie die Veränderung der Handelsströme, $\hat{x}_i^{kj}$ und $\hat{c}_i^{jk}$, sowie die dahinter stehenden Produktionsveränderungen, $\hat{y}_i^j$ und $\hat{y}_i^k$, und schließlich die sich aus all dem ergebenden Wohlstandseffekte, $\widehat{W}^j$. Dies ist der Anspruch, den angewandte Gleichgewichtsmodelle erheben. Wie schon in der Einleitung erwähnt, erhebe ich einen solchen Anspruch hier nicht. Nachdem mein Interesse in einem Vergleich zwischen allen EU15-Ländern liegt, wäre das wohl auch vermessen.[17]

Im folgenden möchte ich statt dessen einen Weg der empirischen Anwendung beschreiten, der auf eine *explizite Lösung* des Modells verzichtet und gleichwohl zu einer Antwort auf die gestellte Frage führt. Es kann nicht überraschen, daß dabei der in Tabelle 1 noch suggerierte Genauigkeitsanspruch aufgegeben werden muß. Wir werden nicht im strengen Sinn des Wortes mit Schätzwerten für $\widehat{W}^j$ rechnen können. Was aber möglich sein sollte, ist die Berechnung von *deskriptiven Statistiken*, die wir als empirische Entsprechungen für die einzelnen Effekte der Tabelle 1 verstehen können, so daß wir am Ende doch empirisch gestützte Hinweise dafür erhalten, welche Länder wahrscheinliche Gewinner bzw. Verlierer der Osterweiterung sein werden.

I. Konstante Terms-of-trade

1. Importeffekte der Zollbeseitigung

Als erstes begegnen wir in der Tabelle 1 den traditionellen *Harberger-Dreiekken*, die sowohl Viner'sche *Handelsschaffungs-* als auch *Handelsumlenkungseffekte* repräsentieren. Man beachte hier, daß zwar alle EU-Länder denselben Gemeinsamen Außenzoll der Union (t_i^U) haben, daß dies aber für die verschiedenen Länder, je nach den Anteilen der einzelnen Güterimporte am Inlandsprodukt (μ_i^{jk}) durchaus Unterschiedliches bedeuten kann. Die von der Osterweiterung unmittelbar betroffenen Importe aus den neuen Mitgliedsländern können eben mehr oder weniger stark gerade in jenen Gütergruppen konzentriert sein, wo die Zollbeseitigung einen großen Unterschied ausmacht. Das Gesamtausmaß dieser „Dreiecksef-

---

17 Für den österreichischen Fall wird ein Modell dieser Art in *Keuschnigg & Kohler* (1998, 1999a, 1999b) präsentiert. Ein ähnliches Modell mit einem Schwerpunkt bei den neuen Mitgliedsländern wird in *Baldwin* et al. (1997) verwendet.

fekte" läßt sich für das Land j nur dann ermitteln, wenn wir die aus der Erweiterung resultierenden Veränderungen der Importmengen ($\hat{c}_i^{jk}$) kennen. Genau dies ist aber in Ermangelung einer expliziten Lösung (etwa durch ein angewandtes Gleichgewichtsmodell) hier nicht der Fall. Wir haben zwei Optionen.

1. Wir berechnen eine deskriptive Statistik von der Form

$$T_{\mathcal{O}}^j = \sum_{k \in \mathcal{O}} \sum_{i=1}^{N} \mu_i^{jk} t_i^U \qquad (19)$$

und interpretieren sie als Maß für das länderspezifische Potential an wohlstandsmehrender *Handelsschaffung* durch die Osterweiterung. Dieses Maß wörtlich zu nehmen, hieße allerdings $\hat{c}_i^{jk} = 1$ zu setzen, und damit eine Verdoppelung der Importe zu unterstellen. Das ist offensichtlich eine sehr zweifelhafte Annahme. Weniger wörtlich genommen kann das Maß 19 als Versuch der empirischen Umsetzung eines im Grunde unbestrittenen, alten Prinzips der Zollunionstheorie interpretiert werden. Dieses besagt, daß die Gewährung der Zollpräferenz für ein bestehendes Mitgliedsland um so eher von Vorteil ist, je höher die zu beseitigenden Barrieren dieses Landes gegenüber den neuen Mitgliedsländern, und je geringer die (bleibenden) Barrieren gegenüber dem Rest der Welt sind.[18] Der erstere Punkt wird durch 19 eingefangen, der letztere Punkt durch eine dazu perfekt analoge Statistik

$$T_{\mathcal{R}}^j = \sum_{k \in \mathcal{R}} \sum_{i=1}^{N} \mu_i^{jk} t_i^U \ . \qquad (20)$$

Dieser Index kann als Maß für die zu erwartende *Handelsumlenkung* interpretiert werden. In beiden Fällen, 19 und 20, wird die Bedeutung der Handelsbarrieren einfach anhand des importgewichteten Durchschnittszollsatzes gemessen.[19] Auf gewisse Weise entspricht dies auch der oben erwähnten Krugman-Summers Idee der „natürlichen" Handelspartner, allerdings mit dem entscheidenden Unterschied, daß wir hier wesentlich mehr Information einfließen lassen, als das bei einer Betrachtung allein der aggregierten Handelssströme der Fall ist, nämlich Information betreffend die Güterstruktur des Handels in Verbindung mit der Zollstruktur, hier immerhin auf der Ebene von mehr als 5.000 Gütergruppen (siehe dazu den Anhang zur Beschreibung der Datengrundlage).

---

[18] Siehe dazu auch *Panagariya* (1997), sowie *Lloyd* (1982) und *Lipsey* (1970), und letztlich vor allem *Meade* (1955).

[19] Die Betrachtung derartiger Durchschnittszölle ist in der Literatur mehrfach kritisiert worden, insbesondere wenn es darum ging, die Restriktivität gegebener Zollstrukturen im internationalen Vergleich zu ermitteln; siehe dazu etwa *Anderson* (1998). Um einen internationalen Vergleich dieser Art geht es indes hier nicht. Wir sprechen nicht von Restriktivität einer Zollstruktur, sondern bringen das Maß 19 auf explizite Weise mit einem Modell in Verbindung, das auf die Wohlstandswirkung der Zollbeseitigung abzielt.

2. Eine grundsätzlich andere Interpretation der Statistik 19 ist die eines *„Rechteckseffekts"*. Sie drängt sich hier aus folgendem Grunde auf. Im Normalfall sind es die entgangenen Zolleinnahmen, welche den wohlstandserhöhenden Effekt einer Zollsenkung auf die Dimension eines Dreiecks schrumpfen lassen. Nun sind aber die Zolleinnahmen im Rahmen des *Eigenmittelsystems der EU* Einnahmen der Union, so daß der Einnahmenentfall ebenfalls die Union betrifft, und nicht das einzelne Mitgliedsland. Auf diese Weise beinhaltet der Effekt der Zollbeseitigung auch einen „Rechteckseffekt", der durch das Maß 19 – diesmal wörtlich genommen – eingefangen werden kann. Eine ähnliche Interpretation ist freilich für 20 nicht möglich. Dort handelt es sich immer um einen „Dreieckseffekt". Nun wird man umgehend einwenden, daß der Einnahmenentfall durch kompensierende Anhebung anderer Beitragsteile wettzumachen ist. Das gilt wohl für die EU als ganzes, aber nicht zwingend für jedes Land, denn allein ein Blick auf die Zahlen zeigt, daß von einer quasi-mechanischen Realisierung der Eigenmittelobergrenze von 1,27 Prozent des Sozialprodukts nicht die Rede sein kann; siehe *European Commission* (1998a). Mithin auch nicht von einer automatischen Anhebung anderer Beitragselemente als Ersatz für die entgangenen Zolleinahmen. In letzter Konsequenz läuft dies darauf hinaus, daß wir 19 als Maß für einen *Umverteilungseffekt* zwischen den EU15-Ländern interpretieren. Ich werde bei der Präsentation der Ergebnisse darauf zurückkommen.

Wenn wir uns auf die Interpretation von 19 als traditionellen „Dreieckseffekt" beschränken wollen, so haben wir ein weiteres Grundprinzip der Zollunionstheorie zu beachten, wonach die positiven Handelsschaffungseffekte (positive Veränderungen $\hat{c}_i^{jk}$ für $k \in \mathcal{O}$) um so größer, und die schädlichen Handelsumlenkungseffekte (negative Veränderungen $\hat{c}_i^{jk}$ für $k \in \mathcal{R}$) um so geringer sind, je stärker die *Substitutionsbeziehung* zwischen den Gütern der neuen Mitgliedsländer und den „heimischen" Gütern, und je geringer zugleich die Substitutionsbeziehung zwischen den Gütern der neuen Unionsländer und den Gütern des Rests der Welt ist.[20] Ich setze „heimisch" hier deswegen unter Anführungszeichen, weil damit der gesamte distorsionsfreie Raum, d. h. die gesamte Union gemeint ist, und nicht nur das einzelne EU-Land.

Man ist wohl geneigt, die Substituierbarkeit zwischen Gütern aus den neuen Mitgliedsländern und „heimischen" Gütern allein aufgrund von Qualitätsunterschieden a priori als gering einzuschätzen, so daß eine Zunahme der Importe aus neuen Mitgliedsländern gerade nicht zulasten EU-eigener Güter erfolgt, sondern eher zulasten der Importe aus Drittländern. Dieser Punkt dürfte allerdings mit der Zeit an Bedeutung abnehmen. Ein weiterer Punkt aber scheint mindestens ebenso wichtig. Ein erheblicher Teil der Importe aus Ländern im Bereich $\mathcal{R}$ ist nämlich durch *Präferenzabkommen* von Zöllen befreit. Gemeint sind hier das Lomé-Abkommen, die Abkommen mit den Mittelmeerländern, und das allgemeine Präferenzsystem der WTO. Nehmen die Importe aus den MOEL zulasten dieser Importe

20 Siehe wieder *Panagariya* (1997) und die dort zitierte Literatur.

ab, so stellt dies keinen wohlstandsmindernden Umlenkungseffekt dar.[21] Danach ist die Gefahr schädlicher Handeslumlenkungseffekte zweifelsohne deutlich geringer, als die Tabelle 1 zunächst suggerieren mag.

Angesichts der Tatsache, daß wir auf eine explizite Lösung des Modells verzichten müssen, bleibt die Frage, auf welche Weise sich für unsere Zwecke Information über die eben erwähnten Substitutionsbeziehungen zwischen „heimischen“ Gütern und Importen aus den verschiedenen Herkunftsländern zu einer aussagekräftigen deskriptiven Statistik verdichten läßt. Eine Möglichkeit besteht darin, die beobachteten Veränderungen zwischen 1993 und 1996 (bzw. 1997) zurate zu ziehen.[22] Die historischen Veränderungen selbst direkt an die Stelle von $\hat{c}_i^{jk}$ in Tabelle 1 zu setzen, scheint allerdings kaum zweckmäßig, da sie durch eine Reihe von Umständen bedingt sein können, die mit dem hier interessierenden Szenario nichts zu tun haben. Statt dessen gehe ich folgendermaßen vor.[23]

Es sei $\alpha_i^j = m_i^j / M^j$ der Anteil der Importe des Gutes i an den Gesamtimporten des EU15-Landes j im Jahr 1993. Analog dazu sei $\beta_i^{\mathcal{O}} = \sum_{k \in \mathcal{O}} c_i^{jk} / m_i^j$ der Anteil der MOEL an den Gut-i-Importen des EU-Landes j im Jahr 1993. Bei Konstanz dieser beiden Anteile ergäbe sich für 1997 ein hypothetischer Wert für die Importe des Landes j aus MOEL in Höhe von $\bar{m}_i^{j\mathcal{O}} = \beta_i^{\mathcal{O}} \alpha_i^j M_{97}^j$, wobei M_{97}^j die beobachteten Gesamtimporte für 1997 darstellen. Als nächstes ermitteln wir die Differenz $\gamma_i^j = \sum_{k \in \mathcal{O}} c_i^{jk} - \beta_i^{\mathcal{O}} \alpha_i^j M_{97}^j$, wobei c_i^{jk} Beobachtungen für 1997 darstellen. $\gamma_i^j > 0$ bedeutet, daß der Anteil des Gutes i an den Gesamtimporten des Landes j zugenommen hat, und / oder daß die MOEL als Herkunftsländer für die Importe des Gutes i an Bedeutung gewonnen haben. Nun betrachten wir jene Importe aus den EU15-Partnerländern, die sich dann ergeben hätten, wenn diese Veränderung voll zulasten der Importe aus Partnerländern gegangen wäre: $\bar{m}_i^{\mathcal{E}^j} = \sum_{k \in \mathcal{E}^j} c_i^{jk} - \gamma_i^j$, wobei c_i^{jk} wieder Beobachtungen für 1997 darstellen. $\bar{m}_i^{\mathcal{E}^j}$ kann als eine Art Referenzwert interpretiert werden, der sich ohne jegliche Handelsumlenkung ergeben hätte. Schließlich ermitteln wir einen *Handelsumlenkungsindex*

(21) $$S_i^j = 1 - \frac{m_i^{\mathcal{E}^j} - \bar{m}_i^{\mathcal{E}^j}}{m_i^j} \ .$$

[21] Bei den später präsentierten empirischen Berechnungen habe ich $\mathcal{E}^j$ so definiert, daß es auch die Länder des Europäischen Wirtschaftsraumes (Island, Liechtenstein und Norwegen) umfaßt. Gleiches gilt für die Schweiz, die im vergangenen Jahr eine Reihe von bilateralen Abkommen mit der EU geschlossen hat, darunter auch eines betreffend die Beseitigung von administrativen Barrieren im Güterhandel.

[22] Das Jahr 1993 ist das erste, für das Handelsdaten für alle anstehenden Kandidaten, einschließlich der neuen Staatsgründungen, verfügbar sind. Für manche EU15-Länder sind Daten in der erforderlichen Disaggregation (betreffend die Güter und die Handelspartnerländer) gegenwärtig nur bis 1996, für andere schon bis 1997 verfügbar.

[23] Vgl. auch *Rodrik* (1994).

Dieser hat den Wert 1, wenn keine Handelsumlenkung erfolgt ist, er ist kleiner als 1, wenn Handelsumlenkung erfolgt ist, und er ist größer als 1, wenn der Anteil der EU15-Partnerländer sogar kleiner geworden ist, als es die Zunahme der Bedeutung der MOEL ohne Handelsumlenkung erfordert hätte. Dann ist sozusagen auch im Bereich der Länder $\mathcal{R}$ Handelsschaffung erfolgt. Nun können wir eine um das Handelsumlenkungspotential korrigierte Variante der Statistik $T^j_{\mathcal{O}}$ in Gleichung 19 definieren:

$$\bar{T}^j_{\mathcal{O}} = \sum_{k \in \mathcal{O}} \sum_{i=1}^{N} \mu_i^{jk} t_i^U S_i^j \,. \tag{22}$$

Hier werden die EU-Zollsätze mit Faktoren gewichtet, welche die länder- und güterspezifischen Handelsumlenkungspotentiale messen sollen.

2. *Importeffekte des Gemeinsamen Marktes*

Für die Wohlstandswirkung einer Umlenkung der Importe von Drittländern auf Importe aus neuen Mitgliedsländern ist es völlig egal, ob und in welchem Maße der Anstoß dafür aus der gewährten *Zollpräferenz* resultiert, oder aus der Gewährung des *Binnenmarktstatus*. M.a.W., $\hat{c}_i^{jk} < 0$ bei $t_i^U > 0$ verursacht – für sich genommen – eine Wohlstandseinbuße, wodurch auch immer $\hat{c}_i^{jk} < 0$ bedingt sein mag. Der entscheidende Unterschied zwischen reinen Distorsionen und realen Kosten liegt auf einer anderen Ebene. Zum einen liegt er darin, daß $r_i^{jk} > 0$ (im Unterschied zu $t_i^U > 0$) nicht impliziert, daß $\hat{c}_i^{jk} < 0$ zu einer Wohlstandseinbuße führt. M.a.W., Transaktionskosten stellen keine Distorsion dar, die zu Wohlstandseffekten erster Ordnung führen. Noch wichtiger aber ist die Tatsache, daß die Reduktion der realen Handelskosten im Unterschied zur Beseitigung einer reinen Distorsion immer einen „Rechteckseffekt" generiert. Der Punkt ist von größter Bedeutung, läßt er doch erwarten, daß die Ausdehnung des Gemeinsamen Marktes auf die neuen Mitgliedsländer wesentlich mehr Wohlstandspotential birgt als die wechselseitige Gewährung der Zollpräferenz. Werden die Handelskosten zur Gänze beseitigt, dann ist in der zweiten Zeile der Tabelle 1 tatsächlich $\hat{r}_i^U = -1$ (im Unterschied zu $\hat{c}_i^{jk}$, siehe oben). Dies sei im Folgenden unterstellt.[24]

Aus empirischer Sicht besteht der große Unterschied zu den tarifären Barrieren im Problem der *Quantifizierung*. Während man zur Ermittlung von $T^j_{\mathcal{O}}$ bzw. $\bar{T}^j_{\mathcal{O}}$ auf den Gemeinsamen Zolltarif der Union zurückgreifen kann, liegen ähnliche Informationen für die Ermittlung des „Rechteckseffekts" der realen Handelskosten, d. h. einer deskriptiven Statistik der Form

---

24 Eine etwas realistischer anmutende und völlig äquivalente Interpretation ist die, daß die ad-valorem Sätze der Handelskosten, ρ_i^{jk}, nur die zu beseitigenden Handelskosten betreffen.

(23) $$K^j = \sum_{k \in \mathcal{O}} \sum_{i=1}^{N} \mu_i^{jk} \rho_i^{jk},$$

nicht vor. Man muß sich auf grobe Richtwerte und anekdotische Evidenz verlassen. Unstrittig ist, daß die realen Handelskosten, gemessen als Anteil am Wert der Handelsströme (ρ_i^{jk}), keine vernachlässigbaren Größen darstellen. Man muß sich hier vielleicht noch einmal kurz klar machen, worum es geht. Mitte der 80er Jahre wurde in einem Bericht an das Europäische Parlament festgehalten, daß nach der völligen Beseitigung aller Binnenzölle noch immer eine Reihe von physischen und technischen Barrieren für den innergemeinschaftlichen Handel verblieben waren. Gemeint sind hier vor allem Grenzkontrollkosten (Wartezeiten, Formularwesen), sowie Kosten der Gewährleistung international divergierender Produktstandards und des Beibringens von entsprechenden Konformitätszertifikaten. Diese Kosten wurden für den Handel innerhalb der Union pro Jahr auf einen durchschnittlichen Arbeiterwochenlohn geschätzt; siehe *Leonard* (1998, S. 106). Eine „Briefumschlagrechnung" zeigt, daß dies auf reale Handelskosten in der Gegend von 5 Prozent des Importwertes hinausläuft.[25] Diese Kosten zu beseitigen, war das Kernanliegen des Binnenmarktprogramms, basierend auf der Einheitlichen Europäischen Akte von 1987. Dieses Programm ist mittlerweile Bestandteil des „acquis communautaire" und wurde mit Ende 1992 umgesetzt, zwar nicht vollumfänglich, aber doch zum großen Teil.

Nun wird man nicht wirklich behaupten können, daß damit die realen Handelskosten zur Gänze beseitigt worden sind. In einer einflußreichen Studie von *Smith & Venables* (1988) wurde der Kostensenkungseffekt für den innergemeinschaftlichen Handel mit 2,5 Prozent des Transaktionswertes veranschlagt. Dieser Wert wurde in einer Reihe von anderen Studien zur westeuropäischen Integration übernommen, unter anderem von *Keuschnigg & Kohler* (1996b) für den österreichischen EU-Beitritt.[26] Was nun die Osterweiterung anlangt, so kann man wohl davon ausgehen, daß die nach Umsetzung der Beitrittsabkommen und wechselseiti-

---

25 In Prozent des Inlandsprodukts repräsentiert dieser Wochenlohn, ganz grob geschätzt, einen Wert von $0{,}5/48 \approx 0{,}01042$, wobei 48 Arbeitswochen und eine „Arbeiter-Lohnquote" von 50 Prozent unterstellt wurde. Die Warenimportquote (am Inlandsprodukt) belief sich 1995 für die einzelnen EU15-Länder zwischen 19 und 60 Prozent, und der Anteil der innergemeinschaftlichen Importe bewegte sich zwischen 55 und 75 Prozent; siehe *Leonard* (1998). Nimmt man „vorsichtige Durchschnittswerte" von 30 bzw. 60 Prozent, so kommt man zu einem Anteil der innergemeinschaftlichen Importe am Inlandsprodukt von ca. 18 Prozent. Fügt man beide Zahlen zusammen, so kommt man auf reale Handelskosten im Ausmaß von etwa 5,79 Prozent des Importwertes.

26 In der Schweiz schätzt man die Kostenersparnis aus dem bilateralen Handelsabkommen mit der EU auf etwa 1 Prozent der Exporte; siehe NZZ vom 6. Mai 1999. Allerdings beinhaltet dieses Abkommen – es ist eben kein Beitritt – keinen vollen Binnenmarktstatus. Z.B. soll das „Cassis de Dijion"-Prinzip der gegenseitigen Anerkennung von Produktstandards nicht zur Anwendung kommen. So gesehen scheinen diese Schätzung und der 2,5-Prozent-Wert in den erwähnten Studien durchaus miteinander kompatibel.

ger Gewährung des Binnenmarktstatus eintretende Kostenersparnis deutlich über jener der westeuropäischen Integrationsschritte liegen wird. Baldwin et al. setzen 10 Prozent an, *Keuschnigg & Kohler* (1999a, 1999b) sind mit 5 Prozent etwas vorsichtiger.

Ich werde den „Rechteckseffekt" 23 zunächst unter der Annahme berechnen, daß ρ_i^{jk} für alle Länder und Güter einheitlich gleich 5 Prozent ist. Dies vernachlässigt allerdings zweierlei. Zum einen initiiert die Beseitigung der realen Handelskosten auch „Dreieckseffekte", die – wie schon erwähnt – sowohl handelsschaffender, als auch handelsumlenkender Natur sein können. Dafür sind wieder die oben angesprochenen Substitutionsbeziehungen relevant, so daß es sich anbietet, in Analogie zu dem in Gleichung 22 definierten Maß $\bar{T}_{\mathcal{O}}^j$ auch das Maß

(24) $$\bar{K}^j = \sum_{k \in \mathcal{O}} \sum_{i=1}^{N} \mu_i^{jk} \rho_i^{jk} S_i^j$$

zu berechnen, wobei S_i^j aus 21 entnommen wird. Die mit S_i^j erfolgende Korrektur der ad-valorem Kosten ρ_i^{jk}, die auch hier uniform mit 5 Prozent angesetzt werden, ist freilich allein für den „Dreieckseffekt" relevant.

Zum anderen sind natürlich die realen Handelskosten nicht bei allen Gütern gleichermaßen bedeutsam. Ich möchte diesem Umstand durch die Betrachtung der sogenannten „frequency ratios" von nicht-tarifären Barrieren, fortan mit ϕ_i^U angedeutet, Rechnung tragen. Diese geben den Anteil jener Güter innerhalb der Gütergruppe i an, der gemäß dem externen Handelsregime der EU nicht-tarifären Barrieren unterliegt. Diese Informationen sind auf derselben Ebene der Güterdisaggregation verfügbar, wie die in 19 und 22 verwendeten Zollsätze t_i^U.[27] Dies führt – in Ergänzung der Maße K^j (23) und $\bar{K}^j$ (24), und in Analogie zum Maß $T_{\mathcal{O}}^j$ – zu einer deskriptiven Statistik von der Form

(25) $$N_{\mathcal{O}}^j = \sum_{k \in \mathcal{O}} \sum_{i=1}^{N} \mu_i^{jk} \phi_i^U \ .$$

Diese Statistik wird oft *„import coverage ratio"* genannt (*OECD,* 1997), allerdings wird sie im Normalfall ohne die hier betonte regionale Differenzierung nach Importherkunftsländern berechnet.

3. Exporteffekte

Ein Kernpunkt der Erwartungen, die in den EU15-Ländern allenthalben in die Osterweiterung gesetzt werden, betrifft die Exporte. Mit wenig Übertreibung kann

---

27 Siehe *OECD* (1997). Eine genauere Beschreibung erfolgt im Anhang zu den Datengrundlagen.

man sagen: Wenn die Erweiterung in den bestehenden Mitgliedsländern überhaupt positiv gesehen wird, dann wegen der Hoffnung auf positive Exporteffekte.

Der Wohlstandskalkül der Tabelle 1 bestätigt diese Sicht nur sehr bedingt. Exportsteigerungen zeitigen dann, und nur dann, einen positiven Effekt erster Ordnung („Dreieckseffekt"), wenn die Exporte einer heimischen Exportsteuer ($z_i^{kj} > 0$) unterliegen. Im wohl realistischeren Fall der Exportsubvention generiert eine Exportzunahme sogar einen negativen Wohlstandseffekt. Dies ist sehr wichtig für eine konsistente Bewertung der Osterweiterung, wenngleich für Ökonomen keineswegs überraschend. Es reflektiert nur unsere auf die Gesamtökonomie bezogene *Wohlstandsperspektive*, im Unterschied zu exportbezogenen *Gruppeninteressen.*[28]

Was die „Harberger-Dreiecke" und die „Rechteckseffekte" der Zollbeseitigung und der Reduktion der realen Handelskosten anlangt, so fallen diese den *neuen Mitgliedsländern* zu. Das erkennt man schnell aus der Tabelle 1, und es ergibt sich aus dem einfachen Umstand, daß ja die fraglichen Exporte der EU15-Länder die Importe der neuen Mitgliedsländer sind. Die Abbildung 1 verdeutlicht den Zusammenhang. Dort wird der Einfachheit halber nur ein MOEL k betrachtet, und die Situation vor der Osterweiterung wird mit dem tiefgestellten Index v angedeutet. Die Situation nach Erweiterung wird mit n notiert, wobei $n, 0$ den Fall eines perfekt elastischen heimischen Angebots und $n, 1$ den Fall eines endlich elastischen heimischen Angebots darstellt. Die Abbildung zeigt, daß – unter der hier zugrundeliegenden Annahme perfekter Konkurrenz – der „Rechtecksgewinn" der beseitigten Handelskosten im Land k anfällt. Die Darstellung unterstellt keinerlei heimische Exportsteuer ($z_i^{kj} = 0$). Der Einfachheit halber wird auch von der Möglichkeit der Senkung der heimischen Nachfrage aufgrund billigerer Importe abstrahiert. Es folgt, daß bei unendlich elastischem Angebot im Land j die Zunahme der Exporte ohne jeglichen Wohlstandsgewinn erfolgt, während bei endlich elastischem Angebot ein positiver Terms-of-trade Effekt für das Inland entsteht. Dies bringt uns zu den Zeilen 4 und 5 der Tabelle 1. Ich komme gleich darauf zurück.

II. Terms-of-trade Effekte

Sowohl auf der Export-, als auch auf der Importseite, sind den oben beschriebenen Effekten die Terms-of-trade Veränderungen gegenüberzustellen. Dabei handelt es sich grundsätzlich immer um *„Rechteckseffekte"*. Bezüglich der Importgüter aus dem Rest der Welt (Zeile 4 der Tabelle 1, $k \in \mathcal{R}$) dürften aus der Osterweiterung allerdings kaum merkbare Preisveränderungen resultieren, so daß wir sie hier getrost vernachlässigen können. Anders hingegen die Güter aus den neuen Mit-

[28] Hier sei noch angemerkt, daß Produktionssubventionen keine handelsbezogenen „Dreieckseffekte" entstehen lassen.

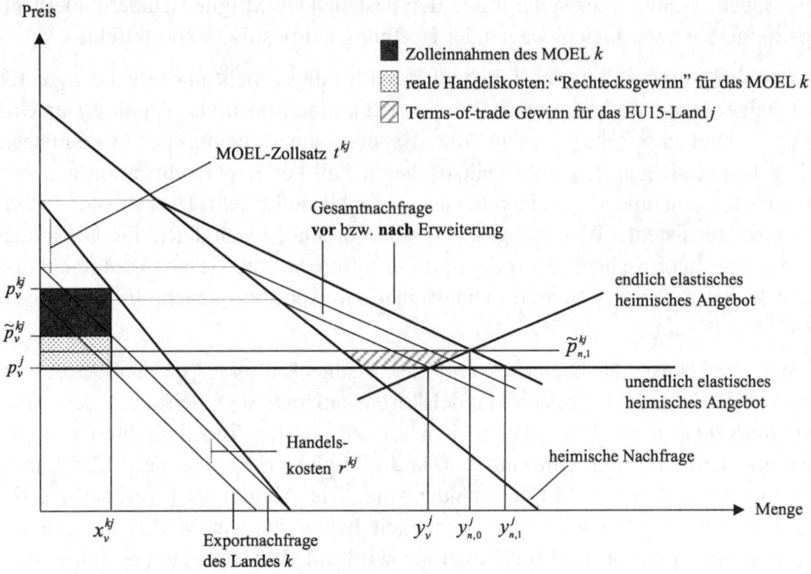

Abbildung 1: Exporte des EU15-Landes *j* in das MOEL *k*
(*v* bedeutet vor, *n* bedeutet nach Osterweiterung)

gliedsländern, welche auf erhöhte Nachfrage aus der Union stoßen werden, die ihrerseits – je nach Preiselastizität des Angebots in diesen Ländern – mitunter nur zu höheren Produzentenpreisen befriedigt werden kann ($\hat{p}_i^k > 0$). Dieser Effekt kann noch verschärft werden durch die Beseitigung von Exportsubventionen ($\hat{z}_i^{jk} > 0$), oder aber gemildert durch die Beseitigung von Exportsteuern ($\hat{z}_i^{jk} < 0$).[29] Klar scheint zunächst, daß ein bestehendes Unionsland um so mehr durch Terms-of-trade Verschlechterungen getroffen sein wird, je höher seine Importe aus den neuen Mitgliedsländern sind. Was sich aus der Sicht der Statistik 19 bzw. 22 zunächst als Vorteil ausnimmt, das kann hier – je nach güterspezifischer Angebotselastizität – zu einem Nachteil werden. Es erhebt sich nun also die Frage, ob wir eine entsprechend korrigierte Variante dieser deskriptiven Statistiken finden können.

Ohne explizite Lösung des Modells läßt sich nur sehr schwer Zuverlässiges über die Terms-of-trade Effekte der Osterweiterung auf die einzelnen EU15-Länder sagen. Immer wenn Terms-of-trade im Spiel sind, ist man natürlich versucht, einen entscheidenden Einflußfaktor in der *relativen Größe* der involvierten Länder zu sehen. Fast reflexartig wird man hier auf eine ausgeprägte Asymmetrie hinweisen: Die EU15 umfaßt etwa 3 mal so viele Personen mit einem 4 mal so hohen Durch-

29 Das Ausmaß, in dem sich diese Veränderungen aus der Sicht der EU15-Länder in Form von negativen Terms-of-trade Effekten bemerkbar machen, hängt davon ab, welchen Anteil sie in der Ausgangssituation an dem „Grenzpreis" hatten (siehe Gleichung 2 bzw. 8).

schnittseinkommen wie die 10 MOEL; siehe *European Commission* (1997). Etablierte Theorie würde also von der Erweiterung insgesamt Terms-of-trade Verschlechterungen für die bestehenden EU-Länder erwarten lassen.

Aber eine aggregierte Betrachtung dieser Art hilft für unsere Zwecke nicht weiter, und sie kann im Einzelfall leicht zu falschen Schlüssen verleiten. Dies aus mehreren Gründen. Sowohl das Niveau, als auch die Struktur der zu beseitigenden Barrieren, sind auf den beiden Seiten (EU15 und MOEL) durchaus unterschiedlich. Immerhin läßt sich dies – zumindest im Prinzip – recht genau beschreiben. Gravierender ist der Umstand, daß sich aus einer solchen Beschreibung, selbst wenn sie sehr detailliert ist, aufgrund der Vielzahl von möglichen Substitutions- bzw. Komplementaritätsbeziehungen zwischen den verschiedenen Gütern nur mit viel Mut auch Aussagen über jene Terms-of-trade Effekte ableiten lassen, die für die hier gestellte Frage relevant sind. Ich will indes hier nicht einfach kapitulieren, sondern diesen Mut aufbringen.

Es geht um ein Problem, das – soweit mir bekannt – in der Theorie PHA bisher nicht wirklich untersucht worden ist. Dies mag angesichts der großen Aufmerksamkeit, die den Terms-of-trade Effekten in der Literatur im allgemeinen zukommt, etwas überraschend klingen. Aber dort geht es in der Regel um Terms-of-trade Effekte zwischen zwei (oder mehreren) Ländern, die eine Union erstmals eingehen, bzw. um derartige Effekte zwischen der neu errichteten Union als ganzes und den Drittländern; siehe insbesondere *Mundell* (1964). Hier geht es hingegen um die aus den Terms-of-trade Veränderungen sich ergebenden Verteilungswirkungen zwischen den Mitgliedsländern einer bestehenden Union, die im Gefolge einer Erweiterung derselben zu erwarten sind.[30]

Betrachten wir zunächst die *Importseite*. Angenommen, ein bestimmtes Land j weist bei einem Gut i eine hohe Importverflechtung (gemessen an seinem Inlandsprodukt) mit den MOEL aus, und zugleich mache die Nachfrage der Union als Ganzes nur einen kleinen Teil der gesamten Produktion dieses Gutes in den MOEL aus. Dies scheint jener Fall, in dem die oben beschriebenen „Dreiecks-" und „Rechteckseffekte", repräsentiert durch die Statistiken 19 bzw. 22 und 23, relativ wenig durch Terms-of-trade Verschlechterungen im Sinne der Zeile 4 der Tabelle 1 (für $k \in \mathcal{O}$) getrübt sein dürften. Das folgende Maß G^j vermag diesen Effekt einzufangen:

30 *Bhagwati* et al. (1998) haben darauf hingewiesen, daß diese Frage eine gewisse Ähnlichkeit aufweist mit der Frage der Verteilungswirkungen handelspolitischer Maßnahmen (oder auch anderer parametrischer Veränderungen) zwischen verschiedenen – wie auch immer definierten – Gruppen innerhalb eines Landes. Für den hier verfolgten empirischen Zweck hilft diese Erkenntnis indes nicht weiter. *Casella* (1996) hat darauf hingewiesen, daß für die hier gestellte Frage die relative Größe der bestehenden Mitgliedsländer von Bedeutung sein kann, wenn a) Größenvorteile im Spiel sind, und wenn b) die Integration innerhalb des Blocks noch nicht so weit fortgeschritten ist, daß die Größe nationaler Märkte schon bedeutungslos geworden ist.

(26) $$G^j = \sum_{k \in \mathcal{O}} \sum_{i=1}^{N} \mu_i^{jk} \left(1 - \sum_{l \in \mathcal{E}} g_i^{lk}\right) (t_i^U + \rho_i^U) \, .$$

Dabei ist $\sum_{l \in \mathcal{E}} g_i^{lk}$ der Anteil der EU15 Importe an den Gesamtexporten des MOEL k. Im Grunde handelt es sich hier lediglich um eine Kombination der beiden Maße $T_{\mathcal{O}}^J$ (19) und K^j (23), ergänzt durch eine Berücksichtigung Terms-of-trade Effekte, die hier – ganz im Sinne etablierter Theorie – durch die Größenverhältnisse eingefangen werden. Das Besondere ist hier, daß dieses Größenargument disaggregiert, und zwar bezogen auf die Handelsströme des Gutes i, zur Anwendung gebracht wird, und daß zugleich die Position eines einzelnen Landes (μ_i^{jk}) und die Rolle der Union als ganzes ($\sum_{l \in \mathcal{E}} g_i^{lk}$) erfaßt wird.[31]

Hinter der Statistik G^j steht – in modifizierter Form – weiters auch die oben skizzierte Idee „natürlicher" Handelspartner. Hier findet sie sich in der Vorstellung, daß die Beseitigung der Handelsbarrieren dort besonders ausgeprägte Nachfrageeffekte zeitigen wird, wo die „natürlichen" Gegebenheiten schon in der Ausgangssituation für hohe Handelsströme gesorgt haben. Hinzu kommt die Hypothese, daß die markträumende Preiserhöhung um so größer ausfallen wird, je größer der Anteil, den die davon betroffene Nachfrage am Gesamtangebot ausmacht. Diese letztere Überlegung ersetzt die hier nicht verfügbare direkte Evidenz über die Preiselastizität des Angebots.

In Analogie dazu kann man auf der *Exportseite*

(27) $$\pi_i^j = \sum_{k \in \mathcal{O}} g_i^{kj} (t_i^{kj} + \rho_i^{kj})$$

als Proxy für die liberalisierungsbedingte Erhöhung des Preises p_i^j verwenden. Die Armington-Annahme bedeutet, daß jedes einzelne Land von vornherein groß ist. Allerdings sind die Anteile g_i^{kj} wohl in vielen Fällen so klein, daß a priori kaum mit nennenswerten Preissteigerungen zu rechnen ist. Sofern sie eintreten, ist allerdings zweierlei zu beachten. Erstens ist die Wohlstandswirkung einer solchen Terms-of-trade Verbesserung nicht auf die Exporte in die MOEL beschränkt, sondern sie betrifft die gesamten Exporte (Zeile 5 der Tabelle 1). Dies suggeriert folgendes Maß für die exportseitigen Terms-of-trade Verbesserungen des Landes j:

31 Nachdem wir perfekte Substituierbarkeit zwischen Export und heimischem Absatz unterstellt haben (siehe die Arbitragebeziehung 2), wäre es natürlich besser, g_i^{lk} als Anteil der Importe an der *Produktion* des MOEL zu definieren. Für den Fall einer Freihandelszone mit länderspezifischen Barrieren entstünde $G^j = \sum_{k \in \mathcal{O}} \sum_{i=1}^{N} \mu_i^{jk} \left[(t_i^{jk} + \rho_i^{jk}) - \sum_{l \in \mathcal{E}} g_i^{lk} (t_i^{lk} + \rho_i^{lk})\right]$. Man beachte die Ähnlichkeit mit dem Maß der effektiven Protektion. Mangels Verfügbarkeit hinreichend disaggregierter Produktionszahlen läßt sich dieses Maß aber im Rahmen der hiesigen Untersuchung empirisch nicht umsetzen.

(28) $$X^j = \sum_{i=1}^{N} \xi_i^j \pi_i^j,$$

wobei ξ_i^j der Anteil der gesamten Exporte des Gutes i am BIP ist. Zweitens aber bedeutet jede Terms-of-trade Verbesserung eines EU15-Landes zugleich eine importseitige Terms-of-trade Verschlechterung für alle anderen EU15-Länder, die dieses Gut ebenfalls importieren (Zeile 4 der Tabelle 1, $k \in \mathcal{E}^j$). Nachdem auch dieser Effekt letztlich durch die Zunahme der Exportnachfrage aus MOEL bedingt ist, kann man auf folgende Weise eine Statistik definieren, welche die unterschiedliche Exponiertheit der verschiedenen EU15-Länder gegenüber exportseitigen Terms-of-trade Effekten für die Union als Ganzes einfängt:

(29) $$\bar{X}^j = \sum_{i=1}^{N} \left(\xi_i^j \pi_i^j - \sum_{l \in \mathcal{E}^j} \mu_i^{jl} \pi_i^l \right)$$

Man beachte auch hier wieder die Ähnlichkeit mit dem Maß der effektiven Protektion. Während X^j die exportseitigen *Produzenteninteressen* betrifft, also eher im Sinne von Gruppeninteressen interpretiert werden sollte, erweitert $\bar{X}^j$ die Perspektive auf den *Gesamtwohlstand* im Sinne der Tabelle 1.

III. Die Zahlen

Es wird Zeit, sich den Zahlen zuzuwenden. Die Quellen sind im Anhang genau beschrieben, so daß ich mich hier gleich mit den Ergebnissen befassen kann. Ich möchte als erstes die *fiskalische Belastung* der einzelnen Länder betrachten, also die letzte Zeile der Tabelle 1, die ja keinerlei konzeptionelle Schwierigkeiten beinhaltet und deswegen bislang noch gar nicht näher erörtert wurde. Danach werde ich die eben vorgestellten deskriptiven Statistiken berechnen, um den fiskalischen Belastungen auch auf empirische Weise die *Vorteile* der realwirtschaftlichen *Integration* gegenüberstellen zu können. Ich beschränke mich dabei grundsätzlich auf die erste Erweiterungsrunde. Die MOEL umfassen also Estland, Polen, Ungarn, Slowenien, und die Tschechische Republik.

1. Wieviel kostet es? – Wie wird es finanziert?

Nach den neuesten Berechnungen der Europäischen Kommission (*European Commission,* 1999), basierend auf dem Ergebnis des Treffens der Staats- und Regierungschefs in Berlin, sind im Jahr 2006 für Zahlungen an die neuen Mitgliedsländer Mittel in Höhe von 14,22 Mrd. Euro vorgesehen, denen ein erhöhtes Eigenmittelaufkommen von 3,74 Mrd. Euro gegenübersteht. Dies ergibt für die EU15-

Länder einen *Finanzierungsbedarf* in Höhe von 10,48 Mrd. Euro. Auf der Basis der Mittel für Verpflichtungen (anstelle von Zahlungen) gerechnet, ergibt sich ein etwas höherer Saldo von 13,04 Mrd. Euro.[32]

Die Tabelle 2 überträgt diese Werte in Prozent des geschätzten EU15-Inlandsprodukts, und stellt diesem Kostenvoranschlag der Kommission Schätzergebnisse gegenüber, die mit Hilfe modellhafter Abbildungen der EU-Finanzpolitik ermittelt wurden. Dies ist zum einen das von *Baldwin et al.* (1997) verwendete *„Machtpolitik"-Modell*, und zum anderen das von *Breuss* (1995) sowie *Breuss & Schebeck* (1996) vorgeschlagene *ökonometrische Modell* der EU Agrar- und Strukturfonds. Dieses Modell versucht, die Wirkungsweise der Gemeinsamen Agrar- und Strukturpolitik in deren Kern durch einfache Strukturgleichungen zu erfassen, welche die empfangenen Agrar- bzw. Strukturmittel durch diverse Ländercharakteristika erklären. Sofern diese Charakteristika auch für die neuen Mitgliedsländer beobachtbar oder prognostizierbar sind, lassen sich die aus diesen Titeln erwachsenden Rückflüsse (bezogen auf das Inlandsprodukt) an die einzelnen Mitgliedsländer schätzen. Führt man diese Schätzungen mit den von der Kommission für 1997 veröffentlichten Sätzen für die EU15-Länder (*European Commission,* 1998a, 1998b) zusammen, so gelangt man zu der in der Tabelle 2 ausgewiesenen Kostenschätzung.[33] Verschiedene Methoden führen, wie nicht anders zu erwarten, zu unterschiedlichen Ergebnissen, aber die Unterschiede gehen nicht in das Ausmaß von Größenordnungen. Ich werde mich in weiterer Folge an die mit Hilfe des Modells von Breuss & Schebeck ermittelten Kostenschätzungen halten. Die Größenordnung mag man vielleicht als gering empfinden. Sie vermag in der Tat die doch teilweise recht kontrovers geführte Debatte um die Kosten der Erweiterung eigentlich nicht zu erklären. Gleichwohl handelt es sich nicht um eine vernachlässigbare Größe. Die Frage nach den dafür zu erwartenden Integrationsvorteilen ist also wichtig.

Um eine *länderspezifische Gegenüberstellung* von Kosten und Vorteilen anstreben zu können, müssen wir als nächstes die Frage stellen, wie die eben bezifferte Finanzlücke geschlossen werden soll. Erst durch die Antwort auf diese Frage erhalten wir Hinweise über die länderspezifischen Belastungen dF/Y (siehe Tabelle 1). Hier ist zum gegenwärtigen Zeitpunkt noch beträchtlich mehr Unklarheit gegeben, als bei der Frage der Gesamtkosten. Zugleich ist die gewählte Finanzierungsstrategie von besonderer Bedeutung für die Verteilung der Finanzierungslast auf die bestehenden Mitgliedsländer. Während eine proportionale Anhebung der Eigenmittel die Länder weitgehend gleich belasten würde, wären im Falle einer Rückführung der Strukturfonds vor allem jene Länder betroffen, die gegenwärtig

32 Die Kommission unterstellt dabei einen aus heutiger Sicht eigentlich unrealistischen Beitritt im Jahr 2002. Der genaue Zeitpunkt der Erweiterung ist indes hier nicht wichtig. Es geht nur um eine (grobe) Schätzung der erwarteten Verpflichtungen (Zahlungen) an die neuen Mitgliedsländer, sowie der erwarteten Eigenmittel von diesen Ländern.

33 *Breuss* (1995) sowie *Breuss & Schebeck* (1996) verwenden auch für die EU15-Länder die Vorhersagewerte ihres Modells. Mit den zwischenzeitlich verfügbar gewordenen Beobachtungen für alle EU15-Länder können verbesserte Kostenschätzungen ermittelt werden.

aus diesen Fonds überproportional hohe Zahlungen erhalten. Die Beschlüsse von Berlin sehen vor, die Mittel für Zahlungen für die EU15-Länder von 1999 bis zum Jahr 2006 insgesamt um etwa 7 Mrd. Euro zu verringern, und zwar real gerechnet zu Preisen von 1999. Allerdings erkennt man daraus noch nicht, wo die Einsparungen konkret liegen sollen. Ein Blick auf die zeitliche Entwicklung der veranschlagten Mittel für Verpflichtungen zeigt, daß die Reduktion in erster Linie *zulasten der Strukturfonds* gehen soll, die bis 2006 um fast ein Viertel gekürzt werden sollen.[34] Die *Kürzung des Agrarfonds* gegenüber dem Status quo ist mit etwa 7 Prozent im Vergleich dazu sehr bescheiden. Die Kommission sieht also Kürzungen der Strukturfonds als leichteren, oder in gewissem Sinne besseren, Weg der Finanzierung der Osterweiterung, als Einschnitte in die Agrarfonds.

Tabelle 2

Kosten der Osterweiterung der EU auf MOEL1: Schätzwerte in Prozent des EU15-BIP

(*)	Europäische Kommission Finanzrahmen 2000-2006	Zahlungen	0.113
		Verpflichtungen	0.141
(**)	Baldwin, Francois & Portes (1997) "Machtpolitik" - Modell	Shapley-Shubik Index	0.111
		Stimmen pro Kopf	0.211
(***)	Breuss & Schebeck (1996) ökonometrisches Modell		0.184

MOEL1: Estland, Polen, Slowenien, Tschechische Republik und Ungarn.

(*) Für 2006 ausgewiesene Differenz zwischen den erweiterungsbedingten Zahlungen und Eigenmitteln, entnommen aus European Commission (1999).

(**) Unterstellte Erweiterung: Polen, Slowakische Republik, Slowenien,Tschechische Republik und Ungarn.

(***) Eigene Berechnungen unter Zugrundelegung der Prognosewerte von Breuss & Schebeck (1996) für die Zahlungen an die MOEL, und unter Verwendung der für 1997 ausgewiesenen Beitragszahlungen und Rückflüsse betreffend die EU15-Länder, entnommen aus European Commission (1998a).

Die Gesamtreduktion der Zahlungen im Ausmaß von 7 Mrd Euro liegt allerdings noch deutlich unter dem Gesamtfinanzierungsbedarf von 10,48 Mrd. Euro. Daraus läßt sich schließen, daß die Osterweiterung zum Teil auch über eine *höhere Mittelaufbringung* finanziert werden soll, konkret über eine Ausnutzung des Spielraums zwischen dem Status quo und der selbst auferlegten Obergrenze für Zahlungen bzw. Eigenmittel (1,27 Prozent des BSP). Im Hinblick auf die hier erkennbare *„gemischte Finanzierung"* der Osterweiterung scheint es sinnvoll, der weiteren Betrachtung alternative Szenarien zugrunde zu legen. Dies soll hier in der Art geschehen, daß – ausgehend von dem Gesamtfinanzierungsbedarf nach dem ökonometrischen Modell von Breuss & Schebeck (siehe Tabelle 2) – für alle Länder proportionale Anpassungen der Beitrags- bzw. Rückflußsätze aus den Agrar- bzw.

34 Gemeint sind hier die Regional- und Strukturfonds.

Strukturfonds vorgenommen werden, wie sie für einen Ausgleich des Budgets der erweiterten EU notwendig sind. Gemeint sind hier Anpassungen einmal nur der Beitragssätze, und *alternativ* dazu nur der Rückflußsätze für die Agrar- bzw. Strukturfonds. Auf diese Weise wird die internationale Inzidenz der verschiedenen Finanzierungsstrategien ersichtlich. In jedem Falle aber werden bei diesen Berechnungen auch die aus dem ökonometrischen Modell resultierenden Sätze für die MOEL angepaßt. Sie sind also annahmegemäß durch eine Anpassung der Ausgaben- bzw. Einnahmenpolitik der EU ebenso betroffen, wie die bestehenden Mitgliedsländer, tragen also gewissermaßen ihren Teil zum Budgetausgleich bei. Die Ergebnisse dieser Berechnungen liefern für jedes Land Richtwerte für $\mathrm{d}F/Y$. Diese sind in den ersten drei Spalten der Tabelle 3 wiedergegeben, und diesen sind nun im Sinne des Gesamtkalküls der Tabelle 1 die deskriptiven Statistiken gegenüberzustellen, welche die Wohlstandseffekte der Gütermarktintegration erfassen sollen.

Tabelle 3

Die Osterweiterung auf MOEL1 aus der Sicht der EU15-Länder: Transfereffekte im internationalen Vergleich

Land	**d*F/Y***		
	BEITR	**AGR**	**STR**
Belgien/Luxemburg	-0.225	-0.127	-0.402
Dänemark	-0.180	-0.252	-0.070
Deutschland	-0.189	-0.088	-0.070
Finnland	-0.171	-0.157	-0.135
Frankreich	-0.178	-0.210	-0.076
Griechenland	-0.182	-0.721	-0.756
Großbritannien	-0.129	-0.108	-0.068
Irland	-0.204	-1.029	-0.684
Italien	-0.142	-0.142	-0.100
Niederlande	-0.249	-0.154	-0.072
Österreich	-0.191	-0.133	-0.071
Portugal	-0.203	-0.211	-1.025
Schweden	-0.198	-0.109	-0.055
Spanien	-0.189	-0.277	-0.409
EU15	**0.184**	**0.184**	**0.184**

MOEL1: Erste Erweiterungsrunde: Estland, Polen, Slowenien, Tschechische Republik und Ungarn.

BEITR: Budgetäre Anpassung durch proportionale Beitragserhöhung; siehe Text.

AGR: Budgetäre Anpassung durch proportionale Reduktion des Agrarfonds; siehe Text.

STR: Budgetäre Anpassung durch proportionale Reduktion der Strukturfonds; siehe Text.

2. *Die positive Seite: Integrationseffekte*

Die Tabelle 3 präsentiert eine Gegenüberstellung der fiskalischen Belastung, die sich bei alternativen Finanzierungsszenarien ergeben. Die Tabellen 4 und 5 stellen dem die Wohlstandswirkungen aus der *Gütermarktintegration* gegenüber, und zwar anhand der oben beschriebenen deskriptiven Statistiken für die Handelsschaffungs- bzw. Handelsumlenkungseffekte und die Terms-of-trade Effekte. Für die Zuordnung der einzelnen Spalten in den Tabellen 4 und 5 zu den einzelnen Effekten in der obigen Diskussion, siehe die letzte Spalte der Tabelle 1. Zur besseren Vergleichbarkeit werden die diversen Indikatoren für die Integrationseffekte auch für die EU15 insgesamt ausgewiesen.[35] Wie schon erwähnt, betreffen alle Zahlen die erste Erweiterungrunde. Alle Statistiken sind so konstruiert, daß sie einen um so *höheren* Wohlstandseffekt (geringeren Wohlstandsverlust) signalisieren, je *höher* ihr algebraischer Wert ist.

Bei der Interpretation ist Vorsicht geboten, manche Indikatoren sind wörtlicher zu nehmen als andere. Relativ leicht interpretierbar – und in der Dimension mit $\mathrm{d}F/Y$ übereinstimmend – sind die Indikatoren betreffend die Zölle und die realen Handelskosten. So können etwa T_O_1 ($= T^j_{\mathcal{O}}$, Gleichung 19) bzw. K_O_1 ($= K^j_{\mathcal{O}}$, Gleichung 23) im Sinne der obigen Diskussion als „Rechteckseffekte" der Zollbeseitigung bzw. der Ausdehnung des Gemeinsamen Marktes verstandenen werden. Man kann sie aber – realistisch betrachtet – wohl nur als sehr optimistische Referenzwerte interpretieren. Optimistisch einmal aus der Sicht des einzelnen Landes, weil dabei der Verlust an Zolleinnahmen als nur für die Gemeinschaft als Ganzes relevant, für das einzelne Land hingegen als irrelevant betrachtet wird. Dieser Interpretation liegt offensichtlich eine „fallacy of composition" zugrunde. Optimistisch aber auch insofern, als die Möglichkeit schädlicher Handelsumlenkung noch unberücksichtigt bleibt. Letzteres kann einmal in Form eines Umlenkungspotentials Berücksichtigung finden, das geschieht durch T_R ($= T^j_{\mathcal{R}}$, Gleichung 20), oder durch T_O_2 ($= \bar{T}^j_{\mathcal{O}}$, Gleichung 22) bzw. K_O_2 ($= \bar{K}^j_{\mathcal{O}}$, Gleichung 24). Während es noch Sinn macht, die Maße T_O_2 und K_O_2 direkt den fiskalischen Belastungen $\mathrm{d}F/Y$ gegenüberzustellen, kann T_R nur im Sinne einer *Rangordnung* der verschiedenen Länder interpretiert werden: je kleiner der algebraische Wert, um so größer das Potential an Handelsumlenkung. Analoges gilt für N_O ($= N^j_{\mathcal{O}}$, Gleichung 25): je höher der Wert, um so größer ist die Bedeutung, die den nicht-tarifären Barrieren bzw. ihrer Beseitigung im Handel eines Landes mit den MOEL zukommt.

Wie oben schon ausführlich erwähnt, lassen sich Terms-of-trade Effekte ohne explizit ausformuliertes Modell besonders schwer in den Griff kriegen. Ich habe es gleichwohl anhand diverser Indizes versucht. G_O_1 ist der „negative Teil" von G^j,

---

35 Mit Ausnahme von X_O_2 handelt es sich dabei nicht um einen einfachen Durchschnitt aus den einzelnen Länderwerten, sondern um Werte, die für das Aggregat EU15 eigenständig ermittelt wurden.

Tabelle 4

Die Osterweiterung auf MOEL1 aus der Sicht der EU15-Länder: Indikatoren für Wohlstandseffekte der Gütermarktintegration im internationalen Vergleich: Handelsschaffung / -umlenkung

Land	Zölle			nicht-tarifäre Barrieren		
	T_O_1	*T_R*	*T_O_2*	*K_O_1*	*K_O_2*	*N_O*
Belgien/Luxemburg	0.032	-0.783	0.029	0.030	0.027	0.060
Dänemark	0.038	-0.315	0.037	0.028	0.026	0.196
Deutschland	0.062	-0.348	0.059	0.049	0.046	0.162
Finnland	0.036	-0.360	0.035	0.034	0.034	0.188
Frankreich	0.017	-0.321	0.016	0.012	0.012	0.032
Griechenland	0.027	-0.312	0.026	0.014	0.013	0.014
Großbritannien	0.014	-0.625	0.014	0.011	0.010	0.027
Irland	0.013	-0.764	0.012	0.016	0.016	0.034
Italien	0.039	-0.265	0.039	0.021	0.021	0.046
Niederlande	0.044	-0.799	0.042	0.026	0.025	0.116
Österreich	0.101	-0.151	0.094	0.094	0.086	0.261
Portugal	0.008	-0.630	0.008	0.005	0.004	0.007
Schweden	0.041	-0.236	0.042	0.027	0.026	0.090
Spanien	0.014	-0.392	0.013	0.007	0.007	0.005
EU15	**0.037**	**-0.406**	**0.037**	**0.028**	**0.027**	**0.086**

MOEL1: Erste Erweiterungsrunde: Estland, Polen, Slowenien, Tschechische Republik und Ungarn.

*T_O_*1 bis *N_O*: Deskriptive Statistiken zur Erfassung der Tabelle 1 beschriebenen Effekte. Zur Definition und Interpretation siehe Text.

und *G_O_*2 ist der Gesamtindex G^j (Gleichung 26). *G_O_*1 mißt die Bedeutung jener Güter im Osthandel eines Landes, bei denen die Osterweiterung aufgrund der Größe der EU15 insgesamt, sowie aufgrund des Ausmaßes der zu beseitigenden Barrieren zu Preissteigerungen führen dürfte. *G_O_*2 kann als um diesen Effekt korrigiertes Maß der „Rechteckseffekte" *T_O_*1 plus *K_O_*1 aufgefaßt werden. Schließlich versucht das Maß *X_O_*1 ($= X^j$, Gleichung 28) gewissermaßen die Produzenteninteressen eines Landes an der Osterweiterung einzufangen, während *X_O_*2 ($= \bar{X}^j$, Gleichung 29) die Perspektive erweitert, indem jede durch zusätzliche Nachfrage aus dem Osten hervorgerufene Preiserhöhung für Güter eines EU15-Landes auch als Importpreiserhöhung für andere EU15-Partnerländer berücksichtigt wird.[36] Dies ist um so eher der Fall, je mehr ein Land von den EU15-

36 Für die Berechnung der Indizes *X_O_*1 und *X_O_*2 standen Informationen über Handelsbarrieren nur für die Länder Polen, Tschechische Republik und Ungarn zur Verfügung; siehe den Anhang zur Datengrundlage. Ich habe für jedes EU15-Land exportgewichtete Mittel dieser Zollsätze berechnet, und diese Durchschnitte dann für den Handel mit MOEL1 insgesamt zugrundegelegt. Diese Zollsätze sind darüber hinaus nur auf einer wesentlich höheren Aggre-

Tabelle 5

Die Osterweiterung auf MOEL1 aus der Sicht der EU15-Länder: Indikatoren für Wohlstandseffekte der Gütermarktintegration im internationalen Vergleich: Terms of trade

Land	Importe		Exporte	
	G_O_1	*G_O_2*	*X_O_1*	*X_O_2*
Belgien/Luxemburg	-0.034	0.017	0.132	-0.018
Dänemark	-0.044	0.015	0.083	0.021
Deutschland	-0.069	0.028	0.136	0.099
Finnland	-0.019	0.017	0.192	0.139
Frankreich	-0.015	0.005	0.047	0.004
Griechenland	-0.018	0.014	0.025	-0.026
Großbritannien	-0.012	0.008	0.035	-0.013
Irland	-0.013	0.009	0.063	-0.036
Italien	-0.032	0.010	0.092	0.052
Niederlande	-0.041	0.018	0.085	-0.001
Österreich	-0.113	0.056	0.277	0.191
Portugal	-0.005	0.004	0.013	-0.085
Schweden	-0.034	0.015	0.089	0.027
Spanien	-0.010	0.009	0.031	-0.022
EU15	**-0.037**	**0.016**	**0.090**	**0.024**

MOEL1: Erste Erweiterungsrunde: Estland, Polen, Slowenien, Tschechische Republik und Ungarn.

G_O_1 bis *X_O_2*: Deskriptive Statistiken zur Erfassung der Tabelle 1 beschriebenen Effekte. Zur Definition und Interpretation siehe Text.

Partnerländern ausgerechnet jene Güter importiert, bei denen diese Länder einen hohen Ostexport-Anteil aufweisen. Nachdem die Ostexporte für alle EU15-Länder insgesamt von geringerer Bedeutung sind als die Importe aus dem EU15-Raum, ist dieser Index durchwegs negativ. Wieder gilt jedoch: je höher der algebraische Wert, um so besser.

Was können wir nun aus all diesen Zahlen schließen? Die folgenden Aspekte scheinen mir wichtig.

1. Die *importseitigen Wohlstandseffekte* liegen selbst im günstigsten Fall bei fast allen Ländern deutlich unter der Finanzierungslast. Der günstigste Fall ergibt sich aus einer Addition von *T_O_1* (wie oben erwähnt als „Rechteckseffekt" interpretiert) und *K_O_1*. Damit werden negative Terms-of-trade Effekte ebenso ausgeklammert, wie die Möglichkeit der Handelsumlenkung. Die Indizes *T_O_2* und *K_O_2* ziehen die Handelsumlenkung mit in Betracht, müssen aber

gationsebene verfügbar. Ich habe eine Übereinstimmung zwischen diesen Daten und den Handelsdaten (*OECD,* 1998) auf der Ebene der NACE-2-Steller (60 Produktgruppen) erzielt.

immer noch als Obergrenze für die importseitigen Wohlstandseffekte betrachtet werden. Nur im Falle Österreichs reicht der so ermittelte Wohlstandseffekt (die Summe aus T_O_2 und K_O_2) einigermaßen an die Finanzierungslast heran. Wenn also die Kosten der Osterweiterung in nennenswertem Ausmaß durch realwirtschaftliche Integrationsvorteile kompensiert werden sollen, dann müssen diese wesentlich über die traditionelle Handelsschaffung hinausgehen. Dazu gleich noch mehr.

2. Die Wohlstandseffekte der Gütermarktintegration sind sehr unterschiedlich auf die einzelnen EU15-Länder verteilt. Dies wird in der Gesamtwirkung dann noch erheblich aggraviert, wenn die Finanzierung der Erweiterung nicht über Beitragserhöhungen, sondern über eine Reduzierung des Agrarfonds oder der Strukturfonds erfolgt. Um dies zu sehen, vergleiche man die Maße T_O_2 und K_O_2 alternativ mit den jeweiligen Spalten der Tabelle 3. Unterstellt man Agrarfonds- bzw. Strukturfondskürzungen, so ergibt sich danach bei Österreich und Deutschland ein Nettogewinn, bei allen anderen Fällen, insbesondere den Peripherieländern im Süden, ein Verlust. Im Falle von Strukturfondskürzungen ergibt sich auch für Schweden ein Nettogewinn. Insgesamt kann man konstatieren, daß eine durch Ausgabenkürzung finanzierte Osterweiterung im internationalen Vergleich zu einer *deutlichen Asymmetrie* zwischen Integrationsvorteilen und Finanzierungslasten führt.

3. Das Bild wird etwas relativiert, wenn man die Exponiertheit der einzelnen Ländern gegenüber *negativen Terms-of-trade Effekten* berücksichtigt. Das ist nach dem, was wir oben allgemein erkannt haben, nicht weiter überraschend. Die Abbildung 2 zeigt anhand der oben näher erläuterten Indizes, wie stark ausgeprägt die internationalen Unterschiede auf der Export- bzw. der Importseite sind. Dabei wird den durch Linien dargestellten Integrationseffekten die Finanzierungslast für das Szenario einer Agrarfondskürzung gegenübergestellt, dargestellt durch Balken. Alle ausgewiesenen Werte stellen Prozentabweichungen vom entsprechenden Wert der EU15 insgesamt dar. Dadurch sollen die internationalen Unterschiede akzentuiert werden. Was sich für die obigen „Dreiecks-" bzw. „Rechteckseffekte" positiv auswirkt, das erweist sich hier als potentieller Nachteil, nämlich die hohe importseitige Handelsverflechtung mit den MOEL. Hervorstechend ist wieder Österreich, wo die Indizes T_O_2 und K_O_2 unter der Annahme konstanter Terms-of-trade relativ ausgeprägte Integrationsvorteile erwarten lassen, und wo nun die Statistik G_O_1 eine besondere Exponiertheit gegenüber negativen Terms-of-trade Effekten auf der Importseite andeutet. Auch für andere Länder beobachten wir diese Spiegelbildlichkeit. Dadurch werden die internationalen Unterschiede bezüglich der importseitigen Integrationsvorteile aus der Erweiterung zwar etwas abgeschwächt, aber es bleibt eine deutliche „Hierarchie" bestehen, die in keiner Weise die Rangordnung bezüglich der Finanzierungslasten widerspiegelt. Man beachte, daß die Länder in dieser Abbildung nach dem Ausmaß dieser Last in steigender Reihenfolge angeordnet sind, so daß Deutschland mit 50 Prozent unter dem EU15-Durchschnitt die

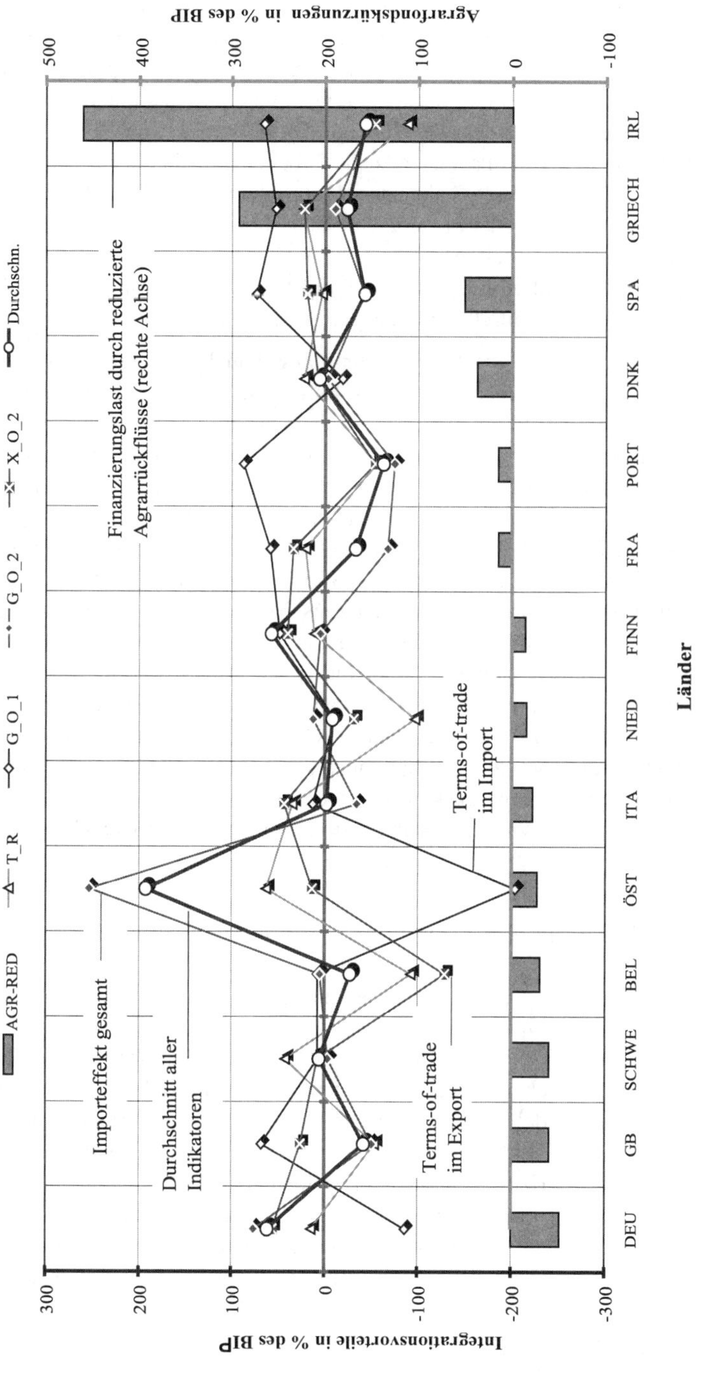

Abb. 2: Finanzierungslast und Integrationsvorteil: %-Abweichung vom EU15-Durchschnitt

geringste, und Irland mit mehr als dem Vierfachen des EU15-Durchschnitts die höchste Finanzierungslast zu tragen hat (jeweils gemessen an Agrarfondskürzungen in Prozent des BIP). Die Terms-of-trade Effekte auf der Exportseite weisen ein eigenständiges Muster auf, das nicht unbedingt die Bedeutung der MOEL im Export der jeweiligen Länder widerspiegelt. Diese Bedeutung erkennt man noch sehr deutlich in der Statistik *X_O_1* (siehe Tabelle 3), nicht aber in der Statistik *X_O_2*, die in der Abbildung 2 abgetragen ist, und in der auch die Exponiertheit gegenüber indirekten Terms-of-trade Effekten berücksichtigt wird; siehe oben. Hier wird auch der oben schon angesprochene Unterschied zwischen den exportbezogenen Gruppeninteressen und dem Wohlstand der Ökonomie als ganzes ersichtlich. Ersteres wird durch *X_O_1*, letzteres durch *X_O_2* erfaßt.

4. Zur Abrundung des Bildes ist in der Abbildung 2 auch der *Gesamtdurchschnitt* aller deskriptiven Statistiken abgetragen. Es sei noch einmal betont, die Statistiken durchwegs so konstruiert sind, daß sie einen um so höheren Wohlstandseffekt signalisieren, je höher ihr algebraischer Wert ist. Bei vier Ländern liegt dieser Wert über dem EU15-Wert, und zugleich die Finanzierungslast unter dem EU15-Wert: Deutschland, Schweden, Österreich und Finnland. Bei den Ländern Frankreich, Spanien, Portugal, Griechenland und Portugal gilt das Gegenteil. Dies markiert recht deutlich, daß und auf welche Weise die Integrationsvorteile und die Finanzierungslasten der Osterweiterung zwischen den EU15-Ländern durchaus *asymmetrisch verteilt* sind. Was die Abbildung 5 allerdings nicht erlaubt, ist der Schluß, daß die erstgenannten Länder durch die Osterweiterung einen Wohlstandsgewinn erzielen, und die zweitgenannten Länder dadurch einen Verlust erleiden werden. In der Tat weist der Punkt 1 sehr deutlich darauf hin, daß die traditionellen Integrationswirkungen allein noch kaum dazu angetan sein werden, die Kosten der Osterweiterung zu kompensieren. Nur im Falle Österreichs scheint dies möglich. Müssen wir mit diesem pessimistischen Ton schließen?

D. Liegt die Hoffnung in der „modernen" Theorie?

I. Vorbemerkungen

Kein Wunder, so mag man argumentieren, daß die Integrationsvorteile die Kosten der Erweiterung nicht wettmachen können, wenn man sich auf die *„traditionellen" Effekte* der Handelsschaffung beschränkt, und all jene Vorteile außer Acht läßt, welche die *„moderne" Theorie* den etwas „verstaubten" Vorstellungen der traditionellen Theorie PHA gegenüberstellt. Allenthalben ist in den letzten 20 Jahren im Zusammenhang mit Integration von Skaleneffekten, von Produktvielfalt, von „pro-competitive gains", von Agglomerationseffekten, und natürlich auch von Wachstumseffekten die Rede.[37] Dies wirft nun die etwas unangenehm erscheinen-

[37] Einen Überblick dazu geben *Baldwin & Venables* (1995).

de Frage auf, ob wir mit der bisherigen Konzentration auf die „traditionellen" Effekte nicht das Wichtigste eigentlich noch vergessen haben. Wenn ja, wie können wir die notwendige Ergänzung vornehmen?

Dazu gleich zwei grundsätzliche Bemerkungen. Zum einen haben viele dieser *„neuen" Effekte* spezifische Distorsionen zur Grundlage, die mit Integration nicht direkt beseitigt werden, seien dies nun externe Skaleneffekte oder monopolistische „mark-ups". D.h., Integration wird erst recht zu einem „Experiment des Zweitbesten", und die Vorstellung, daß jedweder Schritt der Integration nun vorteilhafter aussieht, ist nicht a priori korrekt. Zum zweiten sind die erwähnten Effekte in der empirischen Anwendung ungleich schwerer zu handhaben als die oben behandelten Effekte der traditionellen Art. Der Grund dafür wird gleich ersichtlich werden.

Ich möchte zunächst zum theoretischen Modell des Abschnitts 3 zurückkehren und die „neuen" Effekte dort einordnen. Dann werde ich mich auf ein zweifellos kühnes Experiment einlassen, nämlich die Übertragung eines Simulationsergebnisses, das auf der Basis eines allgemeinen Gleichgewichtsmodells für Österreich ermittelt wurde, auf die anderen Länder der EU. Dieses Modell ist entsprechend reichhaltig spezifiziert, so daß auch die hier angesprochenen „modernen" Effekte erfaßt werden. Es wurde im Wege einer Kalibrierung für Österreich implementiert, und zu Simulationsstudien im Zusammenhang mit der Osterweiterung der EU verwendet. Es liegt nahe, nach einer Übertragbarkeit der dabei erzielten Ergebnisse auf andere Länder zu suchen. Zunächst aber zu einer allgemeinen Charakterisierung dessen, was ich hier unter „neuen" oder „modernen" Effekten verstehe.

II. Unvollständige Konkurrenz und Größenvorteile

Hier ist nicht der Platz für eine grundsätzliche Auseinandersetzung mit diesen Phänomenen und deren Bedeutung für die Osterweiterung der EU. Ich möchte statt dessen direkt eine für unseren Zweck dienliche Erweiterung der Wohlstandsgleichung 14 bzw. der Tabelle 1 vornehmen. Auf diese Weise bleibt unsere Betrachtung auf das Thema fokussiert.

Angenommen, die Größenvorteile sind in Form von *firmenspezifischen Fixkosten* gegeben, so daß wir die Produktionsmengen vereinfacht als $y_i^j = n_i^j \bar{y}_i^j$ auffassen können, wobei n_i^j die Anzahl der aktiven Firmen und $\bar{y}_i^j$ den Output einer repräsentativen Firma andeutet. Ich betrachte im Weiteren V^j als Kapitalstock des Landes j, der sich nach der Erweiterung unserer Perspektive auch verändern kann. Dabei nehme ich eine langfristige Perspektive ein, *Kapitalstockveränderungen* sind mithin als „steady state" Veränderungen zu interpretieren. Der Einfachheit halber unterstelle ich auch perfekte Mobilität des Kapitals zwischen den verschiedenen Sektoren. Unvollständige Konkurrenz bedeutet, daß das Gleichgewicht nicht zu einer Tangentiallösung führt, wir können uns also nicht mehr auf Hotelling's Lemma (Gleichung 7) berufen.

Man kann zeigen, daß unter der Annahme einer Kapitalentlohnung w^j im Ausmaß der Wertgrenzproduktivität des Kapitalstocks die folgende Beziehung gilt:

$$(30) \qquad \sum_{i=1}^{N} (a_i^j \mathrm{d}y_i^j + b_i^j \mathrm{d}n_i^j) - w^j \mathrm{d}V^j = 0 \,.$$

Dabei steht a_i^j für die Grenzkosten, und b_i^j deutet die Fixkosten für das Gut i im Land j an. Beides ist natürlich abhängig von den Faktorpreisen, aber annahmegemäß unabhängig vom Output. Die Bedingung 30 folgt aus der Kostenminimierung in Verbindung mit der Vollbeschäftigungsbedingung für den Kapitalstock, und sie ersetzt die Gleichung 7 im obigen Wohlstandskalkül.[38] Es resultiert folgende verallgemeinerte Gleichung für das Wohlstandsdifferential:

$$(31) \qquad \widehat{\widehat{W}}^j = \widehat{W}^j + \sum_{i=1}^{N} \left[\alpha_i^j (p_i^j - a_i^j)\hat{y}_i^j - \beta_i^j \hat{n}_i^j\right] + w^j \mathrm{d}V^j - P^j \mathrm{d}I^j \,,$$

wobei α_i^j den Outputanteil des Sektors i, und β_i^j den Anteil der Fixkosten dieses Sektors am Inlandsprodukt des Landes j andeuten. Ich werde im Weiteren $\widehat{W}^j$ den „traditionellen" Wohlstandseffekt nennen. Es ist der in Tabelle 1 oben angegebene, und im vorigen Abschnitt in seinen Einzelkomponenten ausführlich besprochene Integrationseffekt aus der Sicht der traditionellen Theorie. I^j ist die Nachfrage nach dem aggregierten Kapitalgut, in dessen Einheiten auch der Kapitalstock V^j angegeben ist. Der Term $\mathrm{d}I^j$ reflektiert einerseits die zur Akkumulation von V^j erforderliche Investition, andererseits aber auch die im neuen „steady-state" veränderten Reinvestitionen; siehe unten. P^j ist der zum Kapitalgut duale Preisindex, den ich hier zur Vereinfachung mit der zu $E^j(\cdot)$ gehörenden Einheitsausgabenfunktion identifiziere.

Der zweite Term in Gleichung 31 repräsentiert die mit den *monopolistischen „mark-ups"* verbundenen *„Dreieckseffekte"*, sowie die aus Firmenzu- und -austritten resultierenden *Skaleneffekte*.[39] Sowohl $\hat{y}_i^j$, als auch $\hat{n}_i^j$, sind als komparativ statische Effekte eines entsprechend verallgemeinerten Modells aufzufassen, das neben den obigen Gleichgewichtsbedingungen auch noch die besondere Form der unvollständigen Konkurrenz (z. B. monopolistische Konkurrenz) beinhaltet. Wir erkennen schnell, daß diese Effekte, verstanden als Resultate eines Integrationsschrittes wie der Osterweiterung nicht zwingend positiv sein müssen. Es geht eben, wie erwähnt, um ein „Experiment des Zweitbesten". Besondere Erwähnung verdient die Tatsache, daß eine Outputexpansion eines Gutes ($\hat{y}_i^j > 0$) immer dann mit einem positiven Wohlstandseffekt verbunden ist, wenn der entsprechende Preis über den

---

38 Siehe dazu *Keuschnigg & Kohler* (1998). Eine wichtige Voraussetzung für diese Bedingung ist der intersektorale Ausgleich der Grenzproduktivitäten der verschiedenen Inputs, sofern diese in mehreren Sektoren zum Einsatz kommen.

39 Von den in *Keuschnigg & Kohler* (1998) zusätzlich betonten Effekten der Produktvielfalt wird hier aus Einfachheitsgründen abstrahiert.

Grenzkosten liegt ($p_i^j - a_i^j > 0$), und wenn diese Expansion nicht in Form zusätzlicher Firmen erfolgt, die ja zusätzliche Fixkosten verursachen würden. Dieser letztere Aspekt wird in der Gleichung 31 durch den mit negativem Vorzeichen versehenen Term $\beta_i^j \hat{n}_i^j$ erfaßt. Eine solide empirische Erfassung dieser „neuen" Effekte erfordert eine klare Vorstellung davon, wie sektorale Expansion bzw. Kontraktion sich jeweils aus *Firmenexpansion* (-kontraktion) und *Firmenzutritt* (-austritt) zusammensetzt. Dazu gibt es freilich etablierte Theorie, etwa die Theorie der monopolistischen Konkurrenz nach dem Muster von *Dixit & Stiglitz* (1977), aber deren empirische Umsetzung ist nicht mehr über den Weg deskriptive Statistiken nach dem Muster der „traditionellen" Effekte möglich. Ein im Prinzip gangbarer Weg besteht in der Kalibrierung eines explizit parametrisierten Modells, wie etwa in *Keuschnigg & Kohler* (1998) für den Fall Österreichs. Ähnliches auf simultane Weise für alle EU15-Länder anzustreben, scheint indes vermessen, so daß nur die Hoffnung auf eine indirekte Übertragbarkeit der Ergebnisse auf andere Länder bleibt. Dazu gleich mehr. Was die sektoralen Outputveränderungen anlangt, so ist natürlich auch zu beachten, daß ohne Erhöhung des Kapitalstocks jede Expansion eines Sektors zulasten irgend eines anderen Sektors erfolgen muß. Nur wenn die Erweiterung auch zu einem Wachstumsschub führt, ist im Prinzip denkbar, daß alle Sektoren zugleich expandieren.

III. Wachstum

Die beiden letzten Terme in 31 beinhalten den *direkten Akkumulationseffekt*. Den Wachstumseffekten der Gütermarktintegration ist in den letzten Jahren sehr viel Aufmerksamkeit geschenkt worden. Häufig erhält man dabei den Eindruck, daß hierin die wichtigsten Integrationsvorteile liegen. Nicht selten wird auch suggeriert, daß jede Zunahme des Kapitalstocks eins-zu-eins eine Wohlstandszunahme bedeutet. Besondere Faszination scheint die Vorstellung auszuüben, daß Integration sogar die *Rate* des Wachstums, und nicht nur das *Niveau* des Kapitalstocks, erhöhen kann. Dies ist, wie die Theorie des endogenen Wachstums betont, dann der Fall, wenn Investition und Akkumulation einem ökonomischen Kalkül unterliegen, dessen Anreize durch den fraglichen Integrationsschritt tangiert werden, und wenn der akkumulierte Faktor sich aufgrund von positiven Externalitäten dem „Gesetz" abnehmender Grenzerträge entzieht, d. h., wenn für die Ökonomie als ganzes konstante Grenzerträge dieses Faktors gegeben sind.

Wieder ist hier nicht der Platz für eine weitergehende Auseinandersetzung mit diesem Fragenkomplex. Wichtig sind für den momentanen Zweck lediglich die folgenden Punkte. Erstens muß man beachten, daß Wachstum niemals wie „Manna vom Himmel" kommt, sondern immer *Konsumverzicht* verlangt. Konsumverzicht aber ist in höchstem Maße relevant für eine Wohlstandsbetrachtung, so daß ein positiver Wachstumseffekt nicht direkt mit einem positiven Wohlstandseffekt identifiziert werden darf. Dies äußert sich hier konkret und recht anschaulich darin, daß der direkte Akkumulationseffekt in der obigen Gleichung 31 verschwindet, wenn Investition keinerlei Externalitäten verursacht.[40] Zweitens erhebt sich die Frage, über welche Kanäle die Osterweiterung zu einer Erhöhung des Kapitalstocks (oder gar der Wachstumsrate) führen soll. Im Prinzip sind zwei Ansatzpunkte denkbar. Zum einen kann sie über eine *Erhöhung des Schattenpreises* des Kapitalstocks erfolgen. Hier können positive Terms-of-trade Effekte im Export eine wichtige Rolle spielen. Zum anderen kann sie über eine *Senkung des Anschaffungspreises* für das Kapitalgut zustandekommen. Dabei kann man sich unter Kapitalgut je nach konkreter Sicht des Wachstumsphänomens im Prinzip durchaus Unterschiedliches vorstellen: Sachkapital, Humankapital, technisches Wissen etc. Bleibt man bei der traditionellen Vorstellung eines physischen Kapitalstocks, so denkt man unweigerlich an verringerte Anschaffungskosten importierter Kapitalgüter, also letztlich Terms-of-trade Effekte auf der Importseite.[41]

Man erkennt hier recht schnell, daß auch der Wachstumseffekt sich der Anwendung von deskriptiven Statistiken nach dem Muster der „traditionellen" Effekte entzieht. Entweder man geht den Weg der empirischen Implementation eines entsprechend parametrisierten Modells, oder man wagt das Experiment der Übertragung von Ergebnissen aus bereits existierenden Modellen; siehe unten.

IV. Ausländische Direktinvestitionen

Ein dritter Punkt verdient besondere Beachtung. Die eben formulierte Frage nach den Wachstumseffekten stellt sich nicht nur für *heimische* Investitionen, sondern auch für *ausländische* Direktinvestitionen. Das dürfte gerade im Zusammenhang mit der Osterweiterung von großer Bedeutung sein. In diesem Zusammenhang ist immer wieder von einer im Detail selten genau begründeten oder model-

---

40 Das verdient vielleicht noch eine etwas ausführlichere Erläuterung. In eine „steady-state" Annuität umgerechnet, ist die für dV^j erforderliche Nettoinvestition idV^j, und die Erhöhung der Reinvestition ist δdV^j, d. h. $dI^j = (i + \delta)dV^j$, wobei i den Realzinssatz und δ die Abschreibungsrate andeutet. Zugleich impliziert optimales Investitionsverhalten, daß der Gegenwartswert der künftigen Erträge eines Kapitalgutes gleich dessen Anschaffungskosten ist: $w^j/(i + \delta) = P^j$. Das Ergebnis ist, daß der Akkumulationseffekt in 31 verschwindet. Externalitäten können nun einerseits darin bestehen, daß eine Erhöhung des Kapitalstocks auch n erhöht, was u. U. über die damit verbundene, aber von den Investoren nicht beachtete Erhöhung der Produktvielfalt wiederum Rückwirkungen auch auf die Grenzproduktivität des Kapitalstocks selbst hat; siehe *Keuschnigg & Kohler* (1996a, 1998). Sie können andererseits aber auch in Form von direkten „spill-over" Effekten auf die Grenzproduktivität des akkumulierten Faktors gegeben sein. Sind diese Externalitäten hinreichend groß, dann resultiert endogenes Wachstum. Man kann das hier verwendete Modell unschwer dadurch mit endogenem Wachstum in Verbindung bringen, daß man V^j nicht als Bestandsgröße, sondern als den (im „steady-state" konstanten) Ressourcenaufwand für die Erhaltung eines entsprechend verallgemeinerten Kapitalstocks (etwa den Bestand des technischen Wissens oder das Humankapital) auffaßt.

41 Siehe *Keuschnigg & Kohler* (1999a) für eine ausführlichere Diskussion.

lierten *Risikoprämie* die Rede, die in der Vergangenheit die ausländischen Direktinvestitionsverhalten in MOEL behindert hat, und die nun im Zuge der Osterweiterung verringert wird, oder gar gänzlich verschwindet.[42] In Analogie zur präferenziellen Gütermarktintegration ist hier gelegentlich auch von Investitionsumlenkung die Rede; siehe z. B. *Baldwin & Venables* (1995). Allerdings ist dabei in der Regel nicht klar, welches die Distorsion sein soll, die – analog zu den Zöllen gegenüber Drittländern – ein bestimmtes Investitionsverhalten zu einem wohlstandsschädlichen Phänomen machen kann. Sofern die Risikoprämien tatsächlich gegebenes Risiko widerspiegeln, kann ja nicht von einer *Distorsion* die Rede sein. Vielmehr handelt es sich um einen *„realwirtschaftlich fundierten"* Bestandteil eines Preises, in diesem Falle eines intertemporalen Preises. Die korrekte Assoziation ist also hier nicht die mit tarifären Distorsionen, sondern mit den realen Handelskosten (siehe dazu die entsprechenden Ausführungen des zweiten bzw. dritten Kapitels).

Die Situation kann anhand der Abbildung 3 veranschaulicht werden. Die Pfeile deuten den unmittelbaren Effekt der Osterweiterung an. Es wird daraus Folgendes klar. a) Im Inland entsteht nicht im Gesamtausmaß der expansionsbedingten Produktionserhöhung eine Wohlstandserhöhung, sondern nur im Ausmaß jenes Teiles, der über die Nutzungskosten des zusätzlichen Kapitalstocks hinausgeht. b) Die ausländische Direktinvestition geht langfristig nicht zulasten des heimischen Kapitalstocks, wenn beide Kapitalstöcke voneinander unabhängig einem Investitionskalkül unterliegen. c) Nur in dem Maße, wie ein Teil der über die Nutzungskosten des Kapitalstocks hinausgehenden Erträge der Auslandsinvestition in Form von repatriierten Gewinnen zurückfließt, führen Direktinvestitionen überhaupt zu heimischer Wohlstandserhöhung. Andernfalls fällt der Wohlstandsgewinn in MOEL an.[43] d) Um in Analogie zur Theorie der PHA Investitionsumlenkung zu identifizieren, müßte man konkret benennen können, warum und in welchem Ausmaß die von den Investoren wahrgenommenen Grenzproduktivitäten des in Drittländern investierten Kapitalstocks unter den tatsächlichen Grenzproduktivitäten liegen. Selbst wenn dies möglich wäre, würde im Sinne des zuvor genannten Punktes der Distorsionsverlust in den Zielländern, und nicht in den Herkunftsländern anfallen.

Der Punkt c) spricht dagegen, bei den Direktinvestitionen in Analogie zum Argument der „natürlichen Handelspartner" vorzugehen, und das Ausmaß der bereits erfolgten MOEL-Direktinvestitionen als Indikator für die aus diesem Titel des Binnenmarktprogramms fließenden Wohlstandsgewinne aus der Osterweiterung zu interpretieren. Dem kann allerdings entgegengehalten werden, daß gerade die besonderen Umstände der Direktinvestition, insbesondere der oft zitierte „ownership advantage", eine Repatriierung erleichtern sollte. In dieselbe Richtung weist die nach Beginn der Öffnung beobachtete Zurückhaltung der MOEL gegenüber Direktinvestitionen aus EU15-Ländern; siehe auch *Sinn & Weichenrieder* (1997). Sie

42 Das Argument findet sich vor allem in *Baldwin* et al. (1997).

43 Dies ist die Kehrseite des „immigration surplus", der bei Zuwanderung von Arbeit aus MOEL in EU15-Ländern entsteht; siehe *Borjas* (1995).

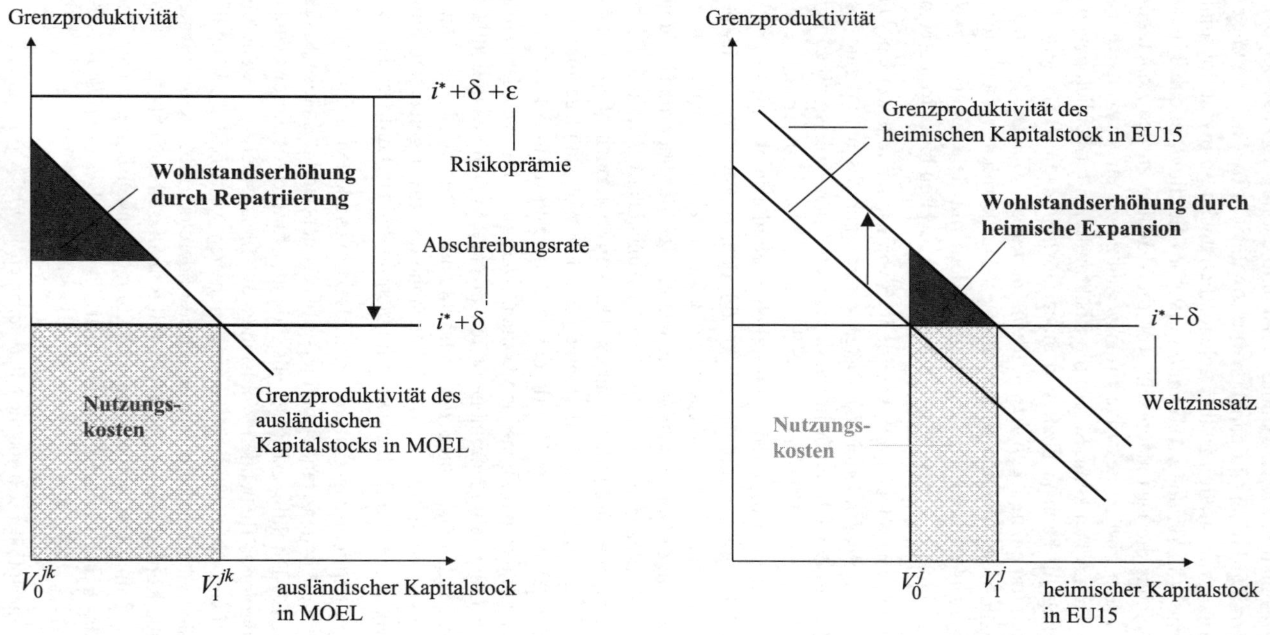

Abbildung 3: Osterweiterung und heimische Investitionen sowie Direktinvestitionen in MOEL

läßt sich schwer anders erklären als durch Bedenken gegenüber unerwünschter Repatriierung.

V. Ein kühner Versuch

So weit zur Einordnung dieser Aspekte der „modernen" Integrationstheorie in unseren Modellrahmen. Wie mehrfach erwähnt, entziehen sich diese „modernen" Effekte weitgehend einer empirischen Betrachtung nach dem obigen Muster der deskriptiven Statistiken für die „traditionellen" Handelseffekte. In Ermangelung eines für alle EU15-Länder empirisch implementierten Modells, das die „modernen" Effekte auf geeignete Weise erfaßt, versuche ich nun, bei dem von *Keuschnigg & Kohler* (1998,1999a, 1999b) für Österreich implementierten Modell (fortan KuK-Modell genannt) Anleihen zu nehmen, die uns in die Lage versetzen, die bislang immer noch offene Frage zu beantworten, welche der EU15-Länder nun durch die Osterweiterung gewinnen, und welche verlieren werden. Dies ist zugegebenermaßen ein kühner Versuch, aber er ist es wert, unternommen zu werden.[44]

Das KuK-Modell kann hier freilich nicht ausführlich beschrieben werden. Es seien in gebotener Kürze nur die in unserem Zusammenhang entscheidenden Kernpunkte erwähnt. Das Modell beinhaltet eine konventionelle Abbildung der wichtigsten „modernen" Effekte. Es betont Produktdifferenzierung, und es unterstellt Fixkosten und freien Marktzutritt in einem Umfeld der monopolistischen Konkurrenz nach dem Muster von *Dixit & Stiglitz* (1977). Produktvielfalt hat nicht nur einen direkten Wohlstandseffekt, sondern sie erhöht auch die Produktivität der Zwischenprodukte und des Kapitalsstocks; siehe dazu auch *Ethier* (1982). Darüber hinaus berücksichtigt das Modell endogene Kapitalakkumulation durch vorausschauende Investoren, sowie Ersparnisbildung durch überlappende Generationen. Die Finanzierung des EU-Beitrags $\bar{f}^j$ wird im Rahmen eines differenziert modellierten öffentlichen Budgets explizit modelliert. Das Modell unterstellt perfekte internationale Kapitalmobilität, so daß alle Finanzaktiva (Realkapital, Staatsschuld, Auslandsschuld) auf gleiche Weise einer Bedingung der Arbitragefreiheit genügen müssen.

Mithilfe dieses Modells wurden die Wirkungen der Osterweiterung auf die österreichische Volkswirtschaft im Detail analysiert, und zwar über numerische Simulationen auf der Basis einer empirischen Implementation durch Kalibrierung. Diese Analyse erlaubt unter anderem eine Bezifferung des Gesamtwohlstandseffektes, unter Einschluß der erwähnten „modernen" Effekte, und zwar berechnet als äquivalentes Variationsmaß nach Hicks; siehe dazu *Keuschnigg & Kohler* (1997). Worum es nun geht, ist die Übertragung dieses Ergebnisses auf die anderen EU15-Länder.

---

44 In *Breuss* (1999) findet sich eine Gegenüberstellung der Ergebnisse, die bislang zu dieser Frage mit Hilfe von Modellsimulationen erzielt wurden.

Wir zerlegen zunächst den Gesamtwohlstandseffekt gedanklich in drei Teile:

$$\widehat{\widehat{W}}^j = \widehat{W}^j + \widehat{\widehat{H}}^j = \widehat{H}^j + \widehat{\widehat{H}}^j + \bar{f}^j \,, \tag{32}$$

wobei $\widehat{H}^j$ die *„traditionellen" Integrationsvorteile* aus der Gütermarktintegration symbolisiert, $\widehat{\widehat{H}}^j$ die eben beschriebenen *„modernen" Effekte*, und $\bar{f}^j$ die *Finanzierungslast* aus den budgetären Kosten der Erweiterung. Aus mehrfach betonten Gründen ist das Verhältnis $\widehat{\widehat{W}}^j/\bar{f}^j$ für die verschiedenen EU15-Länder sehr unterschiedlich. Hingegen spricht einiges dafür, daß das Verhältnis

$$\lambda^j = (\widehat{H}^j + \widehat{\widehat{H}}^j)/\widehat{H}^j \tag{33}$$

zwischen den veschiedenen Ländern nicht sehr stark variiert. M.a.W., je mehr ein Land über „traditionelle" Integrationsvorteile Gewinne aus der Osterweiterung zieht, um so mehr wird es auch über die „modernen" Effekte davon profitieren. Ich gehe so weit, und postuliere ein *einheitliches* λ für alle EU15-Länder. Damit unterstelle ich eine im Detail gar nicht genau bestimmte Ähnlichkeit der verschiedenen EU15-Länder. Hierin liegt das eigentlich Kühne dieses Experiments.

Das KuK-Modell erlaubt nun für den österreichischen Fall eine „Beobachtung" von $\widehat{\widehat{W}}^A$, wie auch von $\bar{f}^A$, und damit auch eine Beobachtung von $\widehat{H}^A + \widehat{\widehat{H}}^A$.[45] Nun ermitteln wir daraus gemäß 33 den Wert für λ^A, wobei wir für $\widehat{H}^A$ ein geeignet erscheinendes Mittel aus den in Tabelle 3 aufgelisteten deskriptiven Statistiken verwenden. Als nächstes verwenden wir $\lambda^A = \hat{\lambda}$ als „Schätzwert" auch für die anderen EU15-Länder, und kommen auf diese Weise unter Verwendung der entsprechenden Werte für $\widehat{H}^j$ und $\bar{f}^j$ (ebenfalls aus Tabelle 3 entnommen) zu entsprechenden Schätzwerten für die Gesamtwohlstandeffekte: $\hat{\lambda}\ \widehat{H}^j + \bar{f}^j$. Die Werte für $\bar{f}^j$ werden dabei unter der Annahme von Agrarkürzungen als Maßnahme zum Ausgleich des EU-Budgets ermittelt. Die Abbildung 4 zeigt das Ergebnis für zwei verschiedene Definitionen von $\widehat{H}^j$ (Index I und Index II), wobei zur Verdeutlichung neben den Nettowohlstandseffekten noch einmal die zugrundeliegenden Argrarkürzungen in Prozent des BIP ausgewiesen werden (in Form von Balken). Die Linien zeigen den Nettowohlfahrtseffekt $\hat{\lambda}\ \widehat{H}^j + \bar{f}^j$. Es zeigt sich ein insgesamt vielleicht unerwartet günstiges, in der Struktur aber recht plausibles Bild, in dem neben Österreich und Deutschland die BENELUX-Länder und die skandinavischen Länder profitieren, die südliche Peripherie und Frankreich hingegen verlieren. Großbritannien liegt, ebenso wie Dänemark, in einer Zone der „Neutralität". Ein ganz ähnliches Bild ergibt sich für den Fall der Anpassung der Strukturfonds.

---

[45] Das Wohlstandsmaß des KuK-Modells ist ein Hicks'sches Äquivalenzmaß, zunächst der Natur des Modells entsprechend als äquivalente Lebenszeitvermögensänderung berechnet, und danach in eine Annuität umgerechnet. Dies geschieht für jede Generation getrennt, und daraus wird unter geeigneter Diskontierung ein aggregiertes Maß berechnet. Details dazu finden sich in *Keuschnigg & Kohler* (1997).

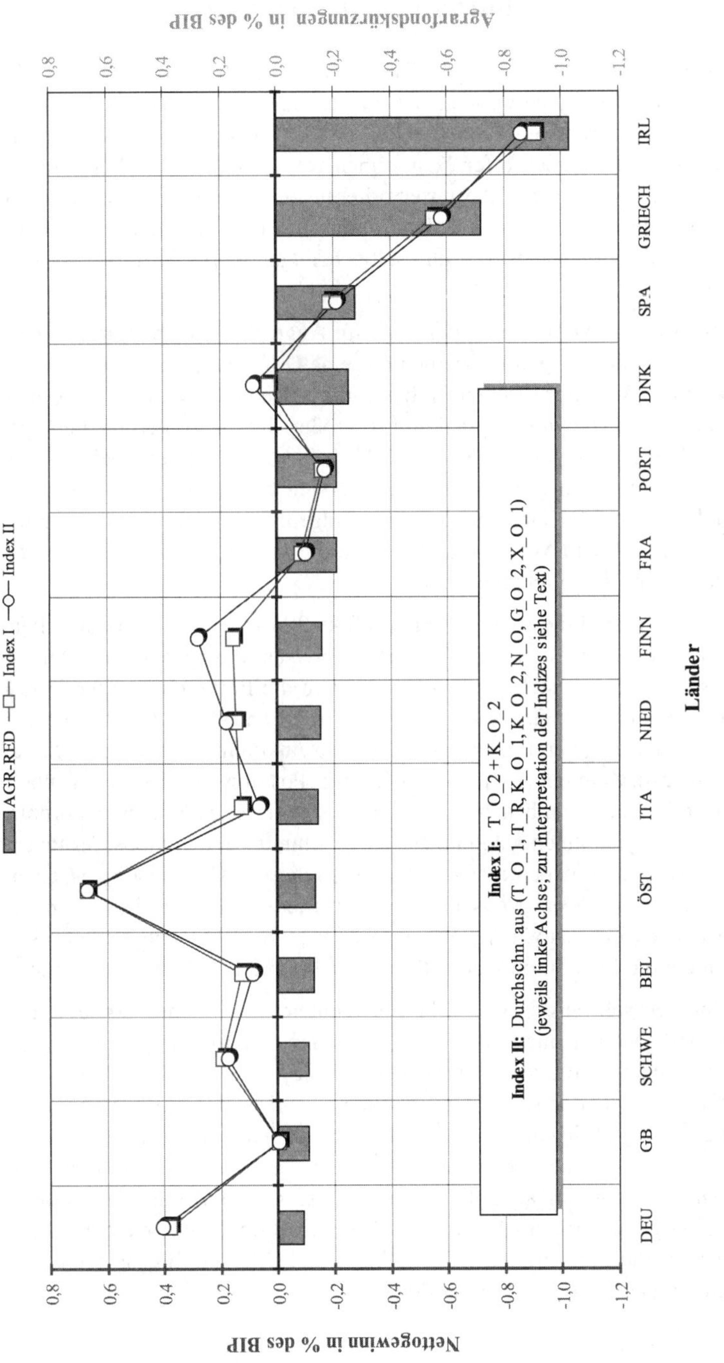

Abb. 4: Finanzierungslasten und „geschätzte" Netto-Integrationsvorteile

E. Kritische Schlußbemerkungen

Wir haben hier in der Tradition der Theorie PHA das Kriterium der aggregierten Wohlstandsveränderung verwendet, um auf zwischenstaatlicher Ebene Gewinner und Verlierer der Osterweiterung der EU zu identifizieren. Dies läßt zumindest zwei wichtige Fragen noch offen. Zum einen werden damit jene Verteilungskonflikte vernachlässigt, welche die Osterweiterung innerhalb der einzelnen Länder mitunter zu einem politischen Problem werden lassen. Zum anderen erhebt sich die Frage, ob das Wohlstandskriterium selbst bei aggregierter Betrachtung nicht zu kurz greift.

Zur ersten Frage: Selbst wenn ein Land im Aggregat betrachtet zu den Gewinnern der Osterweiterung gehört, werden einzelne Gruppen innerhalb dieses Landes mitunter zu den Verlierern zählen. In der Tat wird gelegentlich behauptet, daß die *innerstaatlichen Verteilungskonflikte* um so größer sind, je größer die aggregierten Wohlstandsgewinne ausfallen. *Rodrik* (1997) behauptet sogar, daß bei der internationalen Integration von Güter- und Faktormärkten grosso modo mit jedem Dollar Wohlstandsgewinn 5 Dollar Umverteilung erfolgen. Wenn dem so wäre, dann sähe ich mich wohl mit dem Vorwurf konfrontiert, die im Titel gestellte Frage nur „zu einem Fünftel" beantwortet zu haben.

Welcher Natur sind diese Verteilungskonflikte? Wie auch in anderen Fällen der Integration von Ländern mit unterschiedlichen Ausstattungsstrukturen und Entwicklungsniveaus, so besteht hier wohl vor allem die Befürchtung einer Verschärfung der Einkommensungleichheit zwischen Arbeit und Kapital und – mehr noch – zwischen verschiedenen Beziehern von Arbeitseinkommen. Zwei ganz kurze Bemerkungen dazu. Zum einen scheint mir Rodriks Position hier doch etwas übertrieben. Man sollte vor allem beachten, daß die Koinzidenz bestimmter, als problematisch empfundener Lohnentwicklungen mit bestimmten Integrationsschritten noch lange nicht Kausalität bedeutet. Die Literatur zu diesem Thema ist inzwischen Legion, und wenn daraus ein Konsens gelesen werden kann, dann dahingehend, daß die beobachteten Lohnentwicklungen des vergangenen Jahrzehnts nur zum kleineren Teil durch die Integration von Güter- und Faktormärkten bestimmt wurde.[46]

Zum anderen weisen die oben schon erwähnten Simulationsergebnisse auf der Basis des KuK-Modells nicht unbedingt darauf hin, daß die Integration der Gütermärkte im konkreten Fall der Osterweiterung mit der befürchteten *Spreizung der „Lohnschere"* verbunden ist. In der Tat scheint das Erweiterungsszenario im österreichischen Fall Arbeitsnachfrageeffekte zu beinhalten, die sogar zugunsten des Lohnsatzes für einfache Arbeit wirken; siehe *Keuschnigg & Kohler* (1999a, 1999b). Dies gilt allerdings nicht für Immigration, die gemäß diesen Simulationsstudien je nach Qualifikationsstruktur der Immigration mitunter erhebliche Auswirkungen auf die Lohnstruktur haben wird, und die darüber hinaus auch zu einer Umverteilung von Arbeit zu Kapital führen dürfte.

---

46 Siehe dazu z. B. *Cline* (1997).

Ich habe die *Migration* hier gänzlich außer Acht gelassen. Diesbezüglich gibt es noch erhebliche Unsicherheit über das Ergebnis der Beitrittsverhandlungen. Klar scheint lediglich, daß es aller Wahrscheinlichkeit nach ausgedehnte Übergangsfristen für die Implementation des Gemeinsamen Marktes in puncto Wanderung der Arbeit geben wird. Diese Unsicherheit betreffend das Politikszenario macht eine Analyse nach dem Muster der Handelseffekte naturgemäß sehr schwer. Dazu kommt, daß die Schätzung der zu erwartenden Migrationsströme sehr schwer ist. Grundsätzlich kann man festhalten, daß Immigration *im Aggregat* jeweils zu einer *Wohlstandsverbesserung* führen wird, jedoch verbunden mit einem ausgeprägten *Verteilungseffekt*. Mehr noch als beim Güterhandel scheint bei der Migration auch der internationale Unterschied zwischen den verschiedenen EU15-Ländern von vornherein klar. Es werden vor allem Österreich und die Bundesrepublik davon betroffen sein, die starke historische Beziehungen zu den neuen Mitgliedsländern aufweisen, und in denen Migration auf relativ geringe Barrieren der Sprache und Kultur trifft.

Ein weiteres Verteilungsproblem wird manchmal im Zusammenhang mit der *Landwirtschaft* vermutet. Bei näherem Hinsehen scheint dies jedoch durchaus zweifelhaft. Das Wohl und Wehe der Landwirte in der EU hängt in erster Linie von der Gemeinsamen Agrarpolitik ab, und nicht direkt von der Ausdehnung des Gemeinsamen Marktes. Nun wird man allerdings argumentieren, daß die Aufrechterhaltung der Gemeinsamen Agrarpolitik auf dem gegenwärtigen Niveau nach Aufnahme der MOEL langfristig nur mehr schwer finanzierbar sein wird. Dies mag, ebenso wie die Verpflichtungen im Rahmen der WTO, letztendlich zu Reformen führen, welche die Landwirte als Belastung empfinden werden. Und sofern diese in verschiedenen Ländern zahlenmäßig unterschiedlich bedeutsam sind, kommt dadurch ein internationaler Umverteilungseffekt ins Spiel. Auf der anderen Seite sieht der in Berlin beschlossene Finanzrahmen für die nächsten 7 Jahre nur eine sehr bescheidene Kürzung der Agrarmittel für die EU15-Länder vor, so daß eine allzu starke Betonung von Umverteilungseffekten auf dieser Grundlage fragwürdig erscheint.

Ich möchte mit einer selbstkritischen Bemerkung zur Einordnung meines Beitrags in die bestehenden Traditionen der ökonomischen Integrationsforschung schließen. Wenn es etwas gibt, das die diesbezügliche Entwicklung der letzten 15 Jahre kennzeichnet, dann wohl die verstärkte Hinwendung zur *Quantifizierung von Wohlstandswirkungen* auf der Basis der allgemeinen Gleichgewichtstheorie des internationalen Handels, und auch die Bereitschaft, zu diesem Zwecke wenn nötig auf die in der ökonometrischen Tradition betonten Maßstäbe der Inferenzstatistik zu verzichten. *Baldwin & Venables* (1995) charakterisieren diesen Ansatz als *„work with models rigorously based on theory, but ... choosing parameters using ad hoc methods“*. Es scheinen sich damit grundsätzlich zwei Wege zur empirischen Evaluation von regionalen Integrationsvorhaben etabliert zu haben: der *ökonometrische Ansatz* und der Ansatz der *angewandten Gleichgewichtstheorie*. Ich bin hier keinem dieser Ansätze wirklich gefolgt. Wollte man dennoch zuordnen, so würde man wohl eine größere Nähe zur angewandten Gleichgewichtstheorie feststellen. Allerdings bin ich nicht so weit gegangen, Parameter festzulegen, kann also – gemessen mit dem Standard des Gleichgewichtsansatzes – nur mit wenig scharfen Aussagen aufwarten. Gleichwohl habe ich ad-hoc Methoden verwendet. Damit werde ich wohl die Kritik von beiden Seiten auf mich ziehen. Und sie mag berechtigt sein. Ich möchte nicht die Floskel der unvermeidlichen Kritik bemühen, und mich damit zum Schluß gewissermaßen selbst immunisieren. Ich habe versucht, die gestellte Frage anhand eines explizit gemachten Kriteriums zu behandeln, sie empirisch zu behandeln, und dies unter der Disziplin eines theoretischen Modellrahmens. Gleichwohl bin ich letztendlich einen Weg der Kompromisse gegangen. Kompromisse, die einerseits durch eine Reihe von Beschränkungen diktiert scheinen, die aber andererseits durchaus nicht alle prinzipieller Natur sind. Ihre Lockerung ist allein eine Frage der Ressourcen und der Forschungsökonomie.

Anhang: Datenquellen

Den im Text präsentierten Berechnungen liegen folgende Daten betreffend die Güterstruktur des internationalen Handels, die Handelsbarrieren, sowie betreffend die Position der einzelnen Länder im EU Budget und die geschätzten Kosten der Erweiterung, zugrunde.

1. OECD Datenbank ITCS (OECD, 1998): Güterhandel der EU15-Länder (Belgien / Luxemburg zusammengefaßt), sowie der Ungarns, Polens und der Tschechischen Republik als Berichtsländer, nach mehr als 5000 Gütergruppen (Harmonisiertes System, 6-Steller) und mehr als hundert Partnerländern disaggregiert. Die Partnerländer werden zusammengefaßt in EU15 plus EWR ($\mathcal{E}$), die MOEL1-Länder, die MOEL2-Länder ($\mathcal{O}$), und der „Rest der Welt" ($\mathcal{R}$). Betrachtet werden Export- bzw. Importwerte auf Jahresbasis für eine Zeitspanne beginnend mit 1993 und endend – je nach Berichtsland – entweder mit 1996 oder 1997.

2. OECD Datenbank für tarifäre und nicht-tarifäre Handelsbarrieren (OECD, 1997): Ad-valorem Außenzölle der EU auf dem Stand nach der Uruguay-Runde des GATT („applied MFN rates"), für die mehr als 5000 6-stelligen Gütergruppen des Harmonisierten Systems (in Übereinstimmung mit den Handelsdaten). Darüber hinaus werden „frequency ratios" verwendet. Das sind die Anteile der einzelnen Zollkategorien innerhalb einer Gütergruppe, die durch nicht-tarifäre Barrieren (sogenannte „core NTBs") betroffen sind.[47]

[47] Die „core NTBs" umfassen sowohl Preismaßnahmen – Mindestimportpreise, variable Abschöpfungen, Ausgleichsmaßnahmen („countervailing duties" u.ä.), wie auch mengenmäßige Restriktionen – Importlizenzen, freiwillige Exportbeschränkungen, u.ä. Diese NTBs sind von der Warte der EU15-Länder als importierende Länder zu interpretieren. Siehe *OECD* (1997) für weitere Details.

3. Finger, Ingco & Reincke (1996): Zollsätze (post-Uruguay-Runde des GATT) für die MOEL Polen, Ungarn, und die Tschechische Republik.

4. OECD, National Accounts I, Comparative Tables: Bruttoinlandsprodukte der EU15-Länder in dimensionaler Übereinstimmung mit den Handelszahlen.

5. Finanzierung der EU gemäß European Commission (1997, 1998a, 1998b, und 1999), sowie European Council (1999): Aktuelle Budgetzahlen für 1997, sowie Projektionen für den Finanzrahmen 2000-2006 unter Einschluß der Kosten für die Osterweiterung auf MOEL1-Länder, sowie Kosten für die Hilfe für den Beitritt.

6. Prognosen für die Zahlungen an die MOEL1- und MOEL2-Länder gemäß der Gemeinsamen Agrarpolitik und der EU-Strukturfonds auf der Basis eines ökonometrischen Modells von Breuss & Schebeck (1996).

Literaturverzeichnis

Anderson, James E. (1998), ‚Trade restrictiveness benchmarks', The Economic Journal 108, 1111 – 1125.

Armington, Paul S. (1969), ‚A theory of demand for products distinguished by place of production', IMF Staff Papers 16, 159 – 178.

Baldwin, Richard E. (1997), Concepts and speed of an eastern enlargement, in: H. Siebert, ed., ‚Quo Vadis Europe', J. C. B. Mohr (Paul Siebeck), Tübingen, pp. 73 – 88.

Baldwin, Richard E. / *Venables,* Anthony J. (1995), Regional economic integration, in G. M. Grossman / K. Rogoff, eds, ‚Handbook of International Economics, Vol. III', Elsevier Science B.V., pp. 1597 – 1644.

Baldwin, Richard E. / *Francois,* Joseph F. / *Portes,* Richard (1997), ‚The Costs and Benefits of Eastern Enlargement: The Impact on the EU and Central Europe', Economic Policy pp. 127 – 176.

Bhagwati, Jagdish / *Panagariya,* Arvind (1996), Preferential trading areas and multilateralism – strangers, friends, or foes, in J. Bhagwati / A. Panagariya, eds, ‚The Economics of Preferential Trade Agreements', American Enterprise Institute, Washington, D.C., pp. 1 – 78.

Bhagwati, Jagdish / *Greenaway,* David / *Panagariya,* Arvind (1998), ‚Trading preferentially: Theory and policy', The Economic Journal 109, 1128 – 1148.

Borjas, George J. (1995), ‚The economic benefits from immigration', Journal of Economic Perspectives 9, 3-22.

Breuss, Fritz (1995), Costs and Benefits of EU's Eastern European Enlargement, Yrjö Jahnsson European Integration Lectures 5, Helsinki.

– (1999), Costs and Benefits of EU Enlargement in Model Simulations, Wirtschaftsuniversität Wien, Forschungsinstitut für Europafragen, Working Paper Nr. 33, Wien.

Breuss, Fritz / *Schebeck,* Fritz (1996), ‚Ostöffnung und Osterweiterung der EU', WIFO Monatsberichte 2 / 1996, pp. 139 – 151.

Casella, Alessandra (1996), ‚Large countries, small countries and the enlargement of trade blocs', European Economic Review 40, 389 – 415.

Cline, William R. (1997), Trade and Income Distribution, Institute for International Economics, Washington.

Deardorff, Alan V. / *Stern,* Robert M. (1994), Multilateral trade negiotiations and preferential trading arrangements, in D. A. V. / R. M. Stern, eds, ‚Analytical and Negotiating Issues in the Global Trading System', University of Michigan Press, Ann Arbor, pp. 53 – 85.

Dixit, Avinash / *Stiglitz,* Joseph (1977), ‚Monopolistic competition and optimum product diversity', The American Economic Review 67, 297 – 308.

Dixit, Avinash / *Norman,* Victor (1980), Theory of International Trade, Cambridge University Press, Cambridge.

Ethier, Wilfred J. (1982), ‚National and international returns to scale in the modern theory of international trade', American Economic Review 72, 389 – 405.

– (1998), ‚The new regionalism', The Economic Journal 108, 1149 – 1161.

European Commission (1997), Agenda 2000, European Commission, Luxembourg.

– (1998a), Financing the European Union. Commission Report on the Operation of the Own Resources System, European Commission, Brussels.

– (1998b), Commission Communication to the Council and to the European Parliament on the Establishment of a New Financial Perspective for the Period 2000 – 2006, European Commission, Brussels.

– (1999), Interinstitutional Agreement Between the European Parliament, The Council and The European Commission of 6 May 1999 on Budgetary Discipline and Improvement of the Budgetary Procedure, European Commission, Brussels.

European Council (1999), Presidency Conclusion – Berlin European Council, 24 and 25 March 1999, European Council, Berlin.

Finger, Michael J. / *Ingco,* Merlinda D. / *Reincke,* Ulrich (1996), The Uruguay Round: Statistics on Tariff Concessions Given and Received, The World Bank, Washington D.C.

Keuschnigg, Christian / *Kohler,* Wilhelm (1996a), ‚Commercial policy and dynamic adjustment under monopolistic competition', Journal of International Economics 40, 373 – 409.

– (1996b), ‚Austria in the European Union: Dynamic Gains from Integration and Distributional Implications', Economic Policy 22, 155 – 211.

– (1997), Dynamics of trade liberalization, in J. F. Francois / K. A. Reinert, eds, ‚Applied Methods for Trade Policy Analysis', Cambridge University Press, Cambridge, pp. 383 – 434.

– (1998), Eastern Enlargement of the EU: How Much Is It Worth For Austria?, CEPR Working Paper No. 1786, London.

– (1999a), Eastern enlargement of the EU: A general equilibrium perspective, in G. E. A. Harrison, ed., ‚Using Dynamic General Equilibrium Models for Policy Analysis', North-Holland, Amsterdam.

– (1999b), Eastern Enlargement to the EU Economic Costs and Benefits for the EU Present Member States: The Case of Austria, Study XIX / B1 / 9801 for the European Commission, Brussels.

Krugman, Paul R. (1991a), Is bilateralism bad?, in E. Helpman / A. Razin, eds, ‚International Trade and Trade Policy', MIT Press, Cambridge, MA.

– (1991b), The move to free trade zones, in ‚Policy Implications of Trade and Currency Zones', Federal Reserve Bank of Kansas City, Kansas City, pp. 7 – 41.

Leonard, Dick (1998), Guide to the European Union, 6th ed., The Economist in association with Profile Books Ltd., London.

Lipsey, Richard (1970), The Theory of Customs Unions: A General Equilibrium Analysis, London School of Economics and Political Science, Research Monograph 7, London.

Lloyd, Peter J. (1982), ‚3 x 3 theory of customs unions', Journal of International Economics 12, 41 – 63.

Mas-Colell, Andreu / *Whinston,* Michael D. / *Green,* Jerry R. (1995), Microeconomic Theory, Oxford University Press, New York, Oxford.

Meade, James E. (1955), The Theory of Customs Unions, North-Holland, Amsterdam.

Mundell, Robert (1964), ‚Tariff preferences and the terms of trade', The Manchester School of Economics and Social Studies 32, 1 – 13.

OECD (1997), Indicators of Tariff and Non-tariff Trade Barriers, OECD (CD-ROM), Paris.

– (1998), International Trade by Commodities Statistics, Harmonized System – Rev. 1, Edition 1998, OECD (CD-ROM), Paris.

Rodrik, Dani (1994), Foreign trade in eastern europe's transition: Early results, volume 2: Restructuring, in O. J. Blanchard / K. A. Froot / J. D. Sachs, eds, ‚The Transition in Eastern Europe', The University of Chicago Press, Chicago and London, pp. 319 – 352.

– (1997), Has Globalization Gone Too Far?, Institute for International Economics, Washington, DC.

Sinn, Hans-Werner / *Weichenrieder,* Alfons J. (1997), ‚Foreign direct investment, political resentment and the privatization process in eastern europe', Economic Policy 24, 179 – 210.

Smith, Alasdair / *Venables,* Anthony J. (1988), ‚Completing the Internal Market in the European Community: Some Industry Simulations', European Economic Review 32, 1501 – 1525.

Summers, Lawrence (1991), Regionalism and the world trading system, in ‚Policy Implications of Trade and Currency Zones', Federal Reserve Bank of Kansas City, Kansas City, pp. 295 – 301.

Viner, Jacob (1950), The Customs Union Issue, Carnegie Endowment for International Peace, New York.

Wonnacott, Paul / *Lutz,* Mark (1989), Is there a case for free trade areas?, in J. J. Schott, ed., ‚Free Trade Areas and U.S. Trade Policy', Institute for International Economics, Washington, D.C.

Mehr Arbeitslose – Der Preis für die Osterweiterung?

Zur Auswirkung der EU-Erweiterung auf die europäischen Arbeitsmärkte im Osten und Westen

Von *Michael C. Burda,* Berlin*

Zusammenfassung

Die EU-Erweiterung stellt einen massiven Integrationsschock für die Arbeitsmärkte Europas dar, der aufgrund des Wunsches nach Wiedereingliederung ins europäische Haus unausweichlich ist. Nach meiner Einschätzung wird der Nettoeffekt für beide Teile Europas jedoch qualitativ unterschiedlich ausfallen: die Osterweiterung wird sich mittel- bis langfristig positiv auf die Arbeitsmärkte der EU auswirken und wie ein „Trojanisches Pferd" zur Aufbrechung sämtlicher Rigiditäten beitragen. Hingegen wird sich die Erweiterung als Mühlstein für die Oststaaten herausstellen: eine übereilte Rückkehr nach Europa könnte gegen die Interessen dieser Länder sein, und die Transformation unter Umständen hinauszögern.

A. Die Rückkehr nach Europa

In seinem Buch *Poland's Jump to the Market Economy* hat Jeffrey D. Sachs den Wunsch der mittel- und osteuropäischen Länder hervorgehoben, möglichst schnell ins europäische Haus zurückzuziehen – die sogenannte „return to Europe". Zugleich mahnt Sachs die Europäer an, diesem Wunsch nachzukommen und einer schnellen Rückkehr nach Europa nicht im Wege zu stehen.[1] Ein wesentliches Element dieser Mahnung besteht darin, die Länder in Ost- und Mitteleuropa unverzüglich in die Europäische Union aufzunehmen.

---

* Vortrag anläßlich der Jahrestagung des Vereins für Socialpolitik, Mainz, 29.9.-1. 10. 99. Einige Ergebnisse, von welchen in diesem Vortrag berichtet wird, stammen aus *Boeri, Burda, Köllö* (1998) und *Burda* (1999). Diese Forschung wird durch die Deutsche Forschungsgemeinschaft (DFG Projekt Nummer BU 921 / 1 – 1 „Transfers im Gefolge der deutschen Wiedervereinigung") unterstützt. Für Forschungsassistenz gilt Juliane Miszler, Anja Heinze und Kolja Gratchev mein besonderer Dank.

[1] Siehe *Sachs* (1993).

Aber was bedeutete damals die „Rückkehr nach Europa“ nach vierzig Jahren Planwirtschaft? Aus den Perspektiven eines Amerikaners wie Sachs oder seiner Schüler stand die Einführung marktwirtschaftlicher Verhältnisse im Vordergrund. Für den repräsentativen Kontinentaleuropäer war wohl eher die Errichtung von Institutionen der „sozialen Marktwirtschaft“ gemeint, welche durch staatlich gelenkte Solidarität die unerwünschten Nebenprodukte der Marktwirtschaft – vor allem Ungleichheit – beseitigen sollen. Für Millionen von Menschen ehemaliger Planwirtschaften war die Transformation ein schwarzes Loch, welches mit dem Materialismus gewaltig lockte, aber zugleich mit der absoluten Ungewißheit abschreckte; klar war nur, daß die Zeiten der sozialistischen Sorglosigkeit vorbei waren.

In diesem Zusammenhang war es fast selbstverständlich, daß die Belastungen, die den Einzelnen während der Umbruchphase aufgebürdet wurden, zu politischen Forderungen nach einem kontinentaleuropäischen System sozialer Absicherung führen würden. In den meisten mittel- und osteuropäischen Ländern wurden zeitgleich mit der Einführung marktwirtschaftlicher Verhältnisse Programme zur Arbeitslosen- und Sozialhilfe, zu Vorruhestands- und Abfindungszahlungen eingeführt, sogar bevor ihre schwersten Konsequenzen eintraten – häufig ohne Rücksicht auf die zukünftigen Kosten.

Es ist leider so, daß sogenannte „europäische Werte“ wie Fairneß und Solidarität häufig mit den effizienzbezogenen Zielsetzungen einer erfolgreichen Systemtransformation kollidieren. Eine der größten Herausforderungen einer wohlfahrtssteigernden Umwandlung ist es, Systeme sozialer Absicherung zu entwickeln, die die Grundbedürfnisse der Bevölkerung garantieren, jedoch gleichzeitig nicht die Arbeitsmobilität als ein zentrales Element des Übergangs behindern. Der Bedarf an Mobilität schlägt nicht nur da zu Buche, wo die Arbeitskräfte von der aufgeblähten Produktion zum unterentwickelten Dienstleistungssektor bewegt werden müssen; die Mobilität muß auch innerhalb der einzelnen Industrien stattfinden, um Arbeitskräfte von schrumpfenden zu neuen und wachsende Unternehmen umzuverteilen.

Aber die Osterweiterung betrifft auch den Westen, ansonsten wäre darum nicht so viel Aufhebens in westeuropäischen Hauptstädten, vor allem in Brüssel. In der Tat geht es in beiden Teilen Europas um einen *Integrationsschock,* der zustandekommt, wenn zwischen bisher abgeschotteten Regionen ungleicher wirtschaftlicher Entwicklung plötzlich intensive Wirtschaftsbeziehungen möglich sind. Dieser Schock ist daher qualitativ symmetrisch, so daß sowohl vom Westen als auch vom Osten gesprochen werden muß. Aus dieser Perspektive möchte ich auf die wichtigsten Konsequenzen der Osterweiterung für die Arbeitsmärkte beider Teile Europas eingehen. Nachdem ich den Integrationsschock definiert habe, werde ich seine Auswirkungen beschreiben, die stark durch die jeweiligen Arbeitsmarktinstitutionen bedingt sind. Im Geiste der neuen Literatur zu Politikkomplementaritäten (policy complementarities) möchte ich der *Wechselwirkung* von Schocks und Institutionen des Arbeitsmarktes eine zentrale Bedeutung beimessen; meines Erachtens können die Auswirkungen des Integrationsschocks nicht *in vacuo* sinnvoll analysiert werden.[2]

B. Die Osterweiterung als Integrations- bzw. „Globalisierungsschock"

I. Aspekte des Integrationsschocks

Es ist bekannt, daß die meßbare Wirtschaftsleistung der mittel- und osteuropäischen Länder während des Übergangs zu einem dezentralen, auf Marktprinzipien basierten Wirtschaftssystem einen gewaltigen Einbruch erlebte. Dieser Einbruch hat entsprechende Spuren auf den Arbeitsmärkten hinterlassen. Binnen drei Jahren stieg die Arbeitslosigkeit von praktisch Null im Jahr 1990 auf zweistellige Werte und somit westeuropäisches Niveau an. Seit 1997 sinken allmählich die Arbeitslosenquoten in Polen und Ungarn und haben sich in der Slovakei, in Slovenien, Rumänien und Bulgarien stabilisiert. Nur im fallenden Stern der Tschechischen Republik und den noch nicht transformierten ex-Sovietrepubliken steigt sie noch. Auffällig ist vor allem, daß das Wirtschaftswachstum trotz hoher Arbeitslosigkeit zurückgekehrt ist (*Svejnar* 1998).

Im Mittelpunkt eines Integrationsschocks stehen *die relativen Faktorausstattungen* zum Eintritt des Integrationsschocks. Ausgehend von einem konventionellen, modifizierten Edgeworth-Kasten-Diagramm können vereinfachend die Ausstattungen der beiden Regionen Ost und West in den zwei wichtigsten Produktionsfaktoren, Kapital K und Arbeit L, wie beim Punkt E in der Abbildung 1 dargestellt werden. Kapital steht hier für die Produktionsanlagen, Bauten und Vorräte, kann aber auch in einer erweiterten Betrachtung als die öffentliche Infrastruktur und das Humankapital ausgelegt werden; bei Arbeit wird von Qualitätsunterschieden erstmals abstrahiert. Beide Faktoren werden in beiden Regionen mit einer identischen Produktionsfunktion mit konstanten Skalenerträgen eingesetzt. Der Output wird zuerst als einziges homogenes Gut modelliert, welches später bei der Betrachtung vom Außenhandel in zwei Gütern mit verschiedenen Kapitalintensitäten aufgeteilt wird. Wie üblich wird von einer Kapitalintensität ausgegangen, die im Westen höher liegt als im Osten. Ohne vollständige Mobilität der Produktionsfaktoren tragen sie bei Vollbeschäftigung zum Bruttoinlandsprodukt der Region bei, wo sie sich befinden.

Die wirtschaftliche Integration definiere ich in Anlehnung an *Eichengreen* (1992): *das Erreichen einer pareto-Verbesserung des Output- bzw. Nutzenniveaus durch die wirtschaftliche Vereinigung zwei oder mehr Regionen.* Diese effizienzbedingte Definition kann selbstverständlich ergänzt oder sogar ersetzt werden durch Alternativen, die auf die Konvergenz von beobachtbaren Indikatoren wie Pro-

---

2 Vgl. *Coe/Snower* (1997).

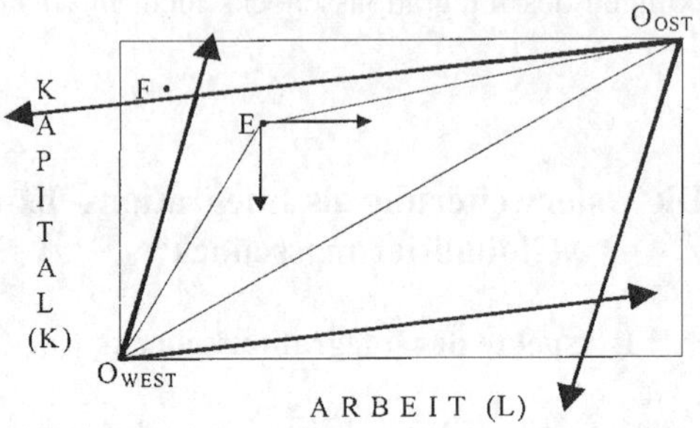

Abb. 1: Mechanismen wirtschaftlicher Integration

Kopf-Output, Faktoreinkommen, Konsumniveaus, etc. basieren. Mechanismen der effizienzsteigernden wirtschaftlichen Integration, die ich mit dem Arbeitsmarkt in Verbindung bringen will, sind ohnehin sehr zahlreich:

- *Technologische Angleichung:* die Übernahme im Osten von führenden Technologien im Westen;
- *Interne Kapitalakkumulation:* die Möglichkeit, selbst auf den Konsum zu verzichten und sich dadurch zusätzliche Produktionsmittel für zukünftige Wertschöpfung anzuschaffen;
- *Kapitalmobilität:* der Einsatz von Sachkapital bei der Erstellung von inländischer Wertschöpfung, welches ausländischen Wirtschaftssubjekten gehört;
- *Arbeitskräftemobilität:* die räumliche, sowie sektorale und berufliche Mobilität des Faktors Arbeit, die nicht nur zur Herstellung der gleichen regionalen Faktorproportionen, sondern auch zur Handelsintegration beitragen kann;
- *Außenhandel nach den Faktorproportionen (Heckscher-Ohlin-Modell):* der Außenhandel zwischen Regionen unterschiedlicher Faktorausstattungen, die unter Umständen zu einer unvollständigen Spezialisierung (beispielsweise im Zweigütermodell Punkt E, jedoch nicht Punkt F!) und dadurch zu Faktorpreiskonvergenz führt, ohne daß Faktoren in Bewegung kommen.

Es wird nicht möglich sein, alle Mechanismen eingehend zu untersuchen; ich werde mich auf jene Mechanismen beschränken, die in meinem Sinne die Integration am stärksten beeinflussen: Mobilität der Arbeitskräfte, Mobilität des Kapitals, Heckscher-Ohlin-Außenhandel und die damit verbundene Faktorpreiskonvergenz.[3]

[3] Durch die freie Verfügbarkeit von Informationen kann davon ausgegangen werden, daß der Stand der Technologie in beiden Regionen gleich ist, und kaum eine Basis für ein anhaltendes Einkommensgefälle darstellen kann. Interne Kapitalakkumulation durch Ersparnisse ist wohl langfristig von höchstem Gewicht, aber ist in der Regel ein sehr träger Prozeß, der alleine eine Faktorpreiskonvergenz in mehreren Dekaden erst erzwingen kann. Ist man bereit, von der Annahme der konstanten Skalenerträge in der Produktion abzuweichen, kann man zwei weitere Mechanismen hinzufügen: *Intraindustrieller Handel* (two-way trade) nach

Die Folgen sind klar und können von unseren Studenten abgeleitet werden: Arbeit im Osten und Kapital im Westen sind jetzt billig, und werden teurer; Arbeit im Westen und Kapital im Osten sind jetzt teuer, werden billiger. Diese wirtschaftlichen Zwänge sind von fundamentaler Natur und können nicht wegdefiniert werden. Wie die Volkswirtschaften Ost- und Westeuropas auf sie reagieren, ist ein zentrales Thema meines Vortrags.

II. Die Anpassung an den Integrationsschock: Zwei Szenarien

Was sind die Folgen eines Integrationsschocks, vor allem was den Arbeitsmarkt anbelangt? Die Integration ist in den qualitativen Auswirkungen zunächst einmal symmetrisch: sie trifft auf beide Teile Europas zu. Man könnte zwei äußerst unterschiedliche Szenarien entwickeln. In einem *Traumszenario* setzen sich marktwirtschaftliche Kräfte auf den Arbeitsmärkten durch, in dem alle durch den Handel erzielbaren Vorteile verschwunden sind. Ich sehe auch die Preisangleichung für gehandelte Güter innerhalb der EU (der eigentliche Sinn einer Zollunion). Dazu darf eine ungehinderte intersektorale Mobilität zu raschen sektoralen Anpassungen innerhalb der jeweiligen Regionen Ost- und Westeuropas, und zur Lohnangleichung nach Qualifikation und Humankapitalausstattung zwischen den Regionen führen. Ich sehe eine zumindest vorübergehende, unvollständige Spezialisierung der beiden Regionen mit einer Verschiebung der Produktion (im Osten weniger, im Westen mehr sach- und humankapitalintensiv). Ferner sehe ich in diesem Szenario eine zusätzliche Masse an Wertschöpfung entstehen, die Seitenzahlungen an die Verlierer ermöglichen könnte, um ihre Schicksale abzufedern.[4] Dies wird notwendig sein, denn es wird unausweichlich eine Schar von kurzfristigen „Losers" geben. Wichtig (und besonders traumhaft) ist, daß diese Integration mehr oder minder ohne erhebliche internationale Faktorbewegungen stattfinden kann, denn die Faktorpreiskonvergenz für vergleichbare Qualität wird den Anreiz zu räumlicher Mobilität dämpfen.[5]

Dem Traumszenario steht ein trübes und ebenso extremes *Schreckensszenario* gegenüber. Hier denke ich zunächst an einen Beitritt mit Ausnahmeklauseln und langen Schutzperioden für kränkelnde, „empfindliche" Industrien im Westen und Osten. Als unmittelbare Folge wird die Preisangleichung für gehandelte Güter verhindert. Somit wird auch die Möglichkeit versäumt, Migration und Kapitalbewe-

---

Krugman (1980) und *Helpman* (1981), sowie die *wechselseitigen Interaktionen zwischen Handel und Technologie,* in dem die Technologie des Outsourcing von der Größe des Marktes abhängt (*Burda/Dluhosch* 1998, *Duranton* 1999).

4 *Sinn* (1999) betont die Effizienzgewinne, die durch eine ungehinderte, räumliche Umallokation von Arbeitskräften entstehen können.

5 Für die erste formale Darstellung der Idee, daß der Außenhandel ein Substitut für räumliche Faktormobilität ist, siehe *Mundell* (1957).

gungen durch eine Heckscher-Ohlin-Faktorpreisangleichung zu vermeiden. Selbst bei erhöhtem Außenhandel und Produktpreisangleichung wird die Faktorpreiskonvergenz durch fehlende intranationale Faktormobilität verhindert. Somit wird eine effiziente Allokation von Arbeit und Kapital unter den konkurrierenden Sektoren innerhalb der Regionen und zwischen den Regionen blockiert. Durch das weiterbestehende Lohngefälle kommt es zu erhöhtem Druck der interregionalen Migration; eine vollständige Spezialisierung könnte die armen osteuropäischen Länder in einen Zustand der permanenten Unterentwicklung abschotten. Durch sämtliche Arbeitsmarktrigiditäten werden die Verwerfungen am Arbeitsmarkt nicht durch Lohnanpassung abgefedert, sondern verstärkt.[6] Die Arbeitslosigkeit nimmt im Osten und im Westen zu, und die politische Unterstützung für die Osterweiterung auf beiden Seiten des Gefälles schmilzt vor sich hin. Desweiteren werden die EU, die europäischen Ideale und selbstverständlich der Euro immer stärker in Frage gestellt.

Welches Szenario können wir erwarten? Zunächst wird dies darauf ankommen, wie sich die betroffenen Länder verhalten, wie sich die Institutionen der entsprechenden Länder in den kommenden Jahren entwickeln. Mit Arbeitsmarktinstitutionen meine ich das Regelwerk, welches das Geschehen der Arbeitsmärkte außermarktlich steuert. Prognosen müssen allerdings durch die Existenz von Institutionen bedingt werden, welche die Funktionstüchtigkeit von Märkten tangieren und teilweise außer Kraft setzen. In den letzten Jahren sind eine Reihe von Arbeiten erschienen, die die Komplementarität von Institutionen miteinander, sowie mit dem Auftreten von Schocks hervorheben (vgl. *Coe/Snower* (1997), *Burda/Weder* (1999)).

C. Die Osterweiterung als Mühlstein für den Osten?

I. Die „Rückkehr nach Europa" und die Social Charta

Der Wunsch nach einer „Rückkehr nach Europa" ist an der geprägten Bereitschaft der MOE-Länder zu EU-Assoziierungsvereinbarungen sowie beschleunigten Verhandlungen auf eine EU-Mitgliedschaft deutlich erkennbar – trotz der vielfältigen Probleme, die bekanntlich mit einem schnellen Beitritt verbunden sind.[7] Der jüngste Enthusiasmus hat zu einer auffällig raschen Übernahme von Marktinstitutionen und -regelungen nach kontinentaleuropäischem Muster geführt, insbesondere was den Arbeitsmarkt anbelangt.

Mit keinem anderen Symbol der kontinentaleuropäischen Systemhegemonie hat sich dies so verdeutlicht wie bei der Europäischen Socialcharta (ESC), die erstma-

---

6 Insofern sehe ich mich gezwungen, dem DIW recht zu geben: rigide Löhne erhöhen den Anpassungsdruck! Siehe *Flassbeck/Scheremet* (1995).

7 Siehe *Baldwin* et al. (1997).

lig in Turin am 18. Oktober 1961 ratifiziert wurde. Durch die Anerkennung der britischen Regierung von Tony Blair hat die ESC erheblich an Ansehen wiedergewonnen. Sie ist eine lebendige Konvention, die mehrere Male ergänzt wurde – zum Beispiel im Oktober 1991, also drei Jahrzehnte später; sie ist inzwischen als Teil der Römer Verträge anzusehen. Die Bestimmungen der ESC heben eine Zahl von Rechten für Arbeitnehmer und Verpflichtungen für Arbeitgeber hervor.[8]

In einer wohlwollenden Interpretation ist die ESC Ausdruck „europäischer" Werte wie Solidarität und Schutz vor dem sozialen Abgrund sowie das Bemühen, diese Idee in einem gemeinsamen Grundsatz zu verankern, bevor sie durch die Neubeitritte verwässert werde. Die „Rückkehr nach Europa" erfordert in dieser Sichtweise eine gemeinsame Stellungnahme, auf die sich der europäische Arbeitsmarkt und die Sozialpolitik gründet. Die Ratifizierung der ESC ist zwar keine Voraussetzung für einen Beitritt zur Europäischen Union, aber es wäre auch illusorisch zu behaupten, sie sei irrelevant. Sie umfaßt eine Anzahl von Bestimmungen, die für sich genommen und rein rechtlich betrachtet, nicht spezifisch genug sind, um Alarm zu schlagen; doch insgesamt verpflichten sie die Mitgliedsländer, für Mindestarbeitsbedingungen zu sorgen. Mittlerweile wurde die ESC mit kleinen Einschränkungen und mit Ausnahme des Vereinigten Königreichs von allen EU-Ländern akzeptiert, so daß der Beitritt im allgemeinen die Akzeptanz der ESC-Bedingungen einschließt.

Eine zweite, weniger freundliche Interpretation der ESC ist ein Versuch, das „Lohn- und Sozialdumping" auszuschließen, d. h. Konkurrenz der weniger reichen EU-Mitglieder, die dank niedriger Arbeitskosten und geringeren Lebensstandards über ein kostengünstiges Produktionsumfeld verfügen, wird verhindert. Nach dieser Interpretation würde der Eintritt in die EU einen Verlust an Exportwettbewerbsfähigkeit bedeuten sowie der Chance, den Lebensstandard schnell zu entwickeln und anzuheben. Es ist bezeichnend, daß die meisten ESC-Bestimmungen in den MOE-Wirtschaften gegenwärtig kaum durchsetzbar sind. So ausgelegt entspräche die Social-Charta der Interessenlage der bestehenden EU-Mitgliedsländer, Maßnahmen zu ergreifen, die den direkten Lohnwettbewerb verhindern. Eine verringerte lohnkostenbedingte Attraktivität sowie die Einführung weiterer Regelungen und Standards würden demnach die Attraktivität von Direktinvestitionen sowie die Wettbewerbsfähigkeit dieser Länder erheblich beeinträchtigen.[9]

---

8 Vgl. *Boeri* et al. (1998). Es wird zum einen vage propagiert, daß „Jeder das Anrecht auf Dienstleistungen des Sozialen Netzes" besitze (ESC Turin 1961, I.14) aber auch konkret, daß ein Recht auf wenigstens vier Wochen bezahlten Urlaub, einen Ruhetag, und Berücksichtigung der Besonderheiten der Nachtarbeit bestehe (ESC Amendments, Straßburg Mai 1996, Art. 2); daß Kündigungsschutz allgemein gelte (Art 14); daß ein Recht auf Schutz vor den Konsequenzen des Bankrotts bestehe, sowie ein Recht auf betriebsratsähnliche Strukturen (Art 28).

9 Es ist häufig behauptet worden, daß sich westdeutsche Arbeit und Kapital im Zuge der deutschen Wiedervereinigung auch so verhalten hätten (*Burda* 1990, 1991; *Sinn* und *Sinn* 1991; *Burda* and *Funke* 1995; *Sinn* 1999).

II. Bisherige Konvergenz auf kontinentaleuropäische Arbeitsmarktinstitutionen

Der an sich symbolische Charakter der ESC verbirgt viele potentielle Mechanismen, die die Entwicklung osteuropäischer Institutionen beeinflussen könnten. Erstens wird die Sozialcharta sicherlich strenger interpretiert und angewandt, umso näher der Beitritt rückt. Zum Beispiel brachte die europäische Kommission jüngst neue Energie bei der sozialen Erweiterung Europas in diese Richtung auf.[10] Ein zweites Problem ist die Schattenwirtschaft, die in diesen Ländern Riesenausmaße angenommen hat. Da dieser Sektor bis zu 30% der Wertschöpfung ausmachen kann, wird der Druck aus Brüssel, das verlorene Mehrwertsteueraufkommen ans Licht zu führen, zunehmen. Somit wird ein besonders dynamisches Segment der transformierenden Wirtschaft entkräftet. Ebenfalls werden westeuropäische Direktinvestoren unter den Druck geraten, sich an die selben arbeitsmarktlichen Regulativen wie zu Hause zu halten.

1. Kontinentaleuropäisches Sozialversicherungssystem

Von allen Schritten ist die Verabschiedung vom urmarxistischen Prinzip, daß jeder in den Genuß der Sozialisierung der Arbeitswelt kommen sollte, am ehesten auffällig. Wie Abbildung 2 deutlich zeigt, haben diese Länder einen gewaltigen Rückgang der Erwerbsbeteiligung erfahren. Um den Ausstieg aus dem Erwerbsleben zu erleichtern, haben die Länder Ost- und Mitteleuropas allerdings Institutionen wie Arbeitslosenversicherung, Frühverrentung, Berufsunfähigkeitsverrentung usw. etabliert. Zum Teil haben diese falsche Anreize gesetzt, so daß trotz ungünstiger Arbeitsmarktaussichten erwogen wird, in einem Beschäftigungsverhältnis zu bleiben. Dies ist durch den Vergleich von untersuchter und registrierter Arbeitslosigkeit feststellbar (siehe *Boeri* et al. (1998)).

2. Kontinentaleuropäische Steuern

Die Abdankung der Zentralplanung bedeutete die Preisgabe der Wirtschaft an Privateigentümer und Manager, und damit der wichtigsten Ertragsquellen der Regierung. Um die gefährdeten Sozialetats zu schützen, wurde die Lohnbesteuerung erhöht, in der Regel über „Beiträge" zu verschiedenen Sozialkassen. Diese Steuern und Beiträge waren leichter zu kassieren als die Mehrwert- oder Einkommenssteuer, so daß die Regierungen in zunehmendem Maße von ihrer Existenz abhängig

---

10 Laut der *Financial Times* vom 16. Dezember 1997 sollte die Europäische Kommission im März 1998 eine Anzahl von Vorschlägen unterbreiten, die die Regelung von Arbeitszeiten, Freistellungen und bezahlten Urlaub von 1993 auf Teilzeitkräfte und auf ausgenommene Sektoren ausweiten.

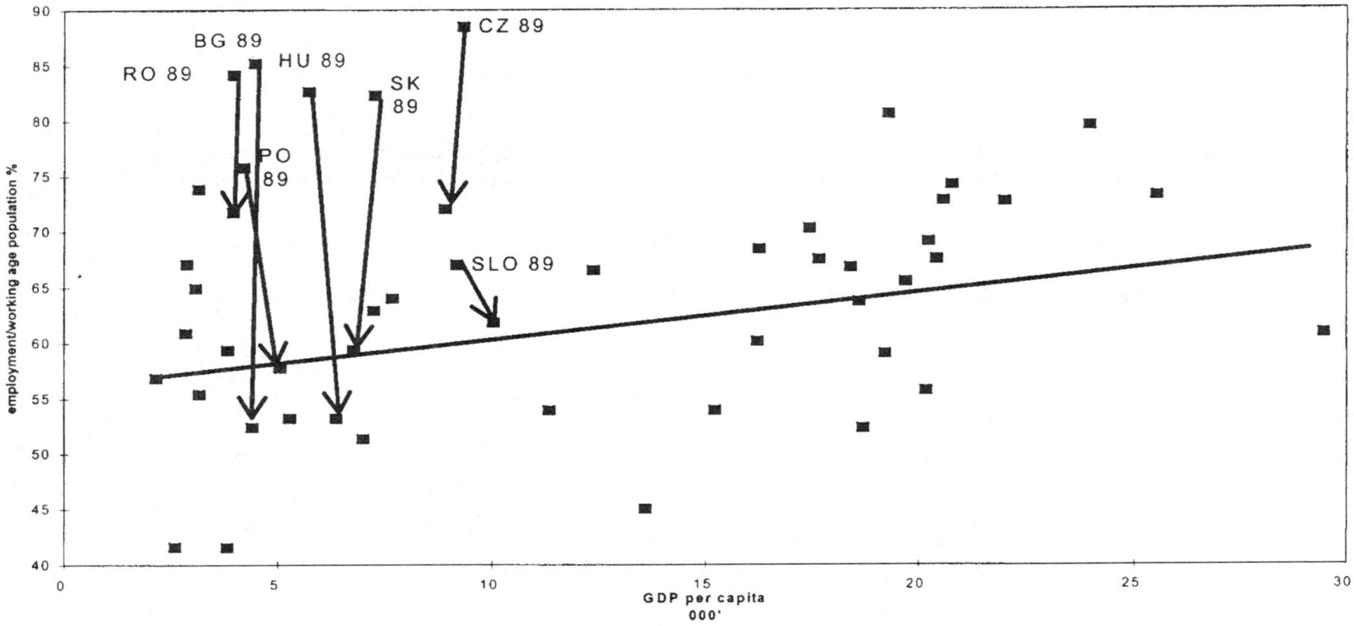

Notes: (a) Employment divided by population aged 15-64. (b): GDP per capita in USD at PPP.
Regression line: $y = 55.8 + 0.52x$, $R^2=0.19$.
Source: Boeri et al (1998)

Abb. 2: Erwerbsquoten und BIP pro Kopf im internationalen Vergleich (1994)

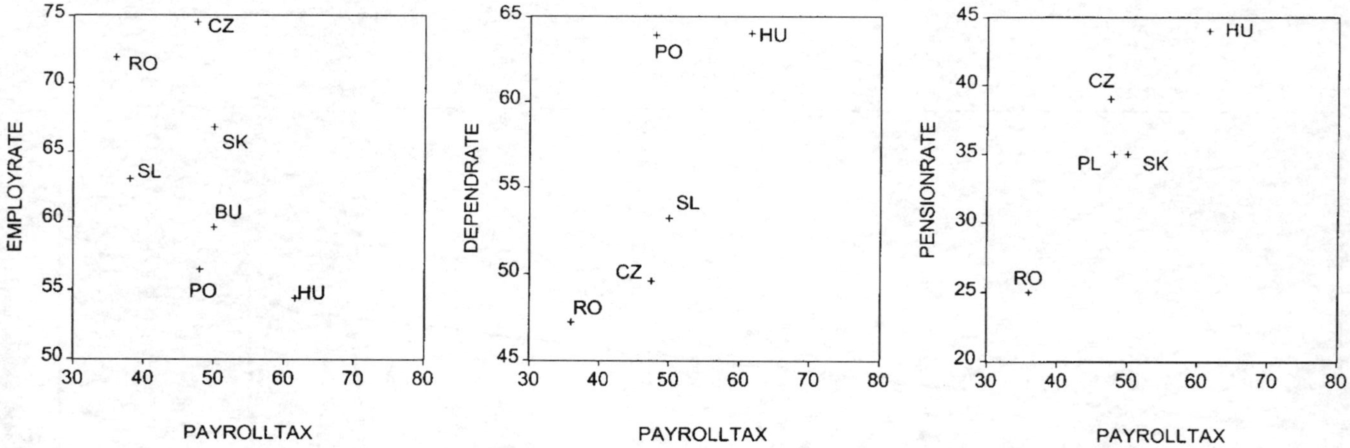

Variablen: PAYROLL TAX=Lohnsteuersatz; EMPLOYRATE=Beschäftigte als Anteil der Bevölkerung in erwerbsfähigem Alter; DEPENDRATE=Verhältnis von Leistungsempfängern zu Beschäftigten; PENSIONRATE=Verhältnis von Rentnern zu Beschäftigten.

Abb. 3: Lohnsteuern, Erwerbs- und Belastungsquoten in den Transformationsländern, 1995

wurden. So wie die Kosten für passive Maßnahmen (in erster Linie Arbeitslosenversicherung und -hilfe) in die Höhe schossen und Steuereinnahmen und Beiträge sanken, stieg die Besteuerung der Arbeit; dieses erhöhte der Reihe nach die Arbeitskosten, drosselte die Arbeitsnachfrage und machte das System in zunehmendem Maße untragbar.[11] Trotz wissenschaftlicher Skepsis über Beschäftigungseffekte der Arbeitsbesteuerung (siehe *Nickell/Bell* (1997), *Layard, Nickell, Jackman* (1991)), bezeugen die Teilbilder aus Abbildung 3, daß die gesetzlichen Lohnsteuern (payroll taxes) negativ mit der Beschäftigtenquote und positiv mit der *dependency ratio* und der pensioner rate korreliert sind. Es liegt nahe, auf die Möglichkeit multipler Gleichgewichte und damit einer fiskalischen Falle zu schließen: ein Gleichgewicht mit hoher Beschäftigung, niedrigen Steuersätzen und einem geringen Abhängigkeitsgrad der Bevölkerung ist ebenso vorstellbar wie eins mit niedriger Beschäftigung, hohem Abhängigkeitsgrad und hoher Besteuerung des Faktors Arbeit, die in diesen Ländern zu deren Finanzierung notwendig sind. Die auffällige Entwicklung der Schattenwirtschaft, die nichts anderes als ein Versuch ist, auf übertriebene Steuersätze zu reagieren, bestätigt meine Einschätzung.[12]

3. Kontinentaleuropäischer Kündigungsschutz

Eine wichtige Komponente der „Rückkehr nach Europa" war die Übernahme der Arbeitsmarktregulierungen nach kontinentalem Muster durch die MOE-Staaten und die Ablehnung der angelsächsischen Praxis „employment at will." Als ein Beispiel dafür liefert die Tabelle 1 eine Übersicht der Kündigungsschutzregeln in Mittel- und Osteuropa um 1997. Während diese Gesetze zwar nicht so rigoros wie in Westeuropa durchgesetzt werden, haben sie doch den generellen Beigeschmack der kontinentalen Abfindungsregelungen. Wie unten gezeigt wird, ist die Aufnahme dieser Länder in die Europäische Union der Absicht zuträglich, diese Gesetze strikter anzuwenden oder zukünftig sogar noch einzuschränken.

Trotz des empirischen Befunds unter anderem von *Emerson* (1986, 1988) herrscht hier auch die wissenschaftliche Skepsis, ob Kündigungsschutz- und Abfindungsregulierungen die Beschäftigung eindeutig negativ beeinflussen.[13] Gleichwohl ist es wichtig, einen durchaus wichtigen Effekt zu betonen, der nur selten im Zusammenhang mit den CEE-Ländern und dem Systemwechsel gebracht wird: die

---

[11] Ein häufig erwähnter Fall ist Ungarn. Wo die Sozialversicherungsbeiträge für Löhne und Gehälter kontinuierlich in der ersten Hälfte der 90er Jahre angestiegen sind, als direktes Ergebnis der steigenden Sozialversicherungsbelastung und der Erhöhungen der Beitragsraten der Sozialversicherung. Inzwischen hat sich die ungarische Lage entspannt (*EBRD* 1995, 1996, 1998).

[12] Siehe *Lacko* (1999) der auf der Grundlage des Verbrauchs von Elektrizität in den Haushalten das Ausmaß der Schattenwirtschaft Polens, Ungarns und der Tschechischen Republik deutlich höher als in den entwickelten OECD-Wirtschaften schätzt. Siehe auch *Schneider/Estne* (2000).

[13] Vgl. *Ljungqvist* (1999) für einen aktuellen Überblick.

Tabelle 1

Kündigungsschutz in den MOE-Staaten, 1997

Country	*Law*	*Definition of mass redundancy*	*Required Consultation with empl. rep's*	*Advance Notice*	*Statutory Severance Pay*
Bulgaria	Labour Code 1994 (Ch. 16,1)	Total or partial closing down of enterprise or staff cuts	yes	30 -90 days	up to 1 month, more if stipulated in collective agreements or labour contracts
Czech Republic	Labour Code 1993	Redundancies resulting from changing firm objective, new technical equip., increasing work efficiency, other organizational changes	yes	3 months	2 months' wages unless collective agreements state otherwise
Hungary	Labour Code 1992	Dismissals of 25% of employees or at least 50 people	yes	30-90 days depending on seniority	1 months' pay if job tenure was less than 3 years, up to 6 months' pay if job tenure exceeds 25 years
Poland	Act concerning termination of employment relationships for reasons connected with establishments (1989)	Dismissals of at least 10% of the staff in establishments up to 100 workers or at least 100 workers in establishments employing more than 1000 workers	yes	45 days	1 month's pay for seniority up to 10 years, 2 months' pay for seniority of 10-20 years, 3 months' pay for seniority >20 years + compulsory allowance for lower income workers in new job, up to 6 months
Romania	Labour Code 1994	Dismissal due to organizational changes, insolvency or reallocation	yes	15 days	at least 3 months' average wages, possibly extended depending on seniority and sector of employment
Slovakia	- Act No. 195/1991, Col. on severance pay after termination of labour contract, - Labour Code (Act No. 451/1992 Col.) - Act. No. 387/1996 on employment	at least 10 employees in a firm with 20-99 employees, at least 10% of employees in a firm with 100-299 employees, at least 30 employees in a firm with >299 employees	yes	3 months	2 months' wages, possibly extended up to 5 months' wages on the basis of collective agreement or an internal instruction of the employer
Slovenia	Labour Code	Following temp. redundancy of up to 6 months (at reduced pay), no numerical limits	yes	6 months	for employees with least two years' tenure: at least one half of the wage during the last three months, for each year of prev. employment

Sources: Boeri, et al. (1998)

negative Einwirkung solcher Regulierungen auf kleine Betriebe und neue Betriebsformen, die beim systematischen Strukturwechsel eine zentrale Rolle spielen (*Hopenhayn* und *Rogerson* (1993)). Dies ist wegen der Betriebsbildung und -auflösung nicht nur eine Vorbedingung für Produktionsaktivität in sich schnell verändernden Märkten, sondern dient auch dem Zweck fortschreitender Information, welche in diesen Ländern selten ist. Die Konsequenz ist das Überleben von Beschäftigungsverhältnissen, die aus Effizienzgründen längst aus dem Markt hätten ausscheiden müssen.

4. Kontinentaleuropäischer zweiter Arbeitsmarkt

Ein zusätzliches Anzeichen für die „Rückkehr nach Europa" ist ihre aggressive Durchführung von aktiver Arbeitsmarktpolitik (AAMP). Hiermit meine ich Maßnahmen, die schwer vermittelbare Arbeitsmarktteilnehmer reintegrieren sollen, ohne die Disziplin des Marktes außer Kraft zu setzen. Hierzu zählen in der Regel Umschulungsmaßnahmen zum Auf- und Ausbau des Humankapitals; arbeitsplatzschaffende Projekte und Arbeitsplatzsubventionen sowie Arbeitsplatzvermittlung und verschärfte Kontrolle der arbeitslosen Leistungsempfänger.

In den 80er Jahren gab es einen relativ breiten Konsens in Europa, daß diese Politik bescheidene aber positive Effekte bewirken könnte (siehe Jackman 1995, Jackman et al. 1990). Trotz der gewaltigen politischen Unterstützung solcher Maßnahmen, darf jedoch nicht über eine Vielfalt von negativen Effekten hinweggesehen werden.[14] Mit Bezug auf die schwedische Erfahrung hat Calmfors (1994) argumentiert, daß Mitnahme- und Substitutionseffekte, die groß sein können, überwiegen. Selbst in Fällen der belegten Effektivität sind sie sehr kostspielig und eine fragliche Verwendung von öffentlichen Ressourcen (OECD (1993)). Das frühere Jubeln des „tschechischen Wunders" (OECD (1995)), als Beispiel einer durch aktive Arbeitsmarktmaßnahmen begleiteten Transformation, war offensichtlich verfrüht.[15]

III. Empirische Evidenz von früheren EU-Beitritten

Die Hypothese, daß der EU-Beitritt für MOE-Länder negative Auswirkungen auf das Funktionieren des Arbeitsmarktes mit sich bringt, kann mit informeller sowie ökonometrischer Evidenz belegt werden.[16] Beispielsweise haben *Boeri* et al. (1998) die Arbeitslosenquoten und das Beschäftigungswachstums für die EU-

---

14 *Calmfors* (1994) erwähnt die 1) Reduktion der Suchintensität unter Programmteilnehmern; 2) Brandmarkung (Stigmatisierung) von Teilnehmern; 3) Mitnahmeeffekte bei den arbeitgebenden Unternehmen; 4) Substitutionseffekte unter den konkurrierenden Gruppen am Arbeitsmarkt; 5) fiskalische Substitutions- und Mitnahmeeffekte; 6) Verdrängungseffekte in lokalen Arbeitsmärkten. Zur Diskussion der frühen Scheinerfolge der aktiven Arbeitsmarktpolitik in den nordischen Ländern siehe *Jackman* et al. (1990); eine kritische Diskussion liefern Calmfors und Nymoen (1991).

15 Siehe zum Beispiel *OECD* (1995), *Munich* et al. (1994), *Boeri* und *Burda* (1996).

16 Die späten Beitretenden sind Großbritannien, Irland, Dänemark, Griechenland, Portugal, Spanien, Österreich, Finnland und Schweden. Diese einfache Idee geht auf die altbewährte Arbeit der Konjunkturforscher Burns und Mitchell zurück, die das Verhalten eines repräsentativen Konjunkturzyklus' (*reference cycle)* beschreiben wollten. Zumal die Kandidatenländer gewöhnlich entsprechende Vorbereitungen treffen müssen, um sich für die Mitgliedschaft als geeignet zu erweisen, ist es wichtig, zwischen dem Beitritt (dem Erlangen der formalen Mitgliedschaft) und der ersten Bewerbung (dem Einreichen des formalen Gesuchs um die Mitgliedschaft, die in der Regel einige Jahre davor geschieht) zu unterscheiden. Diese Resultate werden im einzelnen in *Boeri* et al. (1998) aufgeführt.

a) Cyclically-corrected unemployment rate

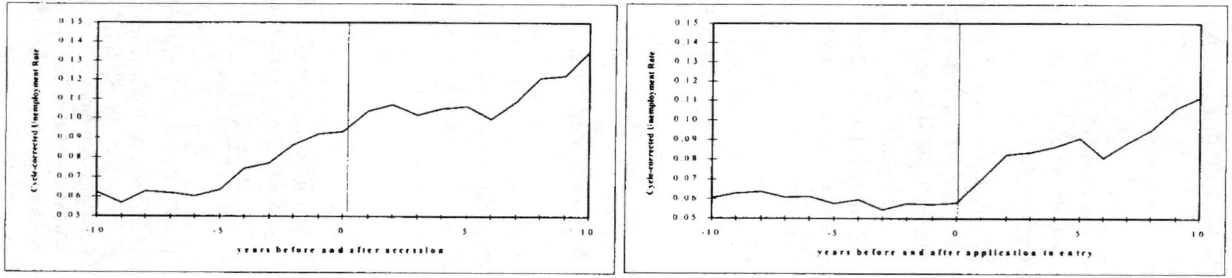

b) Cyclically-corrected unemployment rate relative to EU-Core

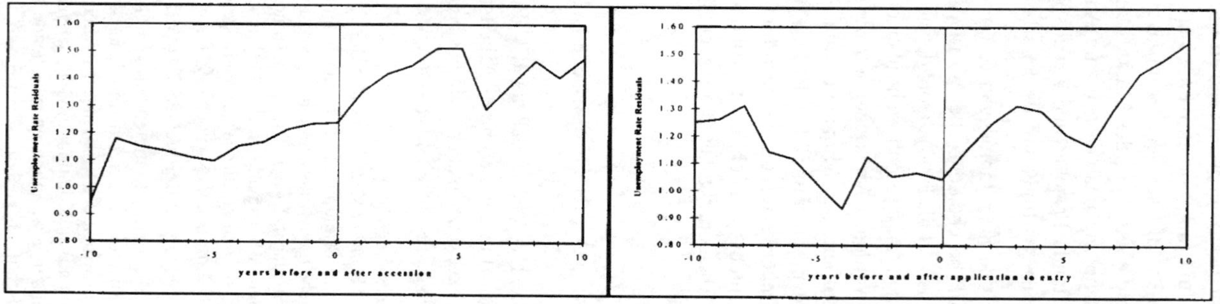

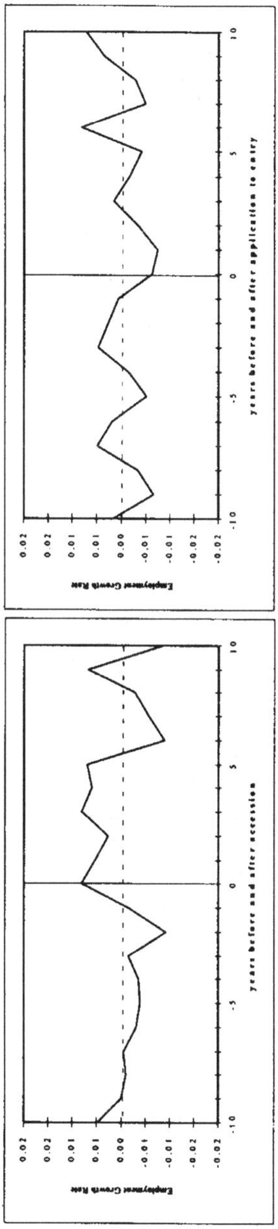

a) Cyclically-corrected unemployment growth

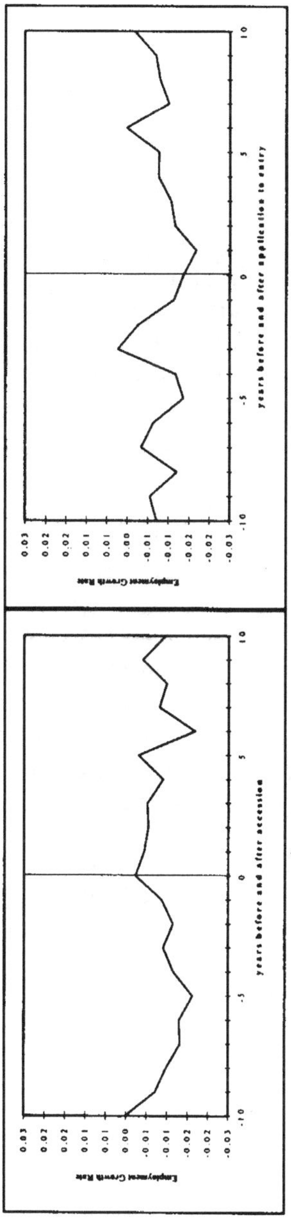

a) Cyclically-corrected unemployment growth relative to EU-Core

Abb. 4: Arbeitslosigkeit, Beschäftigungswachstum und EU-Beitritt

Mitglieder untersucht, die nach 1970 beigetreten sind. Das Verhalten dieser Variablen wurde im Zeitraum 1) der ersten Bewerbung für die EU und 2) des EU-Beitritts untersucht. Die Burns-Mitchell-Diagramme in Abbildung 4 zeigen die (ungewichtet) mittlere Entwicklung der Beschäftigung und vor allem der Arbeitslosenquoten für die „Spätbeitretenden" um das Datum der ersten Bewerbung sowie um den EU-Beitritt. Das Datum der Bewerbung sowie des Beitritts selbst wurden als Indikatoren eines Regimewechsels und als Bezugspunkt für die Analyse der Funktionsweise des Arbeitsmarktes genommen. Die Zeit zwischen der Bewerbung und dem Beitritt zur EU ist unterschiedlich und liegt zwischen 33 Monaten (Finnland) und fast neun Jahren (Portugal); dies liefert nützliche Datenvariationen für den ökonometrischen Teil. Des knappen Platzes wegen zeige ich nur das Durchschnittsverhalten der Arbeitslosenzahlen zum Zeitpunkt der ersten Bewerbung und des EU-Eintritts, weitere Bilder können in meiner Monographie mit Boeri und Köllö nachgelesen werden. Um konjunkturellen Einflüssen Rechnung zu tragen, wurde eine zyklische Komponente mit den üblichen Regressionsmethoden entfernt.[17]

Diese „Burns-Mitchell"-Evidenz läßt darauf schließen, daß die Länder den stärksten Anstieg in der Arbeitslosigkeit zum Zeitpunkt der Bewerbung erfahren, und daß sich dieser Anstieg nach dem Beitritt verstetigt (vor allem relativ zu den Kern-Ländern). Eine Erklärung dafür ist, daß der Beitritt eine strukturelle Veränderung und kurzzeitige Arbeitslosigkeit auslöst, möglicherweise kombiniert mit einem zunehmenden „europäischen" Sicherheitsnetz, das den Anpassungsprozeß beeinflußt. Eine optimistische Sichtweise, daß die EU-Mitgliedschaft die Integration – wie auch immer – beschleunigt, wird von den Ergebnissen des Beschäftigungswachstums unterstützt.

Die Hypothesis „EU is bad news" kann auch durch die Anwendung ökonometrischer Methoden getestet werden. In *Boeri* et al. (1998) wurde ein Fixed-Effect-Regressionsmodell geschätzt, indem alle neun Länder in einem Balanced-Sample vereint wurden, während ein individueller Trend für die Entwicklung in jedem einzelnen Land mit berücksichtigt wurde. Die Ergebnisse deuten auf einen statistisch signifikanten Effekt der Bewerbung sowie des Beitritts zur EU auf die relative Arbeitslosenquote sowie die Beschäftigungsentwicklung hin, wobei die Bewerbung bedeutender als der Beitritt zu sein scheint. Die Bewerbung wird mit einem Anstieg von 14 bis 22% der Arbeitslosigkeit relativ zu den Kernländern (Frankreich, Italien und Deutschland) verbunden. Die Ergebnisse bleiben erhalten, wenn

---

17 Genauer wurde für jedes Land die Regression

$$x_t = \alpha + \sum_{i=0}^{2} \beta_i \Delta y_{t-i} + \gamma_1 t + \gamma_2 t^2 + \gamma_3 t^3$$

durchgeführt, wobei x entweder für die standardisierte Arbeitslosenrate (OECD) oder für die Rate des Beschäftigungswachstums steht, y ist der Logarithmus des BIP, und t ist ein Zeittrend. Dann konstruierten und untersuchten wir die Reihe $x_t - \sum_{i=0,1,2} b_i \Delta y_{t-i}$, wo die b_i Schätzungen der β_i sind.

Österreich, Schweden und Finnland nicht berücksichtigt werden, wenn für das EWS-Regime kontrolliert wird, und Spanien aus der Stichprobe ausgeschlossen ist. Spanien ist ein besonders wichtiger Fall wegen der Ähnlichkeit zu Polen, wo ein Viertel der Beschäftigten in der Landwirtschaft tätig sind. Auf Polen angewandt wird die erste Bewerbung – ausgehend von 10% Arbeitslosigkeit im Kern – einen Anstieg von 1,5 bis 2 Punkte der Arbeitslosenquote in diesem Land bedeuten. Möglicherweise läßt sich dadurch erklären, weshalb das EU-Projekt in letzter Zeit deutlich an Popularität eingebüßt hat.[18]

D. Die Prognose für die Arbeitsmärkte der alt-EU: ein Trojanisches Pferd?

In diesem Vortrag soll die Frage beantwortet werden: „Mehr Arbeitslose: Der Preis für die Osterweiterung?". Die Erwartung, daß sich meine pessimistische Prognose für den Osten auf den *Westen* leicht überträgt, ist allerdings voreilig. Anders als bei Erich Maria Remarque vor 70 Jahren kann „im Westen nichts neues" nicht mehr die Devise sein. Denn die Länder der EU befinden sich gegenwärtig in einem Wettbewerb, in welchem „Business as Usual" nicht mehr geht, bei welchem die kleinen, flexiblen und anpassungsfreudigen Volkswirtschaften eine Nase vorn haben werden.

Es mag überraschen zu hören, daß derselbe düstere Integrationsschock einen durchaus positiven Einfluß auf den Westen ausüben könnte. Jedoch komme ich genau zu diesem Schluß. Das Ausmaß an Rigiditäten in westeuropäischen Volkswirtschaften hat bekanntlich einen unglaublichen Höhepunkt erreicht – auf deutsch gesagt: es geht nicht weiter. Der Kontinent wird durch die fortschreitende Globalisierung eingeholt, die überall auf der Erde vonstatten geht. Es geht um den Übergang zur Dienstleistungs- und Informationsgesellschaft, zur Flexibilisierung und Ent-Taylorisierung des Arbeitsverhältnisses, zur aktiven Akzeptanz und Übernahme von neuen Wirtschaftsstrukturen, Produktionsmethoden und Absatzwegen, von denen man niemals zu träumen gewagt hätte. Eine Abschottung der Europäischen Union ist kaum noch möglich, es kann nicht mehr angehen so zu tun, als ob diese Entwicklungen nicht stattfinden würden.

Mit der Osterweiterung steht den Westeuropäern die Globalisierung ins Haus. Man sieht sich gegenüber 100–200 Millionen Menschen, bei denen das Sachkapital fehlt, die jedoch eine beträchtliche Humankapitalausstattung als Basis für einen erfolgreichen Start besitzen (Bean, et al. 1998). Diese Länder werden unsere gemeinsame Währung verwenden und dadurch Zugang zu einem riesigen internen Kapitalmarkt erhalten – der die Kapitalmobilität erheblich fördert. Von diesen Vor-

18 Vgl. „Some Poles now Balk at Joining the EU" *International Herald Tribune* vom 22. Juni 1999, S. 1.

gängen habe ich bereits im Rahmen der intra-EU-Integration geschrieben: Gewerkschaften und Arbeitgeberverbände werden sich in immer größeren, unüberschau- und schwer organisierbaren Kreisen bewegen müssen. Im Wettbewerb auf den Faktor- und Produktmärkten werden sie sich gegenseitig stärken. Der Osten wird sich letztendlich als ein Trojanisches Pferd der Flexibilisierung entpuppen, das eine Reform der verkrusteten Institutionen des Westen nicht nur ermöglicht, sondern erzwingt. Wir können uns darüber freuen, das es so kommt, es hätte viel länger dauern können. Die Wirtschaftsgeschichte lehrt uns, daß es einem Land in der Regel viel schlimmer und schmerzhafter ergehen muß, bevor zur Reform gegriffen wird.

Meine These läßt sich allerdings schwer belegen, da wir nicht in die Zukunft schauen und noch weniger die Zeit beschleunigen können. Ein wichtiges Stück Evidenz sind die positiven Meldungen aus jenen Ländern, die bereits das Wagnis zur Reform der Arbeitsmarktinstitutionen gezeigt haben. Bisher haben sich diese als vorwiegend kleine und mutige Länder herausgestellt, wo sich ein Konsens relativ leicht herstellen läßt. Die Länder sind in aller Munde: die Niederlande, seit dem Konsens von Wagenaar ab 1982; Dänemark, seit den späten 80er Jahren; Irland, nach jahrelanger Stagnation und Emigration und selbst Spanien, mit seinen partiellen Reformen des Kündigungsschutzes. In Großbritannien sitzen die Reformen der Thatcher-Jahre fest und sind zum Teil sogar durch Premierminister Major und Blair ausgebessert und hoffähig gemacht worden.

Ich habe bereits die Meinung geäußert, daß ein guter Einblick in die Folgen der Osterweiterung auf den Westen Europas aus der deutschen Wiedervereinigung gewonnen werden kann.[19] Hier sind die realen Folgen der Integration in atemberaubender Geschwindigkeit erlebt worden. Es ging bei der innerdeutschen Migration um mehr als eine halbe Million Arbeitskräfte, die Mobilität des Kapitals in dreistelliger Milliardenhöhe, die Vollendung des deutschen Binnenmarktes und überdies die fiskalischen Transfers, die heutzutage in der politischen Arena so heftig kritisiert werden. In den ersten Jahren gab es wenig Anzeichen, daß die Wiedervereinigung überhaupt einen Effekt auf Westdeutschland hat. Jedoch scheint die deutsche Wiedervereinigung langsam einen gewaltigen Einfluß auf wichtige Aspekte des deutschen Wirtschaftslebens auszuüben. Um drei Beispiele zu benennen: 1) über die Kosten und Anreizwirkungen des Länderfinanzausgleichs wird endlich offen geredet, nach dem man die Implikationen für die neuen Bundesländer berechnet hat; 2) das Ladenschlußgesetz, welches die Zeit längst zu überholen scheint, wurde gelockert und wird in den neuen Bundesländern deutlich geschwächt; 3) das System der kollektiven Lohnverhandlung, vor allem wie die Lohnsetzung ohne Rücksicht auf die lokalen Marktbedingungen erfolgt, wird in ihren Grundsätzen in Frage gestellt. Die Impulse in allen drei Beispielen gehen aus dem Osten aus.

---

19 Vgl. hierzu auch *Sinn* (1999).

Vor allem möchte ich näher auf den letzten Punkt eingehen, da ich mich an anderer Stelle mit dem Thema beschäftigt habe.[20] Das Aushebeln des deutschen Systems kollektiver Lohnfindung ist ein Prozeß, der unmittelbar mit der Wiedervereinigung in Verbindung gebracht werden kann. Der Kollaps der ostdeutschen Beschäftigung hat erstens einen rapiden Niedergang der Gewerkschaftsbasis ausgelöst, waren 1991 mehr als 50% aller Beschäftigten Mitglieder einer Gewerkschaft des DGB, beträgt der Organisationsgrad 1998 knapp 32%. Dies wäre nicht so gravierend wenn die Unternehmen, die die Arbeitsverträge aushandeln, sich nicht auch massiv aus dem Tarifsystem ausklinken würden: laut einer Studie vom DIW waren 1998 nur noch 20% der Unternehmen in Arbeitgeberverbänden vertreten, mit einem Anteil der Beschäftigung in Ostdeutschland von knapp 45% (versus 76% im Jahre 1993!). Dies führt laut DIW dazu, daß 1998 28% der Beschäftigten unter Tarif bezahlt wurden (*DIW* 1999). Dieser Prozeß kann als wirtschaftlich nachvollziehbare Reaktion auf die zweckfremden Tarifverträge angesehen werden, die den ostdeutschen Arbeitnehmern und Arbeitgebern aufgebürdet wurden. Er ist das einfache Ergebnis der Notwendigkeit, Arbeitsplätze im Osten zu retten, teilweise über Vereinbarungen, die sich am Rande der Legalität bewegen. Nun weiten sich diese Tendenzen in den Westen aus: die Marshall-Hicks-Regel wird dafür sorgen, daß die Elastizität der Arbeitsnachfrage an gegebener Stelle ansteigt.[21] Die vielfach heraufbeschworene Drohung der Migration (*Sinn* 1999), wenn auch etwas übertrieben,[22] wird dazu beitragen, die Erfüllung meiner Prognose herbeizuführen. Migration erhöht den Druck, die Marktunvollkommenheiten abzubauen und Reformen in die Wege zu leiten. Anders als Troja – wie mich nachträglich ein anonymer Teilnehmer erinnert hat, völlig zerstört wurde –, kann man die Hoffnung hegen, daß sich der Westen endlich auf den Weg zur Reform begibt.

Es läßt sich sogar zeigen, daß der Westen Deutschlands aus der Wiedervereinigung – gemessen an produktiven Kapazitäten – erheblich gewonnen hat. Ich stelle ohne große Diskussion in Abbildung 5 eine Fortschreibung des Trends dar, der sich von 1970–1989 als einfachen exponentiellen Trend schätzen läßt. Als Benchmark wird ein anderer Anrainerstaat, Österreich, ähnlich dargestellt. Offensichtlich war

---

20 *Burda* und *Funke* (1995), *Burda* (1999).

21 Für eine detaillierte Formulierung dieser Hypothese, siehe *Burda* (1999).

22 Die Migration ist nach dem Kenntnisstand der Wissenschaft eine äußerst heikle Entscheidung, die keineswegs ausschließlich auf Lohndifferentiale reagiert. Fixkosten der Wanderung, Unsicherheit über die Einkommens- und Nutzenaussichten, und der Optionswert des Wartens (um mögliche Verbesserungen der Situation zu Hause nicht zu versäumen) können migrationshemmend wirken. Das ostdeutsche Beispiel liefert uns Gründe zu glauben, daß es nicht so schlecht gehen wird. Im Jahr 1990 sind per Saldo 1,6 Million Menschen vom Osten gen Westen ausgewandert, als der Lohnunterschied 60% betrug; 1998 sind es nur noch Nettoauswanderer bei einem Nominallohnunterschied von 30%. Rückmigration spielt eine Rolle, erleichtert die Migrationsentscheidung. Zieht man Spanien und Portugal zum Vergleich heran, hat der Beitritt relativ wenig Migration ausgelöst. Internationale Barrieren wie Sprachen und eine positive Erwartung der zukünftigen Entwicklungen zu Hause können die Migration bremsen.

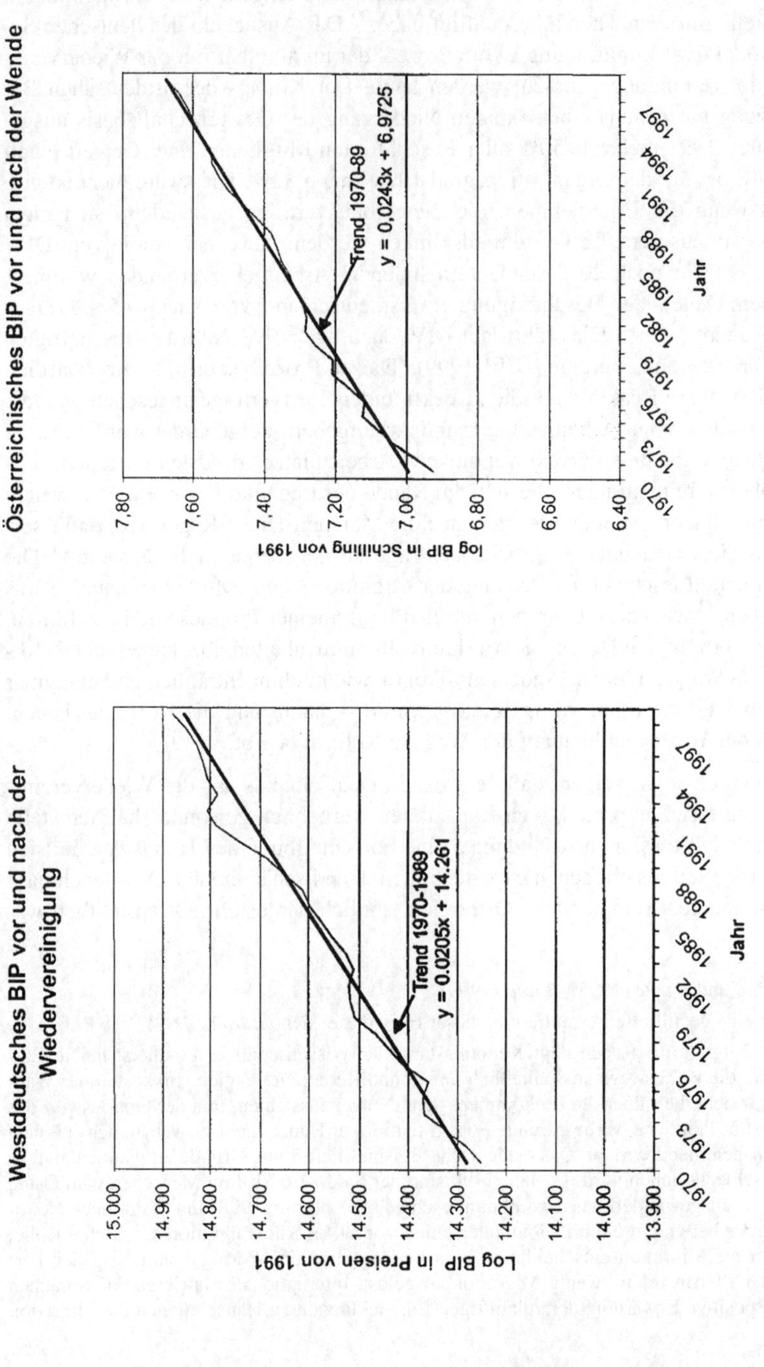

Abb. 5: Output vor und nach der Wende, Westdeutschland und Österreich

der Vereinigungsboom nicht nur eine Befriedigung von keynesianischer Nachfrage, sondern er stellt auch eine Verschiebung von Produktionskapazitäten – das heißt Kapital *und* Arbeit – zugunsten des Westens dar. Beim nächsten Aufschwung wird aber erst richtig ersichtlich, wieviel Westdeutschland aus der Wiedervereinigung mitgenommen hat.

E. Schlußfolgerungen

Mittlerweile ist der Übergang zur Marktwirtschaft nun fast ein Jahrzehnt im Gange. Die Transformation ist im Sinne eines *Überganges* vorbei. Meines Erachtens kann es an der Sehnsucht nach der Vergangenheit liegen, immer noch davon zu reden, jedoch nicht an objektiven Tatbeständen: in den wichtigsten Aspekten unterscheiden sich die mittel- und osteuropäischen Volkswirtschaften immer weniger von den ärmeren OECD-Ländern oder reichen Entwicklungsländern. Die Wirtschaftshistoriker des nächsten Jahrhunderts bzw. Jahrtausends, die sich mit der wirtschaftlichen Umwandlung Mittel- und Osteuropas beschäftigen, werden den Erfolg des Übergangs zum Kapitalismus daran messen, wie schnell er für die innen- und außenpolitische Diskussion belanglos wurde.

Daher standen heute im Mittelpunkt meines Vortrages vielmehr die mittelfristigen Konsequenzen des „Integrationsschocks" für *beide* Regionen. Die Einbindung der neuen Marktwirtschaften Mittel- und Osteuropas wird zu massiven Umwälzungen am Arbeitsmarkt führen. Sie wird auch der Wissenschaft eine gewaltige Chance anbieten, mehr über Integrationsprozesse zu lernen. Beispielsweise in Ostdeutschland: 60% derjenigen die 1996 noch Arbeit im Osten hatten, haben mindestens einmal den Arbeitsplatz gewechselt (*Hunt* 1998). Obgleich bereits ein Großteil der CEE-Arbeitskräfte im Zuge der Transformation neu umverteilt wurde, wird dies wahrscheinlich in Zukunft noch weiter notwendig sein. In dem Maße, wie die MOE-Länder sich der EU unterwerfen, geben sie flexible Arbeitsmärkte auf. Für die meisten MOE-Länder, die sich der Europäischen Union anschließen, wird dies zusätzliche strukturelle Schocks für die Landwirtschaft, die Industrie und den Dienstleistungsbereich implizieren, nachdem sie schon Opfer von „Transformationsschocks" waren. Zweitens – und das ist bedeutsamer – könnte die EU-Mitgliedschaft die Fähigkeit des Arbeitsmarktes beeinträchtigen, mit zukünftigen Schocks fertigzuwerden.

Die „Rückkehr nach Europa" ist eine historische Herausforderung, die in diesem Jahrhundert mit teueren Folgen eindeutig versäumt wurde. Jedoch muß man sich über den Preis im Klaren sein: für den Osten Europas könnte er zu hoch sein. Der Beitritt zur EU wird deutliche Vorteile mit sich bringen, er wird aber auch einen zusätzlichen Zwang zur strukturellen Anpassung ausüben. Dieser Anpassungsprozeß könnte durch einen übereilten Beitritt in den „Club der Reichen", der die Europäische Union ist, gebremst werden. Obwohl der Westen davon profitieren könnte, es wäre deshalb ein großer Fehler, die Arbeitsmarktrigiditäten nach europäischem Muster zu solch einem frühen Zeitpunkt im Transformationsprozeß zu übernehmen.

Literaturhinweise

Baldwin, R. J. Francois / *Portes,* R. (1997) „The Costs and Benefits of Eastern Enlargement: The Impact on the EU and Central Europe," Economic Policy 24: 125 – 176.

Bean, C. / *Bentolila,* S. / *Bertola,* G. / *Dolado,* J. (1998) Social Europe: One For All? Monitoring European Integration 8, London: CEPR.

Boeri, T. / *Burda,* M. (1996) „Active Labour Market Policies, Job Matching and the Czech Miracle," European Economic Review 40: 805 – 817.

Boeri, T. / *Burda,* M. / *Köllö,* J. (1998) „Mediating the Transition: Labor Markets in Central and Eastern Europe," EPI Report Number 4. London: CEPR.

Burda, M. (1999) „European Labor Markets and the Euro: How Much Flexibility Do We Really Need?" CEPR Discussion Paper 2217, August, forthcoming, in Deutsche Bundesbank, ed., The Monetary Transmission Process MacMillan.

– (1991) „Capital Flows and the Reconstruction of Eastern Europe: The Case of the GDR after the Staatsvertrag," in H. Siebert, ed.; Capital Flows in the World Economy Tübingen: J.C.B. Mohr, 1991.

– (1990) „The Wild, Wild East," New York Times, 23 June 1990.

Burda, M. / *Dluhosch,* B. (1998) „Globalization and European Labor Markets," in Siebert ed. Globalization and Labor, Tübingen JCB Mohr.

Burda, M. / *Funke,* M. (1995) „German Trade Unions after Unification: Third-Degree Wage Discriminating Monopolists?" Weltwirtschaftliches Archiv 129 (1993), 537 – 560.

Burda, M. / *Weder,* M. (1999) „Complementarity of Labor Market Institutions, Equilibrium Unemployment and the Persistence of Business Cycles," Humboldt-Universität zu Berlin SFB 373 Discussion Paper No. 49 / 1999, Mai.

Calmfors, L. (1994) „Active Labor Market Policy and Unemployment: A Framework For the Analysis of Crucial Design Features," OECD Economic Studies 2: 7 – 47.

Calmfors, L. / *Nymoen,* R. (1991) „Active Labor Market Policies in the Nordic Countries," Economic Policy 11: 397 – 438.

Coe, David / *Snower,* Dennis J. (1997) „Policy Complementarities: The Case for Fundamental Labour Market Reform", CEPR Discussion Paper No 1585, February.

DIW Wochenbericht 23 / 99.

Duranton, G. (1999) „Globalization, Productive Systems, and Inequalities," mimeo, London School of Economics, January.

EBRD (1994, 1995, 1996, 1998) Transition Report. London, EBRD.

Eichengreen, B. (1992) „One Money for Europe: Lessons from the US Currency Union," Economic Policy 10: 117–188.

Emerson, M. (1986) „What Model for Europe?", Cambridge: MIT Press.

– (1988) „Regulation or Deregulation of the Labour Market: Policy Regimes for the Recruitment and Dismissal of Employees in the Industrialized Countries", European Economic Review 32: 777–817.

Flassbeck, H. / *Scheremet,* W. (1995) „Gleicher Lohn für gleiche Arbeit," Die Zeit Nr. 19, 5.Mai 1995, S. 24.

Helpman, E. (1981) „International Trade in the Presence of Product Differentiation, Economies of Scale and Imperfect Competition: A Chamberlin-Heckscher-Ohlin Approach," Journal of International Economics 11: 305–340.

Hopenhayn, H. / *Rogerson,* R. (1993) „Job Turnover and Policy Evaluation: A General Equilibrium Analysis," Journal of Political Economy 101: 915–938.

Hunt, J. (1998) „Post-Unification Wage Growth in East Germany," mimeo, November.

Jackman, R. (1995) „What Can Active Labour Market Policy Do?" Centre for Economic Performance Discussion Paper No. 226.

Jackman, R. / *Pissarides,* C. / *Savouri,* S. (1990) „Labour Market Policies and Unemployment in the OECD," Economic Policy 10: 450–483.

Krugman, P. (1980) „Scale Economies, Product Differentiation and the Pattern of Trade", American Economic Review 70: 950–959.

Lacko, M. (1999) „Hidden Economy-an Unknown Quantity? Comparative Analysis of Hidden Economies in Transition Coutnries in 1989–1995," Working Paper 9905, Johannes Kepler Universität Linz, February.

Layard, R. / *Nickell,* S. / *Jackman,* R. (1991) Unemployment. Oxford: Oxford University Press.

Ljungqvist, L. (1999) „How do Layoff Costs Affect Unemployment?" mimeo, Stockholm School of Economics, August.

Mundell, R. (1957) „International Trade and Factor Mobility," American Economic Review 51: 321–355.

Munich, D. / *Svejnar,* J. / *Terrell,* K. (1994) „Regional Unemployment Dynamics and Mismatch in the Czech and Slovak Republics," paper presented at technical workshop „Regional Unemployment in Central and Eastern Europe", Vienna, 3–5 November 1994.

Nickell, S. / *Bell,* B. (1997) „Would Cutting Payroll Taxes on the Unskilled Have a Significant Impact on Unemployment?" in Snower and de la Dehesa, Unemployment Policy: Government Options for the Labour Market, London: CEPR 1997.

OECD (1993) Employment Outlook. OECD Paris.

– (1995) Review of the Labour Market in the Czech Republic. OECD Paris.

Sachs, J. (1993) „Poland's Jump to the Market Economy". Cambridge: MIT Press.

Schneider, F. / *Enste,* D. (2000) „Shadow Economies: Size, Causes, and Consequences," Journal of Economic Literature, forthcoming.

Sinn, H.-W. (1999) „EU Enlargement, Migration and Lessons from German Unification" CEPR Discussion Paper No. 2174, June.

Sinn, G. / *Sinn,* H.-W. (1991) Kaltstart, Tübingen, JCB Mohr.

Svejnar, J. (1998) „Labor Markets in the Transitional Central and East European Economics," forthcoming chapter in the Handbook of Labor Economics Volumes 3–4, Holland: Elsevier.

Obstacles on the way to accession: The investment challenge

By *Hans Peter Lankes*[1], London

Ten countries of central and eastern Europe have applied for accession to the European Union.[2] The principles which the EU will apply to judge these applications are to be found in the Union Treaty and in the conclusions of the Copenhagen European Council from June 1993. Among the economic conditions for membership, the Copenhagen criteria include the existence of a functioning market economy, the capacity to cope with competitive pressures and market forces within the Union and the ability to take on the obligations of membership.[3]

These general criteria have been translated into a vast array of specific targets and tests, with progress reviewed once a year by the European Commission. Major and minor problems and obstacles exist virtually across the board, and it would be over-ambitious in this presentation to try a comprehensive assessment. Instead, I will focus on the investment challenge of accession. Meeting the accession criteria calls for investment, be it for competitiveness or to meet the "acquis communautaire". While investment is rarely labelled as an "obstacle" by the economic literature, it can become one when a very large amount of investment must be compressed into a very short period of time.

But before turning to the investment challenge, it is useful to reflect briefly on the "big picture". We are now in the phase, dominated by negotiations on technical details, in which political business cycles and bureaucratic penny-counting can blur the vision of the objective of the exercise. A rapid move towards setting target dates for accession would be fundamental to discipline the politics of enlargement. The experience with target dates has on the whole been positive. For instance, the 1992 target for the single market galvanised everyone's imagination and energies, as did the 1999 target for EMU. These experiences underline that the issue is not whether we choose accession *criteria* or an accession *date*. We need both.

---

1 The opinions expressed in this presentation are the author's and do not necessarily reflect those of the EBRD.

2 Bulgaria, Czech Republic, Estonia, Hungary, Latvia, Lithuania, Poland, Romania, Slovak Republic and Slovenia.

3 The latter includes the body of norms and directives commonly referred to as the Community "acquis" and more broadly adherence to the aims of political, economic and monetary union.

In the accession countries themselves, a date would be helpful to sustain public support for the accession. Although at present, none of these countries is likely to reject accession in a referendum, five years or more of difficult negotiations, painful restructuring and inevitable acrimony in EU relations could severely test peoples' patience. A timetable for accession would also help to cement the expectations which have stabilised policy and investment in the candidate countries. It would provide a roadmap for pre-accession investment, both public and private, and would probably help overcome residual reluctance to restructure sensitive industries and harmonise laws and institutions. In this sense, many "obstacles" to accession are endogenous. The economies of the candidate countries can adapt to the discipline of a well-chosen deadline.

A. A test of progress in transition: The Russian crisis

The Russian crisis had qualities of an experiment that underlined the extent to which the accession countries' economies have progressed from their centrally planned past. While they have not proved immune to the Russian crisis, they are coping well with its repercussions. The EBRD expects growth prospects in Bulgaria, Hungary, Poland and Slovakia to suffer by between 1 and 2 percentage points this year as a direct result of the crisis, those in Slovenia less and in the Baltics somewhat more. The Czech Republic and Romania are struggling with difficulties not directly related to the Russian crisis and may face economic contraction. In fact, the weakness in western European growth has had a greater impact on many accession countries than the trouble to the East.

Contagion in the financial markets has also been fairly well-contained. External borrowing conditions tightened somewhat after a bout of short-lived volatility. But we see continued interest in equities, and no noticeable impact on foreign direct investment. Following the Russian crisis, there have been successful, high-profile sales, for instance of Czech, Polish, Estonian, even Romanian companies and banks to foreign investors. FDI into the accession countries this year may well surpass previous levels. The accession countries were bucking the trend, earlier this year, of international capital flows towards a disengagement from the emerging markets.

These are important observations for the enlargement debate.

- First, they tell us that the accession countries have thoroughly reoriented their economies towards the West, and in particular towards the EU. Only 10 years after the start of transition, for better or for worse, little remains of the Comecon dependencies.
- Second, it is clear that this reorientation has been recognised by the markets. The Russian crisis represented a test of the accession countries' integration into

the western European economic space, more eloquent than any statistic. They have passed this test.

- Third, this resilience reflects important progress in building functioning market economies. The Russian and Asian crises have thrown a sharp light on the soundness of the institutional environment in emerging markets. Many countries have been punished, often excessively, for institutional weaknesses. While there is a continuing need to build and strengthen institutions, this test, too, has been passed by most of the accession countries.
- Finally, these past months have demonstrated the extent to which the *prospect* of EU accession is stabilising the policy environment and investor expectations. This places a serious responsibility on those negotiating accession, and underlines the need to keep up the momentum.

B. Investment pressures and opportunities

Projections of aggregate investment

Despite the evidence of successful adjustment, it is clear that a lot remains to be done. If we exclude areas of policy and institutional harmonisation, the implementation of the acquis and the creation of competitive market economies are, in good measure, synthesised in the need for quality investments. On the other hand, there are significant opportunities for the investor. Much investment into the accession countries is (already) driven by the recognition and anticipation of rapid economic growth in the run-up to EU enlargement. And returns to investment can be high. Numerous investments, including by foreigners, have demonstrated how existing inefficiencies in resource and factor utilisation in transition economies can – given modern management methods – be transformed into productivity growth and quality improvements. Industrial sector productivity in the accession candidates has often grown by double-digit rates over the past few years.

Both for reasons of "need" and of opportunity we should expect a continuing surge in investment activity over the coming years, above and beyond the levels that would be expected in the longer run. Historic experience and EBRD projections of growth and investment are summarised in the table below (the data are held in current US dollars so as to reflect real exchange rate appreciation[4]).

---

[4] The real exchange rate appreciates when one US dollar or DM buys less of a typical basket of local goods. After drastic real depreciations at the start of the transition (primarily as a result of currency substitution) real exchange rates in most transition economies appreciated rapidly. At present, the process is driven primarily by relative price adjustments of controlled prices and productivity growth in manufacturing. Many investment goods are traded. Therefore, an increase in the current US dollar value of investment tends to reflect a rise in real investment to a greater extent than an increase in US dollar GDP reflects real

Table 1

Trends in Gross Domestic Product and Investment

(billions of current US$)		Population (millions)	1992	1998	2003[a)]
GDP	Group 1[b)]	63	165	277	368
	Group 2[c)]	42	43	89	112
	Total	*105*	*208*	*366*	*480*
	Increase			*76 %*	*31 %*
Fixed capital	Group 1	63	29	71	103
formation	Group 2	42	11[d]	18	28
	Total	*105*	*40*	*89*	*131*
	Increase			*123 %*	*47 %*

Sources: 1992 and 1998 data from national statistical offices. 2003 EBRD projections.

a) EBRD base case scenario, no US dollar inflation 1998 – 2003.
b) Czech Republic, Estonia, Hungary, Poland and Slovenia.
c) Bulgaria, Latvia, Lithuania, Romania and Slovak Republic.
d) Excludes Lithuania (for data reasons).

While there have been differences across countries, investment in the region has tended to follow a pattern of rapid contraction in the early phases of transition, and rapid expansion once economic growth (which follows reform and macro-stability) has become well established. Investment ratios, currently at 25 per cent (on average) of GDP, are rising fast in many of the accession candidates. Taking the analysis forward to 2003 suggests, perhaps conservatively, investment ratios in the order of 28 per cent in the countries now negotiating accession, and 25 per cent in the second group of candidates. As a result, total investment in the ten countries would grow by 47 per cent in nominal US dollar terms to about US$ 130 billion.

However, apart from the general caution that should apply to forecasts in countries undergoing rapid structural change, these projections assume that investment growth can be financed in a way compatible with macroeconomic stability. We will return to this issue below. The following sections first discuss two sources of the investment buoyancy that are linked to the EU accession process, namely the opportunities and pressures associated with market integration, and investment requirements to meet EU norms and directives.

Raising competitiveness

In all ten accession candidates, quality and productivity differentials are reflected in low labour remuneration compared with current EU member states, low

growth. Note that real exchange rate appreciation explains the largest share of the increase in nominal US dollar GDP in 1992 – 98.

unit prices of manufacturing exports to the EU, and in some cases continuing protection through tariffs, non-tariff barriers and direct and indirect subsidies (e.g. energy prices, de facto monopolies, tax debts). The first phase of liberalisation and privatisation has also, to some extent, left out politically and socially "sensitive", often structurally weak, sectors in most countries. Postponed adjustment in these sectors – e.g. agriculture (with downstream processing and marketing), steel, shipyards, mining, power – is becoming an increasingly visible drain on public resources and an irritant in relations with the EU.

The real appreciation of exchange rates, rising real wages and declining levels of protection and subsidisation in the period preceding EU membership will exert considerable pressures for adjustment in a wide variety of industries. In addition to the sectors mentioned above, challenges are likely to be particularly great in heavy industries, food and textiles. It is important to note that the changes in the operational environment of businesses in the accession countries will be fairly complex, will differ substantially by sector and are often little understood even by managers themselves. There is a danger of initial complacency followed by the need for even more rapid adjustment that could stretch implementation capacity. The financial sector, at the heart of the adjustment process, faces challenges of its own. Weaknesses and lack of competition in financial intermediation are reflected in high net interest margins of banks and in under-provision with equity and insurance services. A single market in financial services would expose these weaknesses.

Pressures for adjustment can be partly met by improved management practices, but a broad modernisation and upgrading of the capital stock will also be required. Most investments in this category would come about with or without EU accession as part of capital replacement, but the prospective competition associated with accession will force an acceleration of this process.

Having rung a general note of caution, one should recognise that adjustment is in fact well under way. Conditions across countries, and within countries across enterprises, are far from homogeneous. A recent EBRD-sponsored survey[5] compared structure and performance of manufacturing enterprises in Poland, Romania and Spain. Spain was included to provide a market-economy benchmark. Several results suggest more effective corporate governance of Spanish than of transition firms. But they also show that in a number of respects Polish ab initio private firms, and to a lesser extent Polish privatised and Romanian ab initio private firms, are rather similar to Spanish firms and different from Romanian state-owned and privatised ones. Clear convergence in the case of Poland is revealed in the distribution of exporting activity across firms. The distribution is fairly uniform in Spain and Poland, suggesting a broad ability to participate in competitive markets. Ro-

5 *W. Carlin, S. Estrin, M. Schaffer,* Measuring progress in transition and towards EU accession: A comparison of manufacturing firms in Poland, Romania and Spain, EBRD Working Paper 40, London, June 1999

mania, in contrast, is characterised by a bimodal distribution, with specialist exporting firms and many others hardly engaged in export.

Two other results emerge that capture the differences within eastern Europe. First, Polish private firms have higher investment ratios than do Spanish ones. Firms are clearly exploiting the scope for catching up to countries with higher productivity levels. By contrast, investment is very low (even negative) in both state and privatised Romanian firms. For the private firms, this indicates that ownership transfer, per se, is not necessarily effective in establishing the conditions for dynamic growth. Second, excess labour continues to characterise Polish firms. Whereas in Romania, labour hoarding is prevalent only in state firms, in Poland privatised firms that on many other counts are well on the way to convergence with Spanish ones are still bearing this legacy from the 1980s. The excess labour represents unutilised potential for improved competitiveness – the gross profit margins of Polish firms are similar to those in Spain.

This heterogeneity in convergence at the firm level is a cause for optimism. It suggests, at least in Poland and probably in several other of the advanced candidates for accession, that there is considerable capacity for adjustment. Successful companies will produce powerful demonstration effects. Investment, good management and appropriate corporate governance do not appear to face constraints of a more fundamental nature (such as would be a low general level of human capital).

Meeting EU directives and policies

A tabular overview of EU regulation and policies and a qualitative assessment of their impact on the accession candidates is presented in Annex 1. The investment requirements of compliance with EU process directives related to the environment would appear to be particularly great, including water and waste water treatment, emission standards and solid waste disposal. Municipal utilities, power generation, the chemical sector and ferrous and non-ferrous metallurgy will account for the majority of these investments. Infrastructure requirements to deepen market integration (Trans-European Networks – TENs), particularly in the transport sectors, are also likely to be significant.

These requirements must be seen before the background of considerable dilapidation in infrastructure since the second half of the 1980s. In part this dilapidation reflects years of underinvestment associated with the fiscal challenges of economic stabilisation. Structures have often been driven well beyond their economic life, a strategy that is clearly bounded in time. Furthermore, investment patterns and technologies under central planning were often inconsistent with the needs of a modern market economy and the environmental practices they incorporated were very damaging.

Many of these investments will probably have to be stretched over a period going well beyond the formal date of accession. However, directives that underpin the functioning of the single market, e.g. product standards in food processing and transport services, will almost certainly have to be met in a much tighter time frame. Transition periods in this area are likely to be much harder to negotiate. This will place a great burden e.g. on the agricultural sector, especially in Poland. Programmes to upgrade, for instance, standards in the dairy industry are still in their very earliest stages.

The investment cost of compliance with EU directives on the environment is among the few areas where numerical estimates, though subject to great uncertainty, have been attempted. Patterns and figures are heavily influenced by the assumed length of transition periods that will be negotiated by candidate countries. On an EBRD estimate, these investment requirements would total ECU 130 billion over 20 years for the ten accession candidates, with a majority of the investment "backloaded" into the later years of that period. Investment in TENs could, according to another estimate, reach Euro 50 billion over the period 1997–2002 and another Euro 40 billion for 2003–06.[6] Taken together, this would suggest medium-term annual investment of up to Euro 15 billion in the ten accession countries to meet these specific EU requirements. Note that aggregate fixed asset formation in the accession candidates was of the order of Euro 90 billion in 1998, and public infrastructure investment perhaps Euro 7–9 billion or 2–2.5% of GDP. A sustained ratio of twice that level or more would be highly unusual even by the standards of fast-growing emerging market economies such as in East Asia.

However, in estimating the effect of the *acquis communautaire,* it must be remembered that the associated countries are still several years away from accession. During this period a significant part of the capital stock in the public and private sectors will be renewed, with or without accession, and new investment can generally be expected to conform to the standards of the EU. The extent of the "additional" investment which is required to meet these standards is therefore very hard to identify but this consideration would point to estimates lower than the totals referred to above.

C. Challenges

Projections of aggregate investment in the pre-accession phase should be treated with great caution. Nevertheless, the discussion has identified several important sources of investment growth. A very significant rise in investment ratios in GDP in the leading accession candidates is not implausible. These investment trends

---

6 *A. Mayhew* and *W. Orlowski,* The impact of EU accession on enterprise adaptation and institutional development in the EU-associated countries in central and eastern Europe, mimeo, EBRD, September 1998

could significantly strain both the capacity of financial systems and macroeconomic stability. And private investment in a market economy is determined by private decisions and not by government fiat. Private investment on the scale implicit in the projections will require further improvements in the investment climate.

Savings

For sustainable growth, national savings rates should follow the upward trend of investment rates. However, on the available evidence, savings rates are not generally rising. This should not be surprising at this stage of the transition – transition and stability have delivered growth and this growth and its future prospects have generated the confidence to consume and invest. Low savings and rising investment are mirrored in the deterioration of external balances. As a result, the net foreign contribution to investment finance, currently around 15 – 20 per cent in the accession countries, may need temporarily to rise still further if the investment trends outlined above are to be sustained. An important source of such finance will be the EU pre-accession financing facilities which have been stocked up in the recent EU budget framework for 2000 – 06.[7] Over time, however, a key challenge for the transition economies in achieving long-term growth is to stimulate national savings. Forced savings, which have played a significant role in several East Asian experiences, are not an option for eastern Europe (e.g. in the form of limits on consumer and mortgage lending). Tax reform, fiscal prudence (operating surpluses) and social security reforms will be the most important components of an appropriate policy response.

Financial intermediation

The expected expansion in investment will also expose intermediation problems. Domestic banking systems remain shallow and both their capital base and their lending abilities will be heavily stretched to finance the predicted growth of investment. Only in the Czech and Slovak Republics and Croatia does the ratio of domestic credit to GDP approximate that of other emerging market economies in their respective income categories. Ratios in Poland and Slovenia, and particularly in the Baltic states and Romania, remain well below benchmark levels.[8]

---

7 For the years 2000 – 2002, financial resources earmarked by the EU (PHARE, ISPA and SAPARD programmes) and the EIB amount to Euro 21.2 billion for the 10 accession countries. A large share of the total would be available to finance investments (primarily in public infrastructure).

8 Available data for Bulgaria have been distorted by the bout of hyperinflation in 1996 – 97.

Apart from weaknesses identified above, the financial sector in even some of the most advanced countries remains burdened with large, state-controlled banks and insurance companies with substandard portfolios. Solvency problems in these banks, combined with their often dominant role in the market or sections of the market, have contributed to high real lending rates and large deposit/lending spreads. Some of the banks, such as housing and agricultural banks, have played a role in government social policy. Governments (partly for fiscal reasons) will be under increasing pressure to restructure and privatise the remaining financial institutions under state control. The acceleration of the time-table of Czech bank privatisation is one reflection of the urgency of these measures.

Reforms of the insurance business have lagged well behind those of the banking sector. As a result, several of the dominant state providers are technically insolvent and markets are seriously under-provided with insurance services. Insurance penetration[9] stands at 1 – 2% of GDP in the accession countries as against 6 – 7% in the OECD countries. The lack of sophistication of the non-bank financial sector more generally is also reflected in the lack of local-currency-denominated financial instruments of longer maturity (for which well-developed institutional investors such as pension funds and life insurance would offer a ready source of demand). The limited availability of investment vehicles oriented at retail savers contributes to weaknesses in the domestic intermediation of equity capital. The need to rely on internal cash-flow for enterprise investments, and increasing financial leverage, could act as a brake on the expected modernisation drive in industry. Underdeveloped markets for municipal and private infrastructure finance could conceivably force a significant recourse to the public purse, which sits uneasily with the need for fiscal prudence.

Deepening financial intermediation requires far more than privatisation. It requires the expectation of macroeconomic stability, a regulatory and supervisory framework that underpins confidence in financial institutions, and a healthy degree of competition to narrow margins and address user demands. The gradual fall in real interest rates that we have observed over the years in many of the accession countries probably reflects above all improving macroeconomic expectations. As is in the nature of institution-building, a strong regulatory framework will only emerge over time, but EU assistance and insistence will surely accelerate the process.

With respect to competition, two major developments are underway. On the one hand, the progressive opening of financial markets to competition from EU institutes; on the other, reforms to the pension systems, which hold the potential of generating far greater demand for government paper – thus lowering interest rates and bank margins. Most accession countries have implemented or are contemplating mandatory, privately managed, funded "pillars" in their pension systems. Pensions reform may also contribute to gradually changing the composition of savings sup-

[9] Premium income as a share of GDP.

ply towards longer maturities and more equity. This phenomenon is, however, unlikely to become a major factor in investment finance over the short- to medium term.

Private sector involvement in infrastructure

Investments in infrastructure on the scale identified above will probably surpass the financing capacity of the public sector. In fact, public finance constraints have been one motivation behind the opening, in all accession countries, of segments of the infrastructure to private sector involvement. There are obviously other important reasons, relating to cost, efficiency and flexibility, for promoting private sector participation in infrastructure (as developers, contractors, operators and / or financiers).

Appropriate and feasible solutions will vary across sectors, and it is realistic to assume that the public sector will continue carrying a large share of the financial and implementation burden. Enhancing the public sector's capacity in this regard is as much a challenge for the coming years as further reforms, e.g. of laws, tariffs and regulation, aimed at attracting greater private sector participation.

But given the tremendous investment pressures, in particular at the municipal level on which a large share of the burden of environmental harmonisation falls, it should be a priority within the pre-enlargement process to create conditions for the commercial financing of infrastructure. In most of the region, these conditions are still far from established. To limit the public sector's role as a borrower or guarantor governments can seek the limited entry of new private providers through various forms of public / private partnerships. This approach involves active private sector participation, usually as an operator and financier. Potential areas include independent power plants, toll roads, municipal services, ports and airports. The basis for this involvement is usually some type of concession. Alternatively, governments can opt for full privatisation of some public services (combined with effective regulation), certainly of telecoms but also of municipal utilities e.g. waste and water.

Short of private financing with no recourse to the public purse, it would be important to develop municipal debt-carrying capacity and functioning municipal debt markets. External support, e.g. by the international financial institutions, is particularly valuable in this area given the limited technical skills at municipal level. Also, corporatisation and commercialisation of publicly owned municipal utilities often lays the groundwork for private sector involvement at a later stage. In most countries there remains a need to set up a regulatory and legal framework governing central-local fiscal relations and the provision of municipal infrastructure that allows non-sovereign or private financing.

The investment climate

Several of the central European accession candidates have attracted large amounts of foreign investment and have raised the share of aggregate investment in GDP. Surveys still rank their investment climates (i.e. basic security over property rights, and a fair, stable and predictable tax, regulatory, legal and policy environment) well behind those of the average EU country. Nevertheless, investors have clearly taken an overall positive view. But south-eastern Europe – among the accession countries, Bulgaria and Romania – lags significantly behind in this respect. This judgement is reflected in the assessments of the local business community.[10] Throughout south-eastern Europe, the quality of the investment climate – especially relating to corruption and the interaction with the public administration – registers in the bottom half of the economies in transition. There is a perception of cronyism and unpredictability in the implementation of taxes and other acts of public administration. The burden is greatest for smaller businesses – this is similar to results for other transition economies. SMEs, the main motor of growth e.g. in Poland, are therefore stymied in their development and have been able to contribute far less to recovery in Bulgaria and Romania.

Given the large role that the private investor will be expected to play in readying the countries for accession, the investment climate should be a central policy concern. It is primarily a responsibility of governments, and a question of political resolve rather than of money. In the context of the Stability Pact for south-eastern Europe, however, models of external assistance and "joint discipline" among beneficiary countries are being developed that would be brought together in an "investment compact".

D. Conclusions

This presentation has provided a few perspectives on what is a vast area of analysis. It has developed the following arguments:

- Investment requirements in the pre-accession phase, whether to meet the *acquis communautaire* or to ensure competitiveness, will lead to a substantial increase over current investment levels.

- The conditions for financing this investment in a stable and sustainable manner must be improved, and there is the possibility of a trade-off between macroeconomic stability and a speedy accession.

- Four key areas require policy attention in order to support an investment surge:
  - national savings rates must be raised through careful tax and fiscal management and social security reforms;

- confidence in financial sectors must be improved, instruments diversified and competition increased in order to deepen financial intermediation;
- conditions must be created for the substantial involvement of private sources of finance in infrastructure development; and
- in south-eastern Europe, in particular, resolute action must be taken to improve the tax, legal and administrative climate for private investment, and especially for smaller businesses.

While this is a wide and ambitious agenda developments are already underway in most of these areas. However, there is a continuing need to maintain a sense of urgency at the political level.

The public and above all municipal sector is likely to face the greatest pressures and challenges, both in terms of the surge in its investment programmes and the little flexibility is has, at present, in financing them. Doubts about the private sector's capacity to adapt to the new competitive environment, assuming an appropriate investment climate and financial intermediation, should not be overblown. The accession countries have coped well with the repercussions of the Russian crisis, which represented a test of the EU- and market-orientation of their economies. And closer analysis of enterprises suggests that many are already well on their way to convergence with the EU.

Annex: Summary of impact assessment of EU regulation and policies on transition in the Associated Countries of Central Europe

Regulation or policy	Cost implications		Institutional costs	Sectors affected	Optimal adjustment policy	Foreign assistance
	For Enterprises	For state budget				
A. Regulation:						
1. Product-related internal market • New Approach • harmonisation	SMEs in some sectors will have problems adjusting to acquis	Passing legislation and information and advice for SME	Moderate cost of adapting institutions to legislation	All sectors, goods and services; food and drink, chemicals especially affected	Implementation at or before accession	Certain specific technical assistance; grant
2. Market economy regulation	Generally low; but intellectual property rights may be a major problem in some countries	Possibly positive through reduction in state aid.	Where AMOs already exist – low. Intellectual property enforcement and civil law problems (access to justice) a problem in some states	All sectors; intellectual property rights may raise costs in pharmaceuticals and various forms of publishing	Implementation; generally immediate; land ownership possible exception	Certain specific technical assistance; grant
3. Process-related						
• environment	Very high in some sectors	Very high	Very significant for some directives e.g. IPPC	Especially energy, mineral extraction, chemicals, metal industries, waste industries, paper and board and parts of the textile and agricultural industries.	'Big ticket' directives early preparation for later implementation; long transition periods of up to 15-20 years, back loaded	Grants and loans for environmental investment will accelerate implementation – EBRD, IBRD, EIB,EU, Private sector
• health and safety	Significant in some SMEs in the industrial sector and in certain office employment (cf. directive on use of dis- play screen equipment	Probably low costs	Some additional costs for health and safety inspectorates	Generally across economy; manufacturing, esp. chemicals, mineral working; construction industry	Some transition periods will be necessary together with information and advice for enterprises. Strong political pressure for early implementation	Loans to enterprises may have health and safety components

Regulation or policy	Cost implications		Institutional costs	Sectors affected	Optimal adjustment policy	Foreign assistance
	For Enterprises	For state budget				
B. Policies						
1. Common Agricultural Policy	Potentially significant for agriculture and the food and drink industry	Potentially very significant; depends on EU reform of CAP	Significant additional costs for supervision of agricultural acquis, market organisation and control	Food and drink; farming and certain manufacturing sectors	Maintain present policy until EU reform decided. Early implementation of veterinary and phyto-sanitary regulation	Agricultural structures improvement and rural development - SAPARD, EBRD, IBRD. TA for marketing and technical adaptation of agricultural regulation
2. Cohesion	None	Cofinancing required; some institutional costs	Urgent institutional preparation necessary	Positive impact on construction, utilities, enterprises undergoing restructuring etc	Rapid increase in absorption capacity through early institutional preparation	Pre-accession structural funds (ISPA)
3. Common commercial policy	Lower external tariff cuts costs for some enterprises and increases competition from third countries for others.	Reduction to zero of tariff revenues. Changes due to abolition of internal frontiers and financing of EU.	Institutional changes due to abolition of internal frontiers.	All sectors. Elimination of Commercial Defence Instruments particularly relevant to 'sensitive' sectors	On accession	Support for training of customs personnel and customs infra-structure
4. Transport and infra-structure (TENs)	Increased regulation for domestic transport; but more competition on domestic markets	transport infra-structure investment will be very substantial	Some increase in inspection requirements	Directly transport and construction sectors; indirectly other sectors	Transport acquis on accession; infra-structure spending phased over long-term	Speed of infra-structure development will depend partly on availability of foreign capital (EBRD, IBRD,EIB,EU and private sector)
5. CFSP and 'third pillar' policies	Insignificant	Frontier control will create additional costs	Significant changes in institutions controlling frontiers, judiciary etc.	Few direct effects	Adapt to EU policy as it evolves	Technical assistance and some hard investment at frontiers

Source: A. Mayhew and *W. Orlowski,* The impact of EU accession on enterprise adaptation and institutional development in the EU-associated countries in central and eastern Europe, mimeo, EBRD, September 1998

Welche Reformen der EU erzwingt die Osterweiterung?

Von *Alfred Steinherr*, Luxemburg*

A. Einleitung

Die amerikanische Presse vermittelt den Eindruck, daß Europa durch Bürokratie, starre Regeln und politische Uneinigkeit in Lethargie erstarrt. Dabei wird übersehen, daß Europa wie keine andere Region der Welt in den vergangenen 15 Jahren neue Strukturen und Institutionen geschaffen hat – einen kontinentalen Markt mit einer Währung. Die Vollendung des Binnenmarkts und die Währungsunion, die einen freien Kapitalverkehr und einen integrierten Finanzmarkt mit sich gebracht haben, die deutsche Einheit, die Erweiterung von 12 auf 15 Mitgliedsländer, die Vorbereitung auf die Osterweiterung: Europa ein entfesselter Prometheus? Wie groß diese Erfolge sind wird deutlich, wenn man als Vergleich die jahrzehntelange Diskussion über die Aufhebung des Glass-Steagall-Acts in den Vereinigten Staaten zugrunde legt. Ob Nafta, Mercosur oder Asean: alle regionalen Projekte außerhalb Europas sind in einem doch viel bescheideneren Rahmen steckengeblieben.

Europa hat Großes geleistet. Daß die EU reformbedürftig ist, bestreitet jedoch niemand. Die Gemeinschaft ist bislang daran gescheitert, die institutionellen Reformen durchzuführen, die notwendig sind, um ihre Effektivität zu steigern. Zuletzt hat dies der Gipfel von Amsterdam gezeigt, dessen Beschlüsse weit hinter den Erwartungen zurückgeblieben sind. Die Intergouvernementale Konferenz nimmt einen neuen Anlauf im Jahr 2000.

Ein mittelgroßes Unternehmen, das sich zu einem internationalen Konzern entwickelt hat, muß seine Organisations- und Entscheidungsstruktur verändern. Es muß sich ständig die Frage stellen, worin seine „core activities" bestehen und sich darauf konzentrieren. Die Gemeinschaft muß sich der gleichen Prüfung unterziehen.

Im folgenden werde ich nicht auf zu erwartende Reformen eingehen, sondern normative Betrachtungen anstellen. Wenn das Ziel attraktiv ist, werden auch Wege gefunden, es zu erreichen.

---

* Generaldirektor und Chefökonom, Europäische Investitionsbank, Luxemburg. Die in diesem Vortrag vertretenen Meinungen sind die des Autors und nicht seines Arbeitgebers. Für wertvolle Anregungen bedanke ich mich bei meiner Kollegin, Frau Margarethe Quehenberger.

B. Die Besonderheit der Osterweiterung

Die Osterweiterung wirft keine neuen theoretischen Fragen für die ökonomische Integrationstheorie auf. Das Besondere besteht in der großen Kluft zwischen dem Entwicklungsstand der Gemeinschaft und der Beitrittsländer. Diese Schwierigkeit hat die Gemeinschaft aber schon in Einzelfällen gemeistert mit dem Beitritt von Irland 1973, Griechenland 1981 und Spanien / Portugal 1985. Die Herausforderung in der Osterweiterung besteht darin, daß zehn und langfristig fast zwanzig Länder vor den Pforten stehen. Die EU-15 ist eine wohlhabende Gemeinschaft, wenn auch mit großen Unterschieden. Was für eine Gemeinschaft würde eine EU-25 oder EU-30 sein? Wäre ihre Heterogenität zu bewältigen? Welcher Sinn bliebe für eine „Gemeinschaft"?

Weit über institutionelle Reformen hinausgehend provoziert die Osterweiterung Fragen zum europäischen Einigungsprozess. Welche Integrationsziele werden im wirtschaftlichen Bereich angestrebt und welche Aufgaben übernommen? Ist das, was auf EU-Ebene gemacht wird in Einklang mit dem, was dem Integrationsprozess als wirtschaftliches Rationale zugrundegelegt wird?

Die Osterweiterung nährt die Reformdebatte, weil alle osteuropäischen Betrittskandidaten deutlich unter dem wirtschaftlichen Entwicklungsstand der EU-15 liegen, und daher die ökonomische Kosten-Nutzenrechnung für die EU negativ ausfällt. Dies vor allem, weil der Verkehr von Gütern und Dienstleistungen zwischen der EU und den Beitrittswerbern schon jetzt weitgehend liberalisiert ist, und der Kapitalverkehr nur mehr geringen Beschränkungen unterliegt. Der Nutzen für die EU-15 ist verschwindend gering. Die Kosten sind zwar beschränkt in Relation zum BIP der EU, aber sie können beträchtlich sein in Bezug zum EU Budget, da die Beitrittskandidaten ausschließlich Nettoempfänger sein werden – von den steigenden Ineffizienzen innerhalb eines schon jetzt überforderten institutionellen Rahmens ganz zu schweigen.

Die budgetären Kosten werden vor allem durch das große Wohlstandsgefälle zwischen der EU-15 und den Beitrittsländern verursacht und konzentrieren sich auf zwei Gemeinschaftsinstrumente: die Gemeinsame Agrarpolitik (GAP) und die Strukturbeihilfen. Bei einer einfachen Ausdehnung der jetzigen EU-Politiken müßten die EU Budgetmittel um fast 100% erhöht werden. Die neuen Mitglieder würden jährlich bis zu 30% ihres BIP in Form von EU Transferzahlungen bekommen (Gros und Steinherrr, 1995).

Für die Beitrittsländer ist die EU-Mitgliedschaft aus Gründen attraktiv, die nicht nur in Netto-Finanztransfers messbar sind. Sie wird den politischen und wirtschaftlichen Reformprozess beschleunigen und gewährt den Staaten sofort den gesicherten rechtlichen und institutionellen EU-Rahmen und volle, gleichberechtigte politische Mitbestimmung in allen EU-Gremien. Selbst ohne Transferzahlungen wäre die Mitgliedschaft attraktiv, und dies sollte in der EU-Erweiterungsstrategie berücksichtigt werden.

Die Integrationstheorie geht davon aus, daß jene Länder, deren wirtschaftliche Entwicklung am weitesten unter dem EU-Niveau liegt, die höchsten Integrationsgewinne erwarten können, auch wenn diese mit relativ höheren strukturellen Anpassungskosten verbunden sind. So war es z. B. für Italien ungleich schwieriger, die Voraussetzungen für die Aufnahme in die Wirtschafts- und Währungsunion zu schaffen, als für Deutschland. Gleichzeitig wurden diese Anstrengungen durch Gewinnung von Preisstabilität, niedrigeren Zinsen und den Erwerb einer internationalen Währung viel stärker belohnt. Trotzdem hat die Gemeinschaft bei jedem Integrationsschritt Kompensationszahlungen für die Strukturanpassung erfunden. Reformbedarf auch hier.

Die heutigen Unionsgrenzen sind aus einer politischen Dynamik entstanden, und auch bei der Osterweiterung dominieren politische Überlegungen, wie der Zeitplan und die Festlegung des Kandidatenkreises zeigen. Mit den Kopenhagen-Kriterien hat die Union zwar versucht, „objektive" Aufnahmekriterien festzulegen. Dennoch ist schon jetzt klar, daß die Erweiterung nicht von der vollständigen Erfüllung dieser Kriterien abhängen wird. Mit Ausnahmeregeln und Übergangsfristen wird ein Kompromiss gesucht werden zwischen dem politisch Gewünschten – einem möglichst raschen Beitritt möglichst vieler – und dem wirtschaftlich Möglichen bzw. den Reformschwächen der EU und der Beitrittskandidaten.

C. Integrationsziele und Aufgaben

Der Staatengemeinschaft ist es gelungen, sich innerhalb von 40 Jahren von einer Zollunion zu einer Wirtschafts- und Währungsunion zu entwickeln. Integrierte Märkte und der europäische Währungsraum schaffen optimale Rahmenbedingungen für dynamisches Wachstum bei stabilen Preisen. Dieses Potential kann aber nur dann voll ausgeschöpft werden, wenn die Marktprozesse sich entfalten können, und die politischen Entscheidungen den Erfordernissen der globalen Wirtschaft angepasst werden.

Die Förderung einer ausgewogenen Wirtschaftsentwicklung war in den Gründungsverträgen nur sehr vage angesprochen, von einer gezielten Einkommensumverteilung zwischen Mitgliedstaaten oder Regionen war nicht die Rede. Nach und nach hat die EG allerdings aus politischen Gründen Instrumente eingeführt, die die Einkommen zwischen Regionen und Staaten angleichen sollten (*Bollen,* 1997): 1975 den Regionalfonds im Gefolge des Beitritts von Großbritannien, Irland und Dänemark; 1988 wurden mit der Süderweiterung und dem Binnenmarktprogramm die Strukturfondsmittel verdoppelt; 1992 kam es zu einer weiteren Verdoppelung: die Schaffung des Kohäsionsfonds 1993 war ein in den Maastricht Vertrag aufgenommenes Zugeständnis an Spanien, Portugal, Irland und Griechenland, um ihnen die Vorbereitung auf die Währungsunion zu erleichtern[1]. Im Vertrag von Maastricht wurde schließlich die Stärkung der wirtschaftlichen und sozialen Kohäsion explizit in den Zielkatalog der Europäischen Union aufgenommen.

Einkommensumverteilung zwischen Staaten und Regionen durch dauerhafte Transferleistungen – so wie sie in Nationalstaaten geschieht – kann und soll durch das EU-Budget nicht geleistet werden. Sie soll weder in Form eines EU-weiten Finanzausgleichs, wie er anlässlich der Einführung des Euro immer wieder gefordert wurde, noch in der gegenwärtigen Form der Strukturfonds stattfinden. Die nationalen Budgets bzw. die automatischen Stabilisatoren auf der Ebene der Mitgliedstaaten sichern schon jetzt zumindest jenes Maß an Stabilisierung wie der US-Haushalt – ein Argument (siehe z. B. *Giovannini,* 1992), das mittlerweile weite Akzeptanz findet.

Der Beitrag der Strukturfondsmittel zur Konvergenz der Regionen ist bislang nicht bestätigt worden. Zweifel an ihrer Effektivität werden nicht nur dadurch genährt, daß vergleichbare Regionen, die vergleichbare Förderäquivalente erhalten haben, sich völlig unterschiedlich entwickeln. Selbst die EU-Kommission kommt im Rahmen einer Evaluierung des Binnenmarktprogramms zu dem Schluss, daß die Strukturfondsmittel keinen signifikanten Beitrag zur Konvergenz der Regionen leisten (*European Economy,* 1996)[2]. Die vielen Probleme, die in den Strukturfondsinstrumenten schon konzeptionell angelegt sind, seien nur stichwortartig angeführt: Das Gebot der Additionalität, das die Empfängerstaaten zur Ko-Finanzierung verpflichtet, führt zu einer meist unerwünschten Erhöhung der öffentlichen Verschuldung und einer Verzerrung ihrer Struktur[3]; die engen Gebietsabgrenzungen provozieren manchmal absurde allokative Verzerrungen; und die dominierende Rolle der nationalen bzw. regionalen und lokalen Verwaltungen macht es unmöglich, die Qualität der Mittelverwendung sicherzustellen (*Hooge,* 1996).

Im übrigen hat eine zeitlich unbegrenzte Subventionspolitik noch keinem Land zu effizienteren Strukturen verholfen. Einkommensumverteilung in der EU ist immer damit begründet worden, daß die Anpassung strukturell benachteiligter Staaten bzw. Regionen an den gemeinschaftlichen Markt schwierig und kostenintensiv ist. Dabei wird vergessen, daß der potentielle Gewinn gerade für diese am größten ist (siehe oben).

---

1 Die Strukturfondsmittel wurden innerhalb von 10 Jahren vervierfacht: Anstieg von 6,4 Mrd. EURO 1988 EG-12 auf 28,6 Mrd. EURO 1998 EU-15; (Angaben zu laufenden Preisen; Europäische Kommission).

2 "... taking into account differences between Member States, the speed of convergence of the regions is broadly similar. The question here is to what extent convergence is due to the Single Market Programme or to structural funds support ... Econometric analysis shows that variances in structural fund spending per capita did not have a significant effect on regional growth variations." in: European Economy, 1996, No 4, p. 11)

3 Die Nachteile gebundener Finanztransfers sind aus der Literatur bekannt.

Vertretbar sind ein risk-sharing zur Bewältigung von asymmetrischen Schocks[4] und zeitlich streng begrenzte Beihilfen zur Umsetzung von EU-Politiken. Bei dauerhaften Beihilfen etwa zur Aufrechterhaltung von Industriezweigen die ihre internationale Wettbewerbsfähigkeit verloren haben (z. B. Stahl) ist die Gefahr groß, daß sie die Strukturanpassung verhindern und mittelfristig ein Entwicklungshemmnis darstellen.

Viele Probleme könnten vermieden werden – in der EU, bei den Erweiterungsverhandlungen und auf Seiten der Beitrittskandidaten – wenn die Strukturfonds durch Kredite zu Marktbedingungen (wenn nicht anders möglich mit geringen Zinssubventionen) ersetzt würden. Diese Aufgabe könnte der Europäischen Investitionsbank (EIB) übertragen werden, die Erfahrung in der Finanzierung von Investitionsprojekten besitzt.

Daß die enorme Steigerung der Strukturfondsmittel vor allem politisch motiviert ist, wird noch klarer, wenn man die Agenda 2000, d. h. die Antwort der EU auf die finanzpolitische Herausforderung der Erweiterung, analysiert. Um die gegenwärtigen EU-Mitglieder (auch politisch) nicht zu überfordern, wurde für die Jahre 2000–2006 ein unveränderter Ausgabenrahmen von 1,27% des EU-BIP festgelegt. Ein Plafonds von 4% des BIP pro Mitgliedstaat soll den Zufluss von Strukturfondsmitteln beschränken. Die Strukturfonds sollen weiterhin gut ein Drittel des EU-Budgets (0.46% des EU-BIP) ausmachen. Mit diesen Vorgaben ist der Spielraum für die Agrarausgaben begrenzt. Da die Einbeziehung der neuen Mitglieder in das Preisausgleichssystem der GAP automatisch zu einem Einkommensgewinn für die Landwirtschaft in den Beitrittsländern führen wird, werden die neuen Mitglieder bei den Direktzahlungen zurückstehen müssen. Mittelfristig hofft man wohl auch auf EU-Seite, daß im Einklang mit den WTO-Verhandlungsfortschritten die Interventionspreise weiter sinken, Direktzahlungen zunehmen, insgesamt geringere Agrarausgaben anfallen und irgendwann die Reform soweit gediehen ist, daß auch in einer erweiterten EU eine einheitliche Umsetzung der GAP möglich ist.

Die Agenda 2000 zeigt klar, daß die wirtschaftlichen Grundprinzipien der Kohäsionspolitik – die Mittel sollen den Regionen zugute kommen, die die geringsten Einkommen haben – auf den Kopf gestellt werden, wenn dies politisch durchsetzbar ist. Die in Berlin gefassten Beschlüsse zur Agenda 2000 sehen vor, daß die gegenwärtigen Mitgliedstaaten zwischen 2000–2006 rund fünf mal so viel an Strukturbeihilfen erhalten wie die neuen Mitgliedstaaten (213 010 Mrd Euro versus 46 860 Mrd Euro, Amtsblatt der Europäischen Gemeinschaften, 1999)[5]. Im Zusammenhang mit der Osterweiterung verfolgt die EU bei den Strukturbeihilfen offensichtlich nur allokative Ziele, weil sie Umverteilung für nicht finanzierbar hält. Es

---

4 Dabei ist davon auszugehen, daß die Wahrscheinlichkeit asymmetrischer Schocks in der Europäischen Wirtschafts- und Währungsunion abnimmt. (European Economy, No 44, 1990 and No 53, 1993)

5 Die Finanzperspektiven gehen dabei von der Annahme aus, daß 2002 die ersten Beitritte erfolgen.

ist das Eingeständnis der EU, daß ihre Strukturpolitik voller Widersprüche und ökonomisch nicht zu rechtfertigen ist. Die Agenda 2000 ist ein Beleg dafür, daß die Osterweiterung Reformen erzwingt, die schon jetzt überfällig sind, und die aus wirtschaftlicher Sicht viel weiter gehen müssten. Eine drastische Kürzung der Strukturfondsmittel ist ebenso geboten, wie eine Radikalreform der GAP.

Durch den Abbau der GAP und der Strukturfonds würde auch einer breiteren Öffentlichkeit klarer, daß die EU ihre Daseinsberechtigung nicht von der Einkommensumverteilung im Rahmen des EU-Budgets ableitet. Die Existenz der Gemeinschaft rechtfertigt sich durch die Wohlstandsgewinne, die ein integrierter Wirtschaftsraum sichert, aus einem einheitlichen Rechtsrahmen verbunden mit einer überstaatlichen Gerichtsbarkeit und dem langfristigen Ziel der politischen Integration. Im Zuge der Vorbereitung auf die Wirtschafts- und Währungsunion hat sich die EU mehr und mehr von dirigistischen Marktregulierungen abgewandt. Die historische Hypothek einer zu Beginn der EU stärker verfochtenen Marktregulierung sollte konsequenterweise abgebaut werden. Die EU würde gestärkt und mit weniger internen Konflikten beladen aus diesem Reformprozess hervorgehen. Eine klarere Definition und Umsetzung der Integrationsziele der EU könnte die Akzeptanz der Union innerhalb und außerhalb der Gemeinschaft erhöhen.

Diese Argumente werden in Graphik 1 verdeutlicht. Die Koordinatenachse mißt die Kosten und den Gewinn der Integration. Dabei wird angenommen, daß die Grenzkosten mit der Anzahl der Mitglieder steigen, die Grenzerträge aber ab einer gewissen Mitgliedschaft abnehmen. Für eine detailliertere Ausführung siehe Gros und Steinherr (1995, S. 507–509). Bei gegebenen institutionellen Aufgaben ist die optimale EU-Mitgliedschaft M*, geringer als Mo (die EU-15). Diese Annahme, daß die EU-15 bereits die optimale Unionsgrösse überschritten hat, stützt sich auf die Tatsache, daß z. B. einige Mitgliedsländer an der Währungsunion entweder nicht teilnehmen wollen (ihre Kosten-Nutzen-Analyse fiel negativ aus) oder durften (die Kosten-Nutzen-Analyse der Gemeinschaft fiel negativ aus). Unter diesen Voraussetzungen kann eine zusätzliche Erweiterung nur ökonomisch gerechtfertigt werden, wenn entweder durch Reformen die Grenznutzenfunktion (MB) nach oben oder die Grenzkostenfunktion (MC) nach unten verlagert werden kann. Beides stellt Reformanforderungen an die Beitrittsländer und an die Gemeinschaft.

D. Aufgabenbereinigung

Die Aufgabenverteilung zwischen den verschiedenen Entscheidungsebenen in der Europäischen Union sollte durchforstet und in vielen Bereichen neu geregelt werden. Die Zuordnung und Wahrnehmung von Kompetenzen für Regulierungsfunktionen, Ausgaben und Besteuerung bzw. die Harmonisierung von Steuern ist unter ökonomischen Gesichtspunkten oft nicht zu rechtfertigen. Die Grundsätze des Fiscal Federalism sind zwar im Zusammenhang mit der EU nur bedingt an-

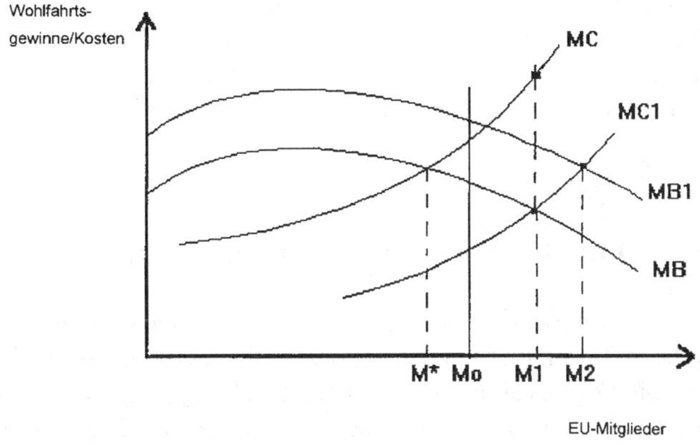

Graphik 1

wendbar (*Walsh* und *Petchey,* 1993)[6]. Dennoch liefert die Fiscal Federalism Literatur gute Ansatzpunkte, die Kompetenzverteilung in der EU zu rationalisieren.

Aufgaben, die nicht mit nationalen spillover-Effekten oder steigenden Skalenerträgen verbunden sind, sollten grundsätzlich nicht auf EU-Ebene angesiedelt werden. Unter diesem Gesichtspunkt ist z. B. die europäische Forschungspolitik völlig überdimensioniert. Ist es sinnvoll, auf EU-Ebene eine Politik zur Unterstützung von kleineren und mittleren Unternehmen zu betreiben? Muß Europa ein gemeinsames Jagdrecht haben? Selbst in Bereichen, mit denen sich die EU beschäftigen sollte, eilt der Eifer oft der Vernunft voraus. Steuerharmonisierung ist dort sinnvoll, wo der Steuerzahler oder die Steuerbasis mobil ist, aber Harmonisierung auch für nicht handelbare Güter? Und warum sollte ein Wettbewerb auf diesem Gebiet nur schaden? Der Verordnungs- und Steuerwettbewerb kann ein nützliches Gegengewicht zu marktunfreundlichen politischen Tendenzen bilden. Ebenso sprechen die heterogenen regionalen Präferenzen für ein Minimum an Harmonisierung auf EU-Ebene.

Es ist nicht sinnvoll, daß Aufgaben, die der Gemeinschaft übertragen wurden, in den Mitgliedstaaten unverändert weiterverfolgt werden. Dies zeigt sich etwa in der

---

6 Die Fiscal Federalism Literatur beschäftigt sich vor allem mit der Frage, in welchen Fällen Aufgaben dezentralisiert werden sollen, die zunächst von einer mit allen Entscheidungskompetenzen legitimierten Zentralregierung wahrgenommen werden. Im Zusammenhang mit der EU stellt sich hingegen die Frage, warum die von den Mitgliedstaaten bzw. ihren regionalen oder lokalen Gebietskörperschaften wahrgenommenen Aufgaben auf EU-Ebene angesiedelt werden sollen, wobei die zentrale Ebene über keine vergleichsweise effizienten Entscheidungsstrukturen verfügt, die Präferenzen innerhalb der EU oft sehr heterogen sind, etc. Koordinierungsprobleme, Fragen der administrativen Effizienz, Signalling und Mobilitätskosten spielen vielfach eine wesentlich andere Rolle als bei Dezentralisierungsdiskussionen wie sie typischerweise im Zusammenhang mit Nationalstaaten geführt werden. (*Walsh* and *Petchey,* 1993)

Entwicklungspolitik, wo die von nationalen Interessen und Traditionenen geprägte nationale Entwicklungspolitik nicht selten die gemeinschaftliche konterkariert. In anderen Bereichen, wie etwa der Wettbewerbspolitik, haben nationale Interessensvertreter immer noch nicht erkennen wollen, daß der einzig relevante Markt der europäische ist.

E. Entscheidungs- und Organisationsstruktur

Die überfällige Reform der Entscheidungs- und Organisationsstruktur der EU findet ebenfalls im Spannungsfeld von nationalen Interessen und Gemeinschaftsinteressen statt. Die Organisationsform der EU ist ein Kompromiss, der keinen Anspruch auf Optimalität erhebt. Aber je mehr die EU sich ausdehnt, desto schwerfälliger wird die Organisation und der Entscheidungsprozess. Vordringlich ist eine Verringerung der offiziellen Sprachen auf eine Arbeitssprache. (In der EIB sind es zwei.) Ein Drittel des Stabes der EU ist mit Übersetzungsaufgaben beschäftigt, und oft sind die Resultate so, daß das Original doch angefordert werden muß. Übersetzungen sollten daher, wenn erwünscht, von den nationalen Verwaltungen vorgenommen werden.

Die derzeitige Diskussion über die gewünschte Vereinfachung der Entscheidungsstruktur geht in die richtige Richtung: Verkleinerung der Kommission verbunden mit einer Änderung der Stimmengewichtung im Rat; mehr Mehrheitsentscheidungen auf Ratsebene. Die Zahl der Kommissare sollte aber jedenfalls stark verkleinert werden: große Mitgliedstaaten sollten einen Kommissar stellen können, kleinere Länder bilden Stimmrechtsgruppen und ernennen einen Kommissar im Rotationsprinzip. Die EIB kann als Modell dienen. Wichtig ist, daß diese Reformen auch mit einer grundlegenden internen Reorganisation der Kommission einhergehen: Weitere Stärkung des Kommissionspräsidiums, keine „nationalen Erbhöfe“ mehr bei den Generaldirektionen, Rotationsverpflichtungen, Änderungen bei der Besetzungs- und Rekrutierungspolitik.

Jede radikale Reform wird natürlich durch die mangelnde Bereitschaft der Mitgliedstaaten verhindert, eine föderale Struktur zu akzeptieren – ein Umstand, für den es keine Lösung gibt. Eine radikale Stärkung von Gemeinschaftsinteressen zulasten von nationalen Interessen im EU-Entscheidungsprozess könnte in eine Richtung gehen, die im übrigen auch die EU-Kommission unter expliziter Bezugnahme auf die Osterweiterung angesprochen hat (European Economy, 1993): Ersatz der Kommission durch eine genuine europäische Regierung, die vom Parlament anstelle der Mitgliedstaaten ernannt wird. Dem müsste natürlich eine substantielle Stärkung der politischen Rolle und Legitimität des Europäischen Parlaments vorausgehen. Das intergouvernementale Element, das der Ministerrat heute repräsentiert, und das die Bürger gerade in einem erweiterten und damit heterogeneren Europa sehen wollen, könnte durch die Schaffung einer zweiten Kammer („Senatskammer“) im Europäischen Parlament repräsentiert werden.

F. Die optimale Ausdehnung der EU

Obwohl diese Frage in erster Linie nach politischen Gesichtspunkten entschieden werden wird, ist es hilfreich, ihr einen ökonomischen Sinn zu geben. Die Antwort wird dabei in der Regel auf der Ebene der Beitrittsländer gesucht und die Kopenhagen-Kriterien, anhand derer die „Beitrittsreife" der Kandidaten bewertet wird, sind Ausdruck dieser Herangehensweise. Obwohl diese Dimension wichtig ist, hängt meiner Meinung nach die Antwort auf die Frage nach der optimalen geographischen Ausdehnung der EU in erster Linie von der Aufgabenstellung und Organisation der EU ab. Die optimale Ausdehnung einer Freihandelszone ist die Welt. Geographische Beschränkungen für die EU müssen daher von den zusätzlichen Vertiefungsschritten und Aufgaben abgeleitet werden – dies vor dem Hintergrund des Prinzips, daß der acquis communautaire in allen Mitgliedstaaten umzusetzen ist (was für Nachzügler nicht immer optimal ist). Die optimale Größe der EU schrumpft, je mehr Verantwortung sie übernimmt. Umgekehrt: Sollte es gelingen, die Umverteilungsfunktion einzuschränken und die GAP abzubauen, würde die optimale Dimension bereits stark erweitert werden. Eine an den Überlegungen des fiscal federalism orientierte weitere Aufgabenbereinigung sowie effizientere Entscheidungs- und Organisationsstrukturen würden das Erweiterungspotential der EU noch erhöhen.

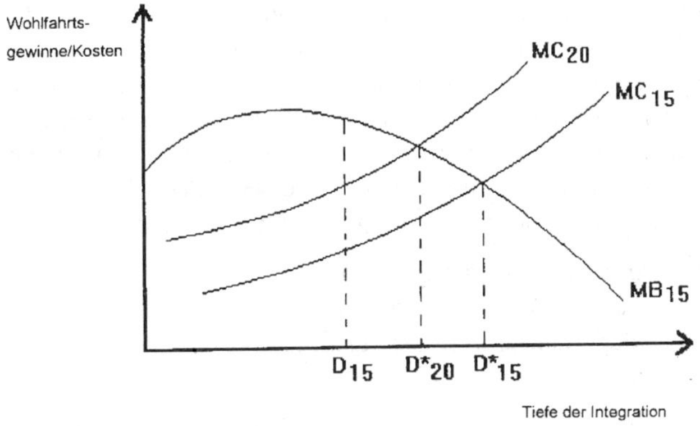

Graphik 2

In Graphik 2 mißt die Abszissenachse das Ausmaß (Tiefe) der Integration, z. B. mit oder ohne Währungsunion. Vertiefung der Integration erfordert Kompromisse d. h. Kosten. Die Kurve M15 stellt die Grenzkosten für die EU-15 dar; die Kurve MC20 die Kosten für eine auf 20 Mitglieder erweiterte Gemeinschaft. Der Wohlfahrtsgewinn einer Währungsunion mit zusätzlichen fünf osteuropäischen Ländern ist vermutlich gering. Das kommt in der unveränderten MB15-Kurve zum Ausbruch. Die optimale Integrationstiefe verringert sich daher von D*15 auf D*20. Wenn die bestehende Integration, wie in Graphik 2 angenommen, bei D15 sich befindet, besteht immer noch Integrationsbedarf. Wenn aber D15 rechts vor D*20 angesiedelt ist, besteht die Gefahr eines internen Konflikts.

G. Schlußbemerkung

Die Osterweiterung erfordert ein Überdenken der Integrationsziele und eine Beschränkung auf die in der Wirtschafts- und Währungsunion angelegten Kernaufgaben bei gleichzeitiger Rückführung der GAP und der Strukturbeihilfen, eine Aufgabenbereinigung und eine grundlegende Reform der Entscheidungs- und Organisationsstruktur der EU-Institutionen. Je erfolgreicher die EU sich in dieser Richtung selbst reformiert, desto mehr Erfolg kann die Osterweiterung versprechen. Die „Beitrittsreife" der Kandidatenländer ist die andere Seite dieser Medaille, wenn auch die EU selbst den wichtigsten Beitrag zu leisten hat. Effiziente Erweiterungsverhandlungen setzen präzis formulierte Beitrittskriterien voraus – die Kopenhagen-Kriterien gehen hier nicht weit genug. Die Prüfung, ob sie von den Kandidatenländern erfüllt werden oder nicht, sollte einem möglichst transparenten Prozess folgen.

Abgesehen von einem Beitritt Rußlands, der Ukraine und der Türkei, würde die Mitgliedschaft keines einzelnen europäischen Landes die Gemeinschaft vor eine nicht bewältigbare Aufgabe stellen. Das Problem besteht in der Vielzahl von strukturschwachen, kaufkraftarmen und politisch nicht gefestigten Beitrittskandidaten. Wie funktionsfähig wäre eine Gemeinschaft, die über Zentraleuropa hinaus die kleinen baltischen wie die mittelgroßen südosteuropäischen Länder, die zahlreichen Erbstaaten Jugoslawiens, Albanien und zwei Mittelmeerinselstaaten umfaßt? Und, worüber niemand nachdenken will: quid Rußland, Ukraine, Türkei?

Ist die These wirklich glaubwürdig, daß die Natur, der Elan und die Effektivität der Gemeinschaft unter einer mehr als marginalen Osterweiterung nicht leiden würde? Daß der Integrationsprozeß von der Erweiterung nicht beeinträchtigt würde?

Die Gefahr einer politischen Weichenstellung vor einer gründlichen und umfassenden Analyse und Reform ist groß. Schwierigkeiten können auch mit „variablen Geschwindigkeiten" nicht überwunden werden, ohne den Zusammenhalt der Gemeinschaft empfindlich zu stören.

Die in diesem Papier suggerierten Ansatzpunkte für eine Strategie der Osterweiterung sind folgende (sie verdienen umso mehr Beachtung je größer die Erweiterung ausfällt):

- die Osterweiterung kann politisch gut begründet werden, bringt aber der Gemeinschaft keine nennenswerten ökonomischen Gewinne;

- tiefgreifende Reformen in der Gemeinschaft sind ein sine qua non einer funktionsfähigen erweiterten Gemeinschaft;

- aber selbst dann wird die Erweiterung eine weitere Vertiefung der Gemeinschaft erschweren, und die gleiche Teilnahme aller Mitgliedstaaten an bereits erfolgten Vertiefungsschritten auf einen immer kleineren Kreis beschränken. Die Entwicklung der Gemeinschaft zu einem föderalen Europa würde durch eine „große" Osterweiterung verlangsamt, wenn nicht unmöglich gemacht;

- die Risiken und Kosten sind also beträchtlich. Um diese zu vermindern, und nicht gleichzeitig unfinanzierbare Umverteilungsansprüche zu provozieren, sollte die EU den Beitritt auf Länder beschränken, deren Kaufkraftparität nicht mehr als z. B. 30% vom EU-Durchschnitt abweicht. Dies vor allem, weil politische und strukturelle Indikatoren mit dem BIP positiv korreliert sind.

Den Beitrittskandidaten wiederum wäre mit möglichst klaren „Klubregeln" am meisten geholfen, die jeglichen Verdacht auf Diskriminierung aufheben würden. Der Anpassungsprozess in der Warteschleife hätte eine klare Orientierung und könnte einem selbstgesteckten Zeitplan folgen. Das gäbe den Entscheidungsträgern in den Beitrittsländern bei der Umsetzung von Reformen stärkeren Rückhalt und erhöhte internationale Glaubwürdigkeit. Dies wäre meines Erachtens eine akzeptable Erweiterungsstrategie für die Balkanländer wie auch für die Türkei, selbst bei anspruchsvollen bis harten Aufnahmebedingungen.

Literatur

Amtsblatt der Europäischen Gemeinschaften (1999), C172, 18 June

Bollen, F. (1997) Cohesion Policy in an Ever Larger Union, in: EIPASCOPE 3/1997, pp. 19–23.

European Commission (1997) Agenda 2000. For a Stronger and Wider Union, Bulletin of the European Union, Supplement 5/97.

– (1999) Reform of the Structural Funds 2000–2006 – Comparative Analysis, DG XVI.

European Economy (1993) Stable Money- Sound Finances, No 53.

– (1996) Economic Evaluation of the Internal Market, No 4.

Giovannini, A. (1992) ‚Discussion' of the chapter written by Sala-I-Martin, X. and Sachs, J. in: Canozoneri, M. B. et al. (eds.): Establishing a Central Bank: issues in Europe and lessons from the US, Cambridge, pp. 222–227.

Gros, D./*Steinherr,* A. (1995) Winds of Change – Economic Reforms in Central and Eastern Europe, Longman, London.

Hooge, L. (ed.) (1996) Cohesion Policy and European Integration: Building Multi-Level Governance, Oxford University Press.

Walsh, C. / *Petchey,* J (1993) Fiscal Federalism: an overview of issues and a discussion of their relevance to the European Community, in: „The Economics of Community Public Finance", European Economy, Reports and Studies, No 5 – 1993.

Thünen-Vorlesung: Eingeschränkte Rationalität und ökonomische Motivation

Von *Reinhard Selten*, Bonn

A. Einleitung

Das in der Wirtschaftstheorie zur Zeit noch vorherrschende Bild des ökonomischen Verhaltens ist der *homo oeconomicus*, dessen kennzeichnende Eigenschaften stichwortartig wie folgt umrissen werden können:

1. Selbstzentrierte Motivation:
Unternehmen maximieren ihren eigenen Gewinn.
Haushalte maximieren ihren eigenen Nutzen.

2. Volle Rationalität:
unbegrenzte kognitive Fähigkeiten,
konsistente Präferenzen,
konsistente Wahrscheinlichkeitsurteile,
absolute Selbstkontrolle.

Die hier angesprochene Beschreibung der vollen Rationalität zielt auf die am weitesten verbreitete moderne Version des homo oeconomicus ab, den Bayesianischen Maximierer des subjektiv erwarteten Nutzens. Die selbstzentrierte Motivation ist nicht notwendig damit verbunden, aber sie wird immer wieder fast selbstverständlich in theoretischen Untersuchungen unterstellt. Wer von der Gewinnmaximierung ausgeht oder von einem Nutzen, der nur vom eigenen Konsum abhängt, braucht das nicht zu rechtfertigen, obwohl beides empirisch fragwürdig ist. Die selbstzentrierte Motivation ist zumindest als Standardannahme ein Teil des Konzepts des homo oeconomicus.

Abweichungen von der Selbstzentrierung der Motivation können mit Hilfe von Optimierungsansätzen modelliert werden, aber damit wird man der Struktur des tatsächlich beobachteten Verhaltens nicht gerecht. Das liegt daran, daß die Annahme der vollen Rationalität als Grundlage für die Modellierung wirtschaftlicher Entscheidungsprozesse ungeeignet ist. Das menschliche Entscheidungsverhalten ist nicht optimierend, sondern eingeschränkt rational. Im Sinne der von *Simon* (1957) begründeten Tradition ist unter „eingeschränkter Rationalität" die Rationalität des tatsächlich beobachteten Verhaltens zu verstehen. Es ist dies keine Irrationalität und auch keine verbilligte Version der vollen Rationalität. Die eingeschränkte Rationalität ist von der vollen strukturell verschieden.

Menschen haben nur sehr begrenzte kognitive Fähigkeiten. Alltägliche Entscheidungssituationen wie das Einkaufen im Supermarkt wären auf der Grundlage eines Nutzenmaximierungskalküls praktisch nicht zu bewältigen. Mindestens ebenso wichtig wie die Schranken der Denk- und Rechenfähigkeit sind andere empirisch belegte Tatsachen, die der vollen Rationalität entgegenstehen. Menschen sind nicht in der Lage, konsistente Präferenz- und Wahrscheinlichkeitsurteile zu fällen. Dieser Mangel an Konsistenz entzieht einer deskriptiv verstandenen Nutzentheorie die empirische Grundlage.

Die axiomatische Begründung der Bayesianischen Entscheidungstheorie durch *Savage* (1954) ist sicherlich bewundernswert. Die Axiome sind, zumindest auf den ersten Blick, von großer Überzeugungskraft, aber die Tatsachen sprechen eine andere Sprache. Auch als präskriptive Theorie erscheint die Maximierung des subjektiv erwarteten Nutzens als fragwürdig, denn wo kein konsistenter Nutzen vorhanden ist, kann man nicht verlangen, daß er maximiert wird.

Daneben gibt es noch eine andere Grenze der Rationalität, von der in dieser Arbeit weniger die Rede sein wird. Es genügt nicht, zu erkennen, daß es vernünftig ist, etwas zu tun, zum Beispiel mit dem Rauchen aufzuhören, sondern man muß auch über die notwendige Selbstkontrolle verfügen, das Vorhaben durchzuführen. In diesem Zusammenhang ist die Theorie der hyperbolischen Abzinsung von Bedeutung (*Ainslie* 1992), auf die hier nicht näher eingegangen werden kann, obwohl sie thematisch zu dem paßt, was hier vorgetragen wird. Das Schwergewicht wird hier auf andere Aspekte der eingeschränkten Rationalität gelegt.

Eingeschränkt rationales Entscheidungsverhalten und ökonomische Motivation sind durch kohärent aufeinander bezogene Strukturen miteinander verbunden. Es soll versucht werden, Licht auf diesen Zusammenhang zu werfen. Das wird anhand von ausgewählten experimentellen Ergebnissen geschehen. Zunächst wird deutlich gemacht, daß Präferenz- und Wahrscheinlichkeitsurteile durch unsichere Informationsverarbeitungsprozesse zustande kommen und deshalb nicht die grundlegende Rolle spielen können, die ihnen von der voll rationalen Entscheidungstheorie zugewiesen wird. Dann werden Lotteriewahlexperimente dargestellt, aus denen hervorgeht, daß auf dem Gebiet der Entscheidungen unter Unsicherheit eine grundsätzliche Neuorientierung erforderlich ist.

Die experimentelle Erforschung der interpersonalen Motivation hat heute einen hohen Stand erreicht. Es ist ein gutes Verständnis für die motivationalen Kräfte erreicht worden, die hier wirksam sind. Man hat versucht, die experimentellen Ergebnisse durch Optimierungsansätze zu erklären (*Bolton* und *Ockenfels* 2000; *Fehr* und *Schmidt* 1999). Es wird dargelegt werden, warum diese Ansätze unbefriedigend bleiben. Sie werden dem eingeschränkt rationalen Verhalten der Versuchspersonen nicht gerecht. Es muß ein mehr prozeßorientierter Ansatz entwickelt werden. Es soll zumindest andeutungsweise darauf eingegangen werden, in welche Richtung man dabei gehen könnte.

Aus experimentellen Studien sind einige gut ausgeformte Theorien für spezielle Interaktionssituationen hervorgegangen, die Licht auf den Zusammenhang von eingeschränkter Rationalität und ökonomischer Motivation werfen. Zwei davon sollen hier kurz vorgestellt werden. Es handelt sich dabei um die Anpruchsausgleichstheorie von *Tietz* und *Weber* (1972) und die Maß-für-Maß-Theorie von *Selten, Mitzkewitz* und *Uhlich* (1997).

Die Anspruchsausgleichstheorie betrifft Zwei-Personen-Verhandlungen. Die Motivation der Verhandlungsteilnehmer hat die Form von ordinalen Anspruchsskalen, und Einigungen ergeben sich aus einer gegenseitigen Anspruchsanpassung. Die große Bedeutung dieser Theorie wird in der Literatur nicht richtig gewürdigt.

Die Maß-für-Maß-Theorie entstammt einer Strategieuntersuchung zu wiederholten asymmetrischen Cournot-Duopolen. Die von erfahrenen Versuchspersonen geschriebenen Strategieprogramme lassen eine typische Struktur erkennen. Es wird nicht optimiert, und es werden keine quantitativen Erwartungen gebildet. Dennoch beruht die typische Strategiestruktur auf einleuchtenden eingeschränkt rationalen Prinzipien.

B. Der Einfluß von aufmerksamkeitslenkenden Faktoren auf Präferenz- und Wahrscheinlichkeitsurteile

Fischhoff, Slovic und *Lichtenstein* (1978) haben Befragungen durchgeführt, in denen fachlich kompetente Versuchspersonen Wahrscheinlichkeiten für verschiedene mögliche Ursachen eines Automobilfehlstarts angeben mußten. Die Durchschnittsergebnisse sind in Tabelle 1 beschrieben. Drei Gruppen von Versuchspersonen wurden mit unterschiedlichen Listen von Kategorien möglicher Ursachen konfrontiert. Eine „Hauptgruppe" bildete Wahrscheinlichkeiten für sechs Kategorien und eine Restekategorie „Sonstiges". Zwei Vergleichsgruppen „Auswahl I" und „Auswahl II" wurden nur zu jeweils drei der sechs Kategorien und der Restkategorie „Sonstiges" befragt.

Es fällt auf, daß in den Vergleichsgruppen die durchschnittlichen Wahrscheinlichkeitsangaben für dieselbe Kategorie deutlich höher sind als für die Hauptgruppe (um durchschnittlich 63%). Hätten die Vergleichsgruppen dieselben durchschnittlichen Wahrscheinlichkeitsangaben gemacht wie die Hauptgruppe, so wären die Durchschnittswahrscheinlichkeiten für „Sonstiges" in den Vergleichsgruppen 0,468 und 0,611 anstelle von 0,14 und 0,23. Der Unterschied ist eklatant.

Die dargebotenen Kategorien haben offensichtlich eine aufmerksamkeitslenkende Wirkung. Nicht erwähnte Kategorien werden in den Vergleichsgruppen unter „Sonstiges" nur in geringem Maße berücksichtigt. Die Aufmerksamkeit konzentriert sich auf die ausdrücklich erwähnten Kategorien. Das Phänomen erinnert an ein eigentlich anders gemeintes Sprichwort: „Aus den Augen, aus dem Sinn.“

Tabelle 1

Der Einfluß von Fragebogenkategorien auf Wahrscheinlichkeitsurteile (*Fischhoff, Slovic* und *Lichtenstein* 1978)*

Art des Fehlstarts	Alle Kategorien	Auswahl I	Auswahl II
Batterie	0,26	0,43	
Startsystem	0,20		0,36
Treibstoffsystem	0,19	0,31	
Zündsystem	0,14		0,34
Motor	0,08	0,12	
Grober Unfug	0,05		0,07
Sonstiges	0,08	0,14	0,23
Versuchspersonen	93	29	26

* Die Eintragungen (außer in der letzten Zeile) sind mittlere Wahrscheinlichkeitsangaben.

Präferenzurteile werden ebenfalls von aufmerksamkeitslenkenden Faktoren beeinflußt. In einer Arbeit von *Weber, Eisenführ* und *von Winterfeldt* (1988) wurde untersucht, was geschieht, wenn bei Multiattributsnutzenmessung eine Zielvariable in zwei aufgespalten wird. Das Gewicht der Zielvariablen wird dadurch vergrößert. Zwei Variable ziehen mehr Aufmerksamkeit auf sich als eine. In diesem Zusammenhang sei auch auf einen Übersichtsartikel von *Borcherding, Schmeer* und *Weber* (1995) hingewiesen.

C. Konsequenzen für die Struktur des Entscheidungsverhaltens

Präferenz- und Wahrscheinlichkeitsurteile sind im Gegensatz zur Rationaltheorie keine abrufbereit vorliegenden Ausgangsdaten für die Entscheidung. Wo sie erfragt werden, sind sie Ergebnisse einer unsicheren Informationsverarbeitung, die sachlich irrelevanten Einflüssen auf die Aufmerksamkeitslenkung unterliegt. Es ist deshalb gut zu verstehen, daß Praktiker Wahrscheinlichkeitsurteile vermeiden wollen, die sich nicht auf verläßliche Häufigkeitsdaten stützen können, und daß sie versuchen, schwierigen Präferenzurteilen über nur schwer Vergleichbares aus dem Wege zu gehen.

Wer Entscheidungen auf Nutzen und subjektive Wahrscheinlichkeiten stützt, hat sein Haus auf Sand gebaut. Die vorherrschende Rationaltheorie ist deskriptiv unzutreffend und mangels verläßlicher Präferenz- und Wahrscheinlichkeitsurteile präskriptiv unpraktikabel. Die Modellierung der eingeschränkten Rationalität des tatsächlichen Verhaltens erfordert andere Strukturen.

Die Anspruchsanpassungstheorie (*Sauermann* und *Selten* 1962, *Selten* 1998) zeigt, wie ein Entscheidungsprozeß organisiert sein könnte, der ohne Vergleiche des Unvergleichbaren und ohne Schätzungen des nicht Schätzbaren auskommt. Es ist hier nicht möglich, näher darauf einzugehen.

Der Aufbau einer realistischen deskriptiven Entscheidungstheorie befindet sich noch am Anfang. Diese Aufgabe kann nicht allein am Schreibtisch bewältigt werden. Fortschritte sind am ehesten von umfangreicher experimenteller Forschung zu erwarten. Damit werden viele Forscher noch lange beschäftigt sein. Das erfreuliche Anwachsen der experimentellen Wirtschaftsforschung gibt allerdings Grund zur Hoffnung.

Eines ist jedoch jetzt schon klar. Eine realistische deskriptive Entscheidungstheorie wird von der Bayesianischen radikal verschieden sein müssen.

D. Risikoverhalten im Widerspruch zur Rationaltheorie

Wie stark das tatsächlich beobachtete Risikoverhalten von den üblichen rationaltheoretischen Vorstellungen abweicht, zeigt sich deutlich in neueren Experimenten von *Selten, Sadrieh* und *Abbink* (1999). Die Untersuchung betraf Lotteriewahlen und Lotteriebewertungen. Auf die Lotteriebewertungen soll hier der Kürze halber nicht näher eingegangen werden.

Jede Versuchsperson wurde mit 36 aufeinander folgenden Lotteriewahlaufgaben konfrontiert. In einer Lotteriewahlaufgabe mußte eine von zwei Lotterien ausgewählt werden. Die gewählte Lotterie wurde dann ausgespielt. Es wurde mit zwei Versuchsbedingungen experimentiert:

(1) Direkte Geldauszahlung.

(2) Wahrscheinlichkeitsauszahlung.

In der Versuchsbedingung (1) wurden die in Punkten ausgedrückten Gewinne einem Konto gutgeschrieben, das am Ende mit einem festen Wechselkurs in Geld umgerechnet und ausgezahlt wurde. In der Versuchsbedingung (2) waren die Lotterieaufgaben dieselben, aber die Punkte hatten eine andere Bedeutung. Nach je zwei Lotterieaufgaben fand eine „große Lotterie" statt, in der entweder ein großer Betrag (DM 2,30) oder ein kleiner Betrag (DM 0,30) zu gewinnen war. Die Wahrscheinlichkeit, den großen Gewinn zu erhalten, bestimmte sich aus der Anzahl der in den beiden vorangehenden Lotterieaufgaben angesammelten Punkte. War diese Anzahl X, so betrug die Wahrscheinlichkeit $X/1000$. Man kann das so interpretieren, daß jeder Punkt ein Los unter 1000 ist und daß nur eins der 1000 Lose den großen Gewinn erzielt.

Nutzentheoretisch gesehen kann ein Teilnehmer in der Versuchsbedingung (2) nichts besseres tun, als den Erwartungswert der Punkte zu maximieren. Das gilt nicht nur dann, wenn man von der *von-Neumann-Morgenstern*-Nutzentheorie (1944) ausgeht, sondern auch dann, wenn man neuere entscheidungstheoretische Vorstellungen zugrundelegt, wie zum Beispiel die rangabhängige Nutzentheorie (*Quiggin* 1993). Es ist nur erforderlich, daß die Präferenzrelation auf der Menge aller Lotterien mit denselben zwei Ausgängen, einem kleinen Gewinn und einem großen, die folgenden Annahmen erfüllt:

A) Reduktion von mehrstufigen Lotterien: Zwischen einer mehrstufigen und einer einstufigen Lotterie besteht Indifferenz, wenn in beiden der große Gewinn mit derselben Wahrscheinlichkeit erreicht wird.

B) Monotonie: Eine einstufige Lotterie L_1 wird einer einstufigen Lotterie L_2 genau dann vorgezogen, wenn die Wahrscheinlichkeit für den großen Gewinn bei L_1 größer ist als bei L_2.

Von der axiomatischen Entscheidungstheorie her spricht also alles dafür, daß unter der Versuchsbedingung (2) in allen Lotteriewahlaufgaben der Erwartungswert der Punkte maximiert werden muß. Unter der Versuchsbedingung (1) dagegen sollte man nach diesen Auffassungen mit Abweichungen von der Erwartungswertmaximierung rechnen, die auf Risikoaversion oder Risikofreude zurückzuführen sind. Die experimentellen Ergebnisse zeigen jedoch ein anderes Bild:

Wahrscheinlichkeitsauszahlungseffekt: Unter der Versuchsbedingung der Wahrscheinlichkeitsauszahlung sind die Abweichungen von der Erwartungswertmaximierung größer als bei direkter Geldauszahlung.

Unter beiden Auszahlungsbedingungen wurde einem Teil der Versuchspersonen die Möglichkeit gegeben, Erwartungswerte und mittlere absolute Abweichungen davon auf Tastendruck abzurufen. Man könnte denken, daß dadurch eine stärkere Annäherung an das erreicht wird, was von der Nutzentheorie her zu erwarten wäre. Das Gegenteil ist der Fall:

Abrufbarkeitseffekt: Sind Erwartungswerte und mittlere absolute Abweichungen durch Tastendruck abrufbar, so ist der Wahrscheinlichkeitsauszahlungseffekt stärker, als wenn das nicht der Fall ist.

Nach der Nutzentheorie sollten die Versuchspersonen unter der Bedingung der Wahrscheinlichkeitsauszahlungen nicht an der mittleren absoluten Abweichung vom Erwartungswert interessiert sein. Auch in dieser Hinsicht ergab sich Unerwartetes:

Risikomaßeffekt: Unter der Bedingung der Wahrscheinlichkeitsauszahlung wird das Risikomaß der mittleren absoluten Abweichung vom Erwartungswert häufiger abgerufen als bei direkter Geldauszahlung.

Wie sind die Effekte zu erklären? Der Schlüssel liegt unserer Ansicht nach darin, daß die Varianz der Gesamtauszahlung unter der Bedingung der Wahrscheinlichkeitsauszahlung größer ist als bei direkter Geldauszahlung. Die großen Lotterien verstärken das Risiko. Dadurch werden die Versuchspersonen risikosensitiver, d. h., es wird der Unsicherheit der Situation eine größere Aufmerksamkeit entgegengebracht. Hoffnungen und Befürchtungen, die mit den Lotterien verbunden sind, werden verstärkt, und dadurch kommt es dazu, daß die Versuchspersonen vermehrt zwischen risikofreudigen und risikoaversiven Entscheidungen schwanken. Diese Schwankungstendenz wird „Sprunghaftigkeit" genannt. Die erhöhte Sprunghaftigkeit führt zu größeren Abweichungen von der Erwartungswertmaximierung. Die eben beschriebene Wirkungskette ist die in Abbildung 1 dargestellte „Hintergrundrisikohypothese".

Die Wahrscheinlichkeitsauszahlung ist wegen der größeren Varianz der Gesamtauszahlung mit einem höheren Hintergrundrisiko verbunden. Der Risikomaßeffekt zeigt, daß dadurch die Risikosensitivität steigt. Auch die übrigen Glieder der Wirkungskette werden von den Daten belegt. Darauf kann hier nicht näher eingegangen werden.

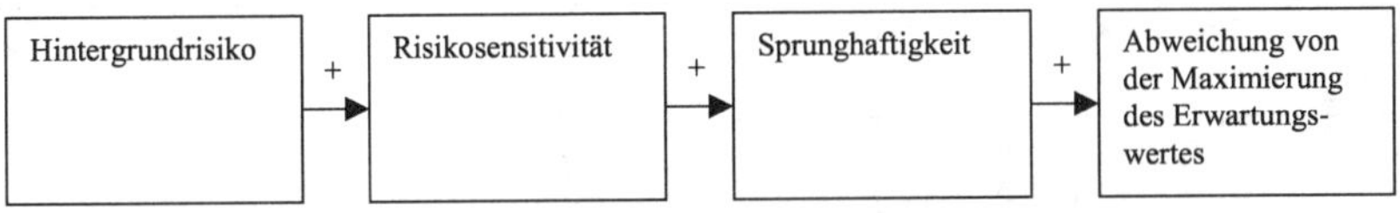

Abbildung 1: Die Hintergrundrisikohypothese.
Das Zeichen + zeigt an, daß es sich um positive Korrelationen handelt.

Aus der Literatur sind Regularitäten des Lotteriewahl- und -bewertungsverhaltens bekannt, wie zum Beispiel das Präferenzumkehrphänomen, die häufig als Anomalien bezeichnet werden. Die Tatsache, daß es sich um Abweichungen von nutzentheoretischen Vorstellungen handelt, berechtigt nicht dazu, ganz normale Regelmäßigkeiten des Verhaltens Anomalien zu nennen. Der Autor zieht es deshalb vor, von Regularitäten zu sprechen. Es ist interessant, daß diese Regularitäten unter der Versuchsbedingung der Wahrscheinlichkeitsauszahlung genauso stark zu beobachten sind wie bei direkter Geldauszahlung. Es scheint so zu sein, daß die Information über die Gewinnpunkte in beiden Auszahlungsbedingungen in ähnlicher Weise verarbeitet wird.

Man muß aus den Versuchsergebnissen den Schluß ziehen, daß in der Theorie des Risikoverhaltens eine grundsätzliche Neuorientierung erforderlich ist.

E. Lotteriewahlstrategien

Es erhebt sich die Frage, in welcher Richtung ein Neuanfang in der Theorie des Risikoverhaltens zu suchen ist. In bisher noch nicht veröffentlichten Experimenten haben *Sadrieh, Bockhorn* und *Ridder* den Versuch gemacht, sich diesem Problem durch Strategieerhebungen zu nähern. Die Versuchspersonen wurden wiederholt vor die Wahl zwischen zwei Lotterien mit zufällig wechselnden Parametern gestellt (vgl. Tabelle 2).

Die Lotterien werden in jeder Runde neu zufällig erzeugt, mit Gleichverteilungen über den 144 Parameterkonstellationen für Lotterie A und den 576 Parameterkonstellationen für Lotterie B. Das Experiment erstreckte sich über 60 Lotteriewahlen in drei Phasen:

Phase 1: 20 spontane Wahlen.

Phase 2: vier Instruktionsrunden mit je 5 Wahlen.

Phase 3: eine Instruktionsrunde mit 20 Wahlen.

Tabelle 2

Lotterien im Strategieexperiment

Lotterie	Auszahlungen	Wahrscheinlichkeit
A	$A_1 \in \{600, 650, 700, 750\}$ $A_2 \in \{0, 50, 100, 150\}$	$p \in \{0,1,\ 0,2, ..., 0,9\}$ $1 - p$
B	$B_1 \in \{200, 250, ..., 550\}$ $B_2 \in \{200, 250, ..., 550\}$	$q \in \{0,1,\ 0,2, ..., 0,9\}$ $1 - q$

Eine Instruktionsrunde begann damit, daß die Versuchsperson den Experimentator darüber instruieren mußte, wie die nächsten 5 bzw. 20 Wahlen vorzunehmen seien. Es mußte also eine Lotteriewahlstrategie festgelegt werden, von der für die Dauer der Instruktionsrunde nicht abgewichen werden konnte.

Die typische Lotteriewahlstrategie hat die Struktur eines „Produktionssystems" im Sinne von *Newell* und *Simon* (1972), d. h., sie hat die Form einer Liste von Kriterien für die Wahl von A oder B, die nacheinander abgefragt werden. Sobald ein Kriterium erfüllt ist, wird die entsprechende Lotterie gewählt. Die letzte Anweisung in der Liste sieht die an keine weiteren Bedingungen geknüpfte Wahl von A oder B vor. Wir sprechen von einem Mehrkriterien-Produktionssystem, wenn mindestens zwei Kriterien abgefragt werden. Ein derartiges Produktionssystem besteht aus mindestens drei Anweisungen einschließlich der abschließenden.

Tabelle 3

Ergebnisse der letzten Instruktionsrunde

Mehrkriterien-Produktionssysteme	31
Andere Instruktionen	16
Insgesamt	47

Tabelle 3 zeigt, daß ungefähr zwei Drittel der Lotteriewahlstrategien für die letzte Instruktionsrunde Mehrkriterien-Produktionssysteme sind. Ein typisches Beispiel ist das folgende:

1. Falls $p \leq 0,8$ und $A_2 = 0$, wähle B.
2. Falls $A_1 - \min[B_1, B_2] \leq 100$, wähle B.
3. Falls $A_1 - A_2 \geq 500$ und $p \geq 0,7$, wähle A.
4. Falls $|B_1 - B_2| \leq 50$, wähle B.
5. Andernfalls wähle B.

Es fällt auf, daß die vierte Anweisung redundant ist, d. h., man kann diese Anweisung weglassen, ohne daß sich an den Entscheidungen etwas ändert. Redundante Anweisungen sind in den Programmen nichts Ungewöhnliches.

Man kann natürlich nicht davon ausgehen, daß die Lotteriewahlstrategien spontanes Verhalten exakt widerspiegeln, aber es ist plausibel, von strukturellen Ähnlichkeiten auszugehen. Die sequentielle Überprüfung von Kriterien für die Wahl von A oder B, bis eines den Ausschlag gibt, scheint ein wichtiges Verhaltensmuster zu sein, auch außerhalb des Kontextes der Lotteriewahl. Dafür sprechen die Untersuchungen von Gigerenzer und anderen, auf die hier nicht näher eingegangen werden kann (*Gigerenzer* u. a. 1999).

F. Allokation von Geld und Wahrscheinlichkeit

Angeregt durch die Untersuchung von *Selten, Sadrieh* und *Abbink* (1999) hat *Loomes* (1998) einen sehr interessanten experimentellen Vergleich zwischen direkter Geldauszahlung und Wahrscheinlichkeitsauszahlung durchgeführt, der sich auf ein Entscheidungsproblem bezieht, das im folgenden „Allokationsaufgabe“ genannt werden soll.

Betrachten wir zunächst die Version der Allokationsaufgabe mit direkter Geldauszahlung. Der Versuchsperson wird mitgeteilt, daß eine Lotterie stattfinden wird, deren Ergebnis entweder ein Ereignis A oder ein Ereignis B ist, wobei A und B die Wahrscheinlichkeiten 0,65 bzw. 0,35 haben. Die Versuchsperson hat die Möglichkeit, Gewinnchancen von insgesamt 20 Pfund auf A und B ganzzahlig aufzuteilen. Die Situation ist in Tabelle 4 dargestellt.

In der Version mit Wahrscheinlichkeitsauszahlung sind A und B zwei Beutel, auf die die Versuchsperson 20 grüne und 20 weiße Kugeln aufteilen kann, und zwar so, daß jeder Beutel mit 20 Kugeln gefüllt wird. Die Wahrscheinlichkeiten für A und B sind die gleichen wie in der Geldallokationsaufgabe. Aus dem von der Lotterie bestimmten Beutel wird zufällig eine Kugel gezogen. Falls diese Kugel grün ist, werden 20 Pfund gewonnen, sonst nichts. Die Situation ist in Tabelle 5 dargestellt.

Tabelle 4

Geldallokation

Entscheidung	$x \in \{0, 1, ..., 20\}$	
Ereignis	A	B
Wahrscheinlichkeit	0,65	0,35
Gewinn in englischen Pfund	x	$20 - x$

Tabelle 5

Wahrscheinlichkeitsallokation

Entscheidung	$x \in \{0, 1, ..., 20\}$	
Ereignis	A	B
Wahrscheinlichkeit	0,65	0,35
Grüne Kugeln	x	$20 - x$
Weiße Kugeln	$20 - x$	x

Die Wahrscheinlichkeit, den Gewinn von 20 englischen Pfund zu erhalten, wird dadurch maximiert, daß alle grünen Kugeln in den Beutel A gelegt werden. Von der Nutzentheorie her gesehen ist das die einzig vernünftige Entscheidung.

Die Ergebnisse des Experiments sind in Abbildung 2 und Abbildung 3 dargestellt.

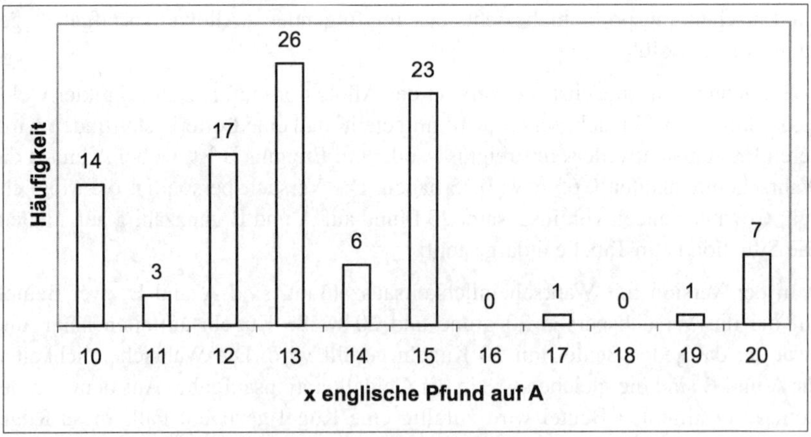

Abbildung 2: Geldallokationsergebnisse

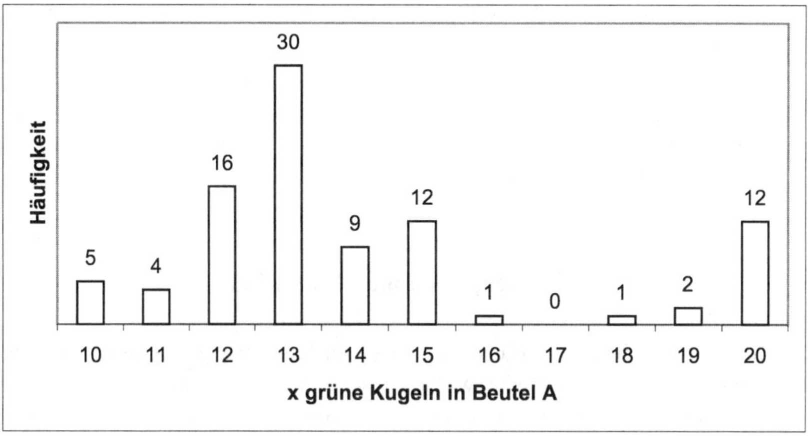

Abbildung 3: Wahrscheinlichkeitsallokationsergebnisse

Die beiden Häufigkeitsverteilungen sind sehr ähnlich. Anders als in der Arbeit von *Selten, Sadrieh* und *Abbink* (1999) sind hier unter der Bedingung der Wahrscheinlichkeitsauszahlung keine größeren Abweichungen von der Erwartungswertmaximierung zu beobachten als bei direkter Geldauszahlung. Hierbei ist es von Bedeutung, daß die Experimente von *Loomes* in eine größere Untersuchung eingebettet waren. Die beiden Aufgaben waren nur zwei unter vielen und nur einige zufällig ausgewählte wurden am Ende ausgezahlt. Außerdem beantwortete jede Versuchsperson beide Fragen. Von einem unterschiedlichen Hintergrundrisiko kann also nicht die Rede sein. Von der Hintergrundrisikohypothese her sind daher größere Abweichungen von der Erwartungswertmaximierung im Falle der Wahrscheinlichkeitsallokation gar nicht zu erwarten.

Es fällt auf, daß $x = 13$ in beiden Fällen die häufigste Entscheidung ist. $13 : 7$ ist das Verhältnis $0,65 : 0,35$ der Wahrscheinlichkeiten für A und B. Man kann sich leicht vorstellen, welche Überlegungen zu dieser Entscheidung führen. Es erscheint vernünftig, um so mehr auf eine Alternative zu setzen, je wahrscheinlicher sie ist. Will man vermeiden, im Falle von B ohne Chancen dazustehen, kann man nicht alles auf A setzen. Diese qualitativen Gesichtspunkte können durch die Proportionalität zur Wahrscheinlichkeit in einfacher Weise quantifiziert werden.

Man kann natürlich von der qualitativen Überlegungen auch zu anderen quantitativen Entscheidungen kommen. So kann man zum Beispiel ausgehend davon, daß x mindestens 10 und höchstens 20 sein sollte, die Mitte, also $x = 15$ wählen.

In beiden Verteilungen zusammen entfallen knapp die Hälfte aller Entscheidungen (91 von 184) auf $x = 13$ und $x = 15$. Dies spricht für die Auffassung, daß der Entscheidungsprozeß von qualitativen Gesichtspunkten ausgeht, denen dann durch eine einfache Quantifizierung Rechnung getragen wird. Natürlich wird damit nur eine Teilerklärung geboten. Die Streuung der Verteilungen zeigt, daß daneben noch andere Einflüsse wirksam sein müssen.

Die Versuchsergebnisse zeigen keine deutlichen Unterschiede zwischen Geldallokation und Wahrscheinlichkeitsallokation. Die Versuchspersonen verhalten sich in den beiden Situationen sehr ähnlich. Es liegt nahe, das Verhalten in beiden Fällen in derselben Weise zu erklären.

G. Interpersonale Motivation

Durch die experimentelle Forschung ist es im Laufe der Zeit immer deutlicher geworden, daß die menschliche wirtschaftliche Motivation nicht ausschließlich selbstbezogen ist. In Interaktionssituationen werden auch auf andere Personen gerichtete Ziele verfolgt. Hierzu gehören das Äquitätsprinzip (*Selten* 1988), das Vorstellungen über Aufteilungsgerechtigkeit beschreibt, Reziprozität (*Fehr, Gächter* und *Kirchsteiger* 1997), die Verhaltenstendenz, die in der Redewendung „wie du mir, so ich dir" zum Ausdruck kommt, die Gruppenrivalität (*Bornstein* und *Ben-Youssef* 1994), Solidarität (*Selten* und *Ockenfels* 1998) und intrinsischer Anreiz (*Gneezy* und *Rustichini* 1998). Wir sprechen in diesem Zusammenhang von interpersonaler Motivation. Die Liste ist nicht vollständig, und die Literaturangaben sind nur exemplarisch.

Obwohl dies vielleicht nicht unmittelbar einleuchtend ist, wird der intrinsische Anreiz hier der interpersonalen Motivation zugerechnet, weil eine Interaktionsabhängigkeit besteht, zum Beispiel ein negativer Einfluß von Bezahlung.

Man hat versucht, die interpersonale Motivation durch einfache Optimierungsansätze zu erfassen (*Bolton* und *Ockenfels* 2000, *Fehr* und *Schmidt* 1999). Man muß anerkennen, daß diese Ansätze einheitliche Erklärungen einer Reihe von Phänomenen ermöglichen und damit der experimentellen Forschung wichtige Impulse geben. Es wird aber noch deutlich werden, daß die Struktur des eingeschränkt rationalen Verhaltens durch solche Theorien nicht adäquat erfaßt wird.

Die Theorie von *Fehr* und *Schmidt* soll nun für den Spezialfall von nur zwei interagierenden Personen 1 und 2 dargestellt werden. *Fehr* und *Schmidt* postulieren eine „Ungleichheitsaversion", d. h., der Nutzen hängt nicht nur von der eigenen Auszahlung x ab, sondern auch von der Differenz beider Auszahlungen, wobei Abweichungen von der Gleichheit zugunsten des anderen schwerer wiegen als solche zu eigenen Gunsten. Für $i = 1, 2$ sei x_i die Geldauszahlung von i. Mit Hilfe der Notation

$$|y|_+ = \begin{cases} y \text{ für } y > 0 \\ 0 \text{ sonst} \end{cases}$$

kann die Nutzenfunktion $U_i(x_i, x_j)$ von i so beschrieben werden:

$$U_i(x_i, x_j) = x_i - \alpha_i |x_j - x_i|_+ - \beta_i |x_j - x_i|_+$$

für $i, j = 1, 2$ mit $i \neq j$. Hierbei sind α_i und β_i Parameter mit $\alpha_i \geq \beta_i \geq 0$.

Abbildung 4 stellt den Verlauf der Nutzenfunktion graphisch dar.

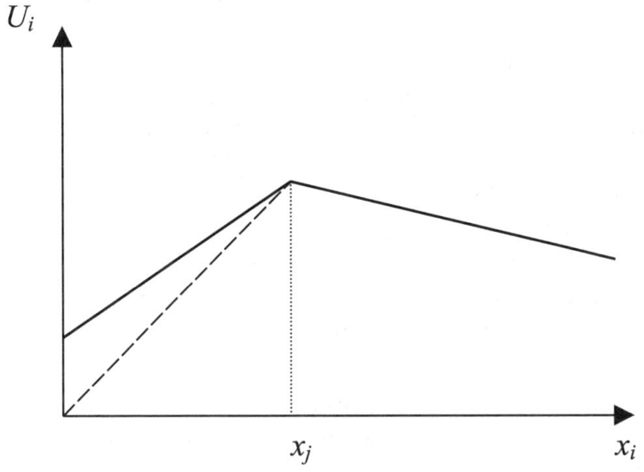

Abbildung 4: Verlauf der Nutzenfunktion nach *Fehr* und *Schmidt* (1999)

Trotz unbestreitbarer Erklärungserfolge bleiben die Optimierungstheorien unbefriedigend, weil sie den Prozeß der Entscheidungsfindung im Dunkeln lassen. Es wird auch von den Vertretern dieser Theorien nicht im Ernst behauptet, daß Versuchspersonen bewußt oder unbewußt Nutzenmaxima berechnen.

Einblicke in den Entscheidungsprozeß können durch sogenannte Videoexperimente gewonnen werden. In diesen Experimenten wird die Rolle eines Spielers von einer Gruppe von Teilnehmern ausgefüllt. Die internen Gruppendiskussionen zur Entscheidungsfindung werden auf Video aufgezeichnet. Ein interessantes Beispiel bieten die Verhandlungsexperimente von *Hennig-Schmidt* (1999). In den Wortprotokollen der Videoaufzeichnungen erkennt man Ziele, Ansprüche, Anspruchsanpassung und Gleichaufteilungsnormen, aber man findet keine Diskussion von Substitutionsraten. Das spricht gegen Optimierung als Prozeß. Trotzdem ist es möglich, daß Ergebnisse durch Optimierungsansätze erfolgreich erklärt werden, weil das andersartige Zusammenwirken motivationaler Kräfte ähnliche Wirkungen hat.

Die Optimierungsansätze führen schon bei sehr einfachen Spielen mit trivialen klassisch-spieltheoretischen Lösungen zu komplizierte Gleichgewichtsanalysen. Beispiele finden sich bei *Fehr* und *Schmidt* (1999). Man wird deshalb nicht erwarten können, daß das tatsächliche Verhalten durch Optimierungstheorien adäquat beschrieben wird. Wenn man verstehen will, wie Menschen komplexe Entscheidungssituationen bewältigen (oder auch nicht bewältigen), so wird man zu Prozeßtheorien vordringen müssen.

H. Reziprozität und eingeschränkte Rationalität

Die Redewendung „wie du mir, so ich dir“ bringt kurz und prägnant zum Ausdruck, was mit Reziprozität gemeint ist. Man unterscheidet zwischen positiver und negativer Reziprozität. Positive Reziprozität besteht darin, daß auf Freundliches mit Freundlichem reagiert wird, und negative Reziprozität bedeutet, daß Feindliches mit Feindlichem vergolten wird.

Reziprokes Handeln erfordert eine Interpretation des Verhaltens des anderen. Eine Aktion muß als freundlich, feindlich oder neutral eingestuft werden. Das geschieht durch eingeschränkt rationale Kognition. Eine Untersuchung von *Pruitt* (1970) über einen Präsentationseffekt im wiederholten Gefangenendilemma illustriert diese Schnittstelle von Reziprozität und eingeschränkter Rationalität.

Pruitt hat mit zwei verschiedenen Darstellungen des Gefangenendilemmas experimentiert. Die übliche Bimatrixdarstellung ist in Abbildung 5 wiedergegeben. Dasselbe Spiel kann jedoch auch ganz anders beschrieben werden. Abbildung 6 zeigt die sogenannte zerlegte Darstellung. Jeder der beiden Spieler hat zwei Möglichkeiten A und B. Wählt ein Spieler A, so nimmt er sich null und gibt dem anderen drei. Die Wahl von B bedeutet, daß sich der betreffende Spieler eins nimmt und dem anderen nichts gibt. Fällt zum Beispiel die Wahl des Spielers 1 auf A und die des Spielers 2 auf B, so erhält Spieler 1 null, da er sich null nimmt und der andere ihm null gibt. Spieler 2 erhält drei von 1 und nimmt sich eins und erhält so insgesamt vier. Man erkennt auf diese Weise leicht, daß in Abbildung 6 dasselbe Spiel wie in Abbildung 5 dargestellt wird.

	A	B
A	3 3	0 4
B	4 0	1 1

Abbildung 5: Bimatrixdarstellung: Spieler 1 wählt die Zeile, und Spieler 2 wählt die Spalte. Die Auszahlung von 1 ist links oben und die von 2 rechts unten eingetragen.

	Für mich	Für sie/ihn
A	0	3
B	1	0

Abbildung 6: Zerlegte Darstellung

Man spricht von Kooperation, wenn beide Spieler A wählen. *Pruitt* beobachtet in den Experimenten mit der zerlegten Form dramatisch mehr Kooperation als in der Bimatrixdarstellung.

Das Phänomen hat eine naheliegende Erklärung. Wenn der Gegenspieler in der Bimatrixform A gewählt hat, so wird das nicht unbedingt als freundlicher Akt empfunden. Die Wahl von A kann als Versuch des Gegenspielers interpretiert werden, die Auszahlung drei für sich selbst zu erzielen. In der zerlegten Form dagegen drängt sich eine Interpretation von A als freundlicher Akt geradezu auf. Wenn sich jemand nichts nimmt, aber dem anderen drei gibt, obwohl er sich eins nehmen könnte, ohne dem anderen etwas zu geben, so wird das als entgegenkommend empfunden. Auf diese Weise kann sich positive Reziprozität und darauf gestützte Kooperation im wiederholten Gefangenendilemma bei zerlegter Darstellung viel leichter entwickeln als bei Bimatrixdarstellung.

Optimierungstheorien gehen davon aus, daß das Verhalten durch den Zusamenhang von Entscheidungsmöglichkeiten und Auszahlungen bestimmt ist. Sie sind deshalb ungeeignet für die Erklärung des Phänomens. Hinsichtlich dieses Zusammenhangs besteht kein Unterschied zwischen beiden Darstellungen. Die Erklärung erfordert eine Prozeßtheorie.

I. Imaginäre Verhandlungen

In der experimentellen Literatur gibt es viele Beispiele für zwei- oder dreistufige Spiele mit vollkommener Information, in denen positive oder negative Reziprozität zum Tragen kommen. Als Beispiele seien hier ohne nähere Erläuterungen das Ultimatumspiel (*Güth, Schmittberger* und *Schwarze* 1982) und das Investmentspiel (*Berg, Dickhaut* und *McCabe* 1995) erwähnt. Diese Spiele werden meist als nichtkooperative Einmalspiele gespielt, und zwar mit anonymer Interaktion und ohne Kommunikation. Dennoch kommt es häufig zu einer Quasikooperation fernab vom spieltheoretischen Gleichgewicht.

Es erhebt sich die Frage, wie in solchen Spielen Versuchspersonen ihre Wahl treffen. Von welchen Vorstellungen lassen sie sich leiten, und welche Überlegungen stellen sie an? Es ist noch nicht möglich, eine empirisch fundierte Antwort zu geben. Trotzdem soll hier versucht werden, einen Gedanken vorzubringen, der die Grundlage einer noch zu entwickelnden Theorie sein könnte.

Warglien, Devetag und *Legrenzo* (1998) haben darauf hingewiesen, welche Bedeutung mentale Modelle im Sinne von *Johnson-Laird* (1983) für das Verhalten von Versuchspersonen in experimentellen Spielen haben. Das mentale Modell wird so gewählt, daß es eine als ausreichend empfundene Ähnlichkeit zu der vorliegenden Situation hat. Es wird dabei häufig dazu kommen, daß an Alltagserfahrungen angeknüpft wird.

Fragt man sich, woran sich eine Versuchsperson erinnert fühlen könnte, wenn sie mit einem der hier betrachteten Spiele konfrontiert wird, so liegt es nahe, an Verhandlungssituationen zu denken. In diesen Spielen geht es ja meist um Aufteilungen von Geldbeträgen, um Leistungen und Gegenleistungen, um Geben und Nehmen. Über solche Probleme wird in der Realität mündlich verhandelt. Es liegt daher nahe, daß die Erfahrung mit verbalen Verhandlungen in das mentale Modell einfließt. Man stellt sich vor, wie eine im direkten Kontakt mit der anderen Seite ausgehandelte Lösung des Problems aussehen könnte und kommt so zu Erwartungen über den Spielverlauf, die die Entscheidungen bestimmen oder zumindest wesentlich beeinflussen. Man kann hier von „imaginären Verhandlungen" sprechen, die nicht wirklich, sondern nur in der Vorstellung der Entscheidenden stattfinden.

Der Gedanke der imaginären Verhandlungen könnte vielleicht einmal zu einer Verhaltenstheorie für eine große Klasse von experimentellen Spielen ausgeformt werden, aber davon sind wir noch weit entfernt. Die Richtung, in der man sich auf dieses Ziel hin bewegen müßte, soll am Beispiel eines Spiels deutlich gemacht werden, das zum ersten Mal im Rahmen eines Sommerkurses über experimentelle Wirtschaftsforschung in Bari gespielt wurde und deshalb hier „Bari-Spiel" genannt wird.

Das Bari-Spiel stammt von *Sadrieh* und *Hennig-Schmidt* (in Vorbereitung). Es ist ein Zweipersonenspiel zwischen A und B. Spieler A hat 12 Geldeinheiten und legt eine Akzeptanzgrenze $y \in \{0, \ldots, 12\}$ für einen Betrag x fest, den B ihm wegnehmen kann. Gleichzeitig und unabhängig legt B den Wegnahmebetrag $x \in \{0, ..., 12\}$ fest. Für $x \leq y$ erhält A die Auszahlung $12 - x$ und B die Auszahlung $3x$. Für $x > y$ erhalten beide null.

Das Spiel hat eine klare spieltheoretische Lösung. A hat die strikt dominante Strategie $y = 12$. Daher bilden $y = 12$ und $x = 12$ den einzigen Gleichgewichtspunkt in nicht strikt dominierten Strategien. Das entspricht nicht dem beobachteten Verhalten.

Im Sinne der noch nicht vorhandenen Theorie der imaginären Verhandlungen könnten die Überlegungen des Spielers A wie folgt aussehen:

In einer Verhandlung würde ich gleiche Auszahlungen für beide vorschlagen. Bei $x = y = 3$ erhält jeder von uns 9. Der andere Spieler würde jedoch die gleiche Aufteilung meiner Ausstattung von 12 fordern, d. h. $x = y = 6$. Das würde zu Auszahlungen von 6 für mich und 18 für den anderen führen.

Wir müssen uns einigen. Es muß ein Kompromiß zwischen $x = y = 3$ und $x = y = 6$ gefunden werden. Hierfür kommt nur $x = y = 4$ und $x = y = 5$ in Frage. Ich würde auf $x = y = 4$ bestehen. Das ergibt Auszahlungen von 8 für mich und 12 für die andere Seite. Ich würde es lieber zu einem Konflikt kommen lassen, als mich mit weniger zufrieden zu geben. Also wähle ich $y = 4$. Sollte der oder die andere mir mehr als 4 wegnehmen wollen, so empfinde ich das als eine Unverschämtheit, die bestraft werden muß.

Spieler B könnte ähnliche Überlegungen anstellen. Worauf es hier ankommt, ist das Vorhandensein von zwei unterschiedlichen Aufteilungsnormen, der Norm der gleichen Auszahlungen ($x = y = 3$) und der Norm der gleichen Ausstattungsaufteilung ($x = y = 6$). Diese Normen stecken den Bereich ab, in dem nach einer Lösung gesucht wird. Beide Normen sind Ausprägungen des Äquitätsprinzips, das für Aufteilungsverhandlungen von großer Bedeutung ist (*Selten* 1988). Sie unterscheiden sich dadurch, daß in beiden Fällen etwas Verschiedenes für A und B gleich groß sein soll, die Auszahlung oder der Anteil an der Ausstattung von A.

In Bari waren die Spieler A und B durch Gruppen repräsentiert, deren interne Gruppendiskussionen zur Entscheidungsfindung auf Video aufgenommen wurden. (Zwischen den Gruppen gab es keine Kommunikation.) Es fanden fünf Spiele statt. *Beide Aufteilungsnormen sind in allen zehn Gruppendiskussionen zur Sprache gekommen.*

Die Aufteilungsnormen bestimmen die Ansprüche, mit denen die Versuchspersonen an das Spiel herangehen. An diesen Ansprüchen wird gemessen, was als freundliche oder feindliche Handlung der anderen Seite aufzufassen ist. Daran knüpft sich die positiv oder negativ reziproke Motivation.

Im Falle des Bari-Spiels ist das mentale Modell eine Verhandlungssituation mit dem Charakter eines Einstimmigkeitsspiels: Beide müssen einer Einigung zustimmen, sonst erhalten beide nichts. In einem Einstimmigkeitsspiel gibt es keine dominanten Strategien. Die tatsächliche Situation ist jedoch anders. A hat die dominante Strategie $y = 12$. Würde man nicht von imaginären Verhandlungen ausgehen, sondern von der nichtkooperativen Analyse des Spiels, so müßten sich die Ansprüche an dem Gleichgewicht in undominierten Strategien ausrichten, in dem A nichts erhält und B seine Maximalauszahlung 36. Das ist jedoch nicht die Art und Weise, in der sich Versuchspersonen dem Problem nähern. Die Idee der imaginären Verhandlungen macht die Rolle der beiden Aufteilungsnormen verständlich.

J. Das Anspruchsausgleichsprinzip

Es gibt reale Verhandlungssituationen, auf die Aufteilungsnormen nicht anwendbar sind. Hierzu gehören Tarifkonflikte zwischen Gewerkschaften und Arbeitgeberverbänden. Es fehlt die Vergleichbarkeit der von beiden Parteien erzielten Ergebnisse. Es kommt hier zu einer anderen Art von Interessenausgleich. Das zeigt das experimentell gut gestützte Anspruchsausgleichsprinzip von *Tietz* und *Weber* (1972), das im folgenden erläutert werden soll.

Tietz und Weber haben Lohnverhandlungen im Rahmen des makroökonomischen Entscheidungsspiels KRESKO (*Tietz* 1973) untersucht. Vor jeder Lohnverhandlung mußten beide Parteien einen Fragebogen ausfüllen, auf dem unter anderem die folgenden Angaben gemacht werden mußten:

1. Das erste Gebot.
2. Das geplante Ergebnis.
3. Das für mindestens durchsetzbar gehaltene Ergebnis.
4. Die Konfliktdrohungsgrenze.
5. Die Konfliktgrenze.

Die angegebene Werte können als Anspruchsniveaus aufgefaßt werden, die sich zu einer Anspruchsskala zusammenfügen. Das wird durch Abbildung 7 veranschaulicht.

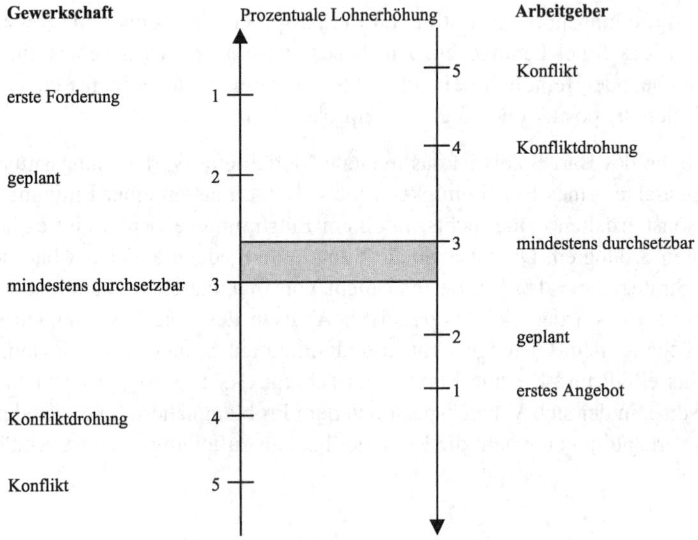

Abbildung 7: Das Anspruchsausgleichsprinzip

Von Ausnahmen abgesehen, gibt die Reihenfolge der Liste die ordinale Skala der Ansprüche von günstigen zu weniger und weniger günstigen richtig wieder. Es kommt jedoch vor, daß mehrere Werte zusammenfallen.

Der Begriff der Konfliktdrohungsgrenze ist so zu verstehen, daß mit Konflikt gedroht werden soll, wenn die Verhandlungen an einen Punkt gelangen, an dem eine Konzession diese Grenze überschreiten müßte. Die Konfliktgrenze ist der Wert, an dem ein weiteres Zurückweichen nicht in Frage kommt und statt dessen ein Konflikt in Kauf genommen wird.

Der Rangplatz in der oben angegebene Liste wird als Höhe des Anspruchsniveaus bezeichnet. Der Anspruch ist um so höher, je höher er in der Liste ist (1 ist am höchsten, 5 am niedrigsten). Das Anspruchsausgleichsprinzip kann nun folgendermaßen formuliert werden:

Anspruchsausgleichsprinzip: Das Verhandlungsergebnis erreicht für beide das höchste gemeinsam erreichbare Niveau.

In Abbildung 7 ist der durch das Anspruchsausgleichsprinzip abgegrenzte Bereich schraffiert eingezeichnet. Das Anspruchsausgleichsprinzip paßt erstaunlich gut zu den experimentellen Daten. Es sind auch Theorien entwickelt worden, die nicht nur das Verhandlungsergebnis, sondern auch den Verhandlungsprozeß ganz oder teilweise vorhersagen (*Tietz* und *Weber* 1972, *Tietz* 1976). Auf Einzelheiten kann hier nicht näher eingegangen werden. Es sei auf eine ausführlichere Darstellung im Rahmen eines anderen Artikels des Autors (*Selten* 1997) und die Originalliteratur verwiesen.

Der Ansatz von *Tietz* und *Weber* knüpft an die Anspruchsanpassungstheorie an (*Sauermann* und *Selten* 1962, *Selten* 1998). Ebenso wie dort wird die Motivation mit Hilfe von Anspruchsskalen modelliert. Die Anspruchsskalen spielen aber in der Anspruchsausgleichstheorie eine etwas andere Rolle als in der Untersuchung von *Sauermann* und *Selten.* Sie sind nicht auf langfristige Zielstrukturen bezogen, sondern bringen eher Ergebnisse von kurzfristigen Zielbildungsprozessen zum Ausdruck. Die Idee der gegenseitigen Anspruchsanpassung ergänzt das Bild des Zusammenwirkens von Motivation und eingeschränkter Rationalität.

In den Experimenten von *Tietz* und *Weber* (1972) wurden die ersten Gebote zu Beginn der Verhandlungen bekanntgegeben. Die anderen Niveaus blieben jedoch private Information. Wenn das Anspruchsausgleichsprinzip gilt, muß etwas von dieser privaten Information im Laufe des Verhandlungsprozesses übertragen werden. Sonst kann es nicht zu einer Koordination bei dem für beide gemeinsamen höchsten Niveau kommen.

Es entsteht das strategische Problem, daß es nicht im Interesse eines Verhandelnden ist, die Information wahrheitsgemäß zu übertragen. Die Konfliktwahrscheinlichkeit hängt nach dem Anspruchsausgleichsprinzip nur von den Konfliktgrenzen ab. Der Konfliktfall tritt nur dann ein, wenn alle denkbaren Einigungen für mindestens einen von beiden die Konfliktgrenze unterschreiten. Ein Verhandelnder kann daher ein günstigeres Ergebnis erzielen, wenn er sich verhält, als wären seine vier oberen Ansprüche höher, als sie tatsächlich sind. Wir bezeichnen das Vorhandensein dieses Abweichungsanreizes als das *strategische Stabilitätsproblem.*

Wie ist es zu erklären, daß sich das Anspruchsausgleichsprinzip trotz des strategischen Stabilitätsproblems experimentell bewährt? Eine Möglichkeit besteht darin, daß das Anspruchsausgleichsprinzip nur bei wahrheitsgetreuer Informationsübertragung gilt und daß Abweichungen davon tatsächlich zu ungünstigeren Ergebnissen führen würden. Ob das der Fall ist oder nicht, kann nur mit Hilfe einer

Prozeßtheorie überprüft werden, die den Verhandlungsverlauf vollständig beschreibt. Die dynamische Anspruchsausgleichstheorie von *Tietz* (1976) ist eine derartige Theorie. Simulationen mit der dynamischen Anspruchsausgleichstheorie (*Tietz, Daus, Lautsch* und *Lotz* 1988) kommen zu dem Ergebnis, daß zumindest für das erste Gebot und die Konfliktgrenze kein wesentlicher Anreiz zu Abweichungen von der wahrheitsgetreuen Informationsübertragung besteht.

Eine andere Erklärungsmöglichkeit besteht darin, daß die Verhandelnden nicht ausschließlich durch den eigenen Vorteil motiviert sind. Es kann eine Bereitschaft zu wahrheitsgetreuer Informationsübertragung vorhanden sein, solange nichts dagegen spricht, daß sie auch auf der anderen Seite besteht. Man strebt nach einem vernünftigen Interessenausgleich, ohne den anderen übervorteilen zu wollen, und setzt voraus, daß dieselbe Motivation auf der anderen Seite vorhanden ist. Es handelt sich um eine Kooperation auf der Prozeßebene. Man könnte auch von *prozessualer Reziprozität* sprechen.

Die ursprünglichen Versuche von Tietz und Weber betrafen wiederholte Tarifverhandlungen. In dem Kontext von wiederholten Verhandlungen könnte die prozessuale Reziprozität Bestandteil eines Superspielgleichgewichts sein. Das Anspruchsausgleichsprinzip ist jedoch auch in Einmalspielen wirksam (*Scholz, Fleischer* und *Bentrup* 1983).

Leider wird in der theoretischen Literatur das Anspruchsausgleichsprinzip zu wenig beachtet. Es könnte gut als Modellierungsinstrument eingesetzt werden, allerdings nur dann, wenn man verhaltenstheoretischen Realismus anstrebt und sich von rationalistischen Vorurteilen löst. Es ist zu hoffen, daß sich die Wirtschaftstheorie in diese Richtung bewegt.

K. Maß für Maß

Im folgenden soll über eine Untersuchung berichtet werden, in der Strukturen von ökonomisch motiviertem eingeschränkt rationalem Verhalten erfahrener Versuchspersonen in einer wiederholten Duopolsituation sichtbar werden. Es handelt sich um eine Anwendung der Strategiemethode. Diese Methode besteht darin, daß Versuchspersonen veranlaßt werden, Strategieprogramme für ein experimentelles Spiel zu entwerfen. Die Strategien einer Gruppe von Teilnehmern treten dann in einem Computer-Turnier gegeneinander an. Nach einem Turnier erhält jeder Teilnehmer eine Rückmeldung über seinen Turniererfolg im Vergleich zu dem der anderen und über die Spielverläufe, an denen seine Strategie beteiligt war. Im Lichte der Erfahrungen kann der Teilnehmer seine Strategie ändern, und es folgt ein neues Turnier. Dieser Vorgang wird mehrmals wiederholt, bis schließlich das Experiment mit einem letzten Turnier zum Abschluß gebracht wird.

Die Untersuchung, von der hier die Rede ist (*Selten, Mitzkewitz* und *Uhlich* 1997), bezog sich auf ein 20-Perioden-Superspiel eines numerisch spezifizierten asymmetrischen Mengenduopols mit linearer Nachfrage und linearen Kosten. Der Ausdruck „20-Perioden-Superspiel" bezeichnet eine Situation, in der dasselbe Spiel von denselben Spielern zwanzigmal hintereinander gespielt wird, wobei am Ende jeder Periode jeder erfährt, was jeder getan hat.

Das Experiment wurde in Form eines Seminars mit 24 Teilnehmern durchgeführt und hatte den folgenden Ablauf:

- Drei Runden Spielerfahrung.
- Drei Runden Strategieprogrammierung mit Computer-Turnier.

In jeder Spielerfahrungsrunde spielte jeder Teilnehmer das Spiel mit einem anonymen anderen. Die Entscheidungen wurden spontan am Computer-Terminal gefällt. Die Strategieprogrammierung begann erst, nachdem in dieser Weise Spontanspielerfahrungen gesammelt worden waren. Die Seminarnote wurde hauptsächlich von dem absoluten (nicht dem relativen) Erfolg im letzten Turnier abhängig gemacht.

Die Strategien für das letzte Turnier und ihre schriftlichen Begründungen lassen ein typisches Herangehen an das Problem erkennen. In den Spielerfahrungsrunden waren die Versuchspersonen zu der Überzeugung gekommen, daß hohe Gewinne nur durch Kooperation zu erzielen sind. Daraus ergaben sich zwei Fragen, die nacheinander gestellt und beantwortet wurden:

1. *Was ist mein kooperatives Ziel?*
   Die Antwort hatte typischerweise die Form eines „Idealpunkts", d. h. einer angestrebten Mengenkombination für beide Spieler.
2. *Wie setze ich mein kooperatives Ziel durch?*
   Die Antwort war typischerweise eine „Maß-für-Maß-Politik". Was darunter zu verstehen ist, wird später erläutert.

Die Wahl des Idealpunktes wurde meist auf Fairnesskriterien gestützt. So kann zum Beispiel eine annähernd Pareto-optimale Mengenkombination gewählt werden, die eines der folgenden Kriterien näherungsweise erfüllt:

1. Gleiche Gewinne.
2. Gleiche Überschüsse über den Cournot-Gewinnen.
3. Gewinne proportional zu den Cournot-Gewinnen.

Daneben gab es noch andere Fairnesskriterien und Idealpunkte, die von der Bedingung der Pareto-Optimalität deutlich abweichen. Die Idealpunktmengen waren aber stets für beide Spieler kleiner als die entsprechenden Cournot-Mengen. Auf Einzelheiten kann hier nicht näher eingegangen werden.

Nach der Festlegung eines Idealpunktes konstruiert der typische Strategieplaner eine Maß-für-Maß-Politik, mit der er versucht, dieses kooperative Ziel durchzusetzen. Eine Maß-für-Maß-Politik macht die eigene Entscheidung von der Mengenänderung des anderen in den beiden letzten Perioden abhängig. Wie diese Reaktion ausfällt, hängt von dem Idealpunkt des Strategieplaners ab. Der Idealpunkt des anderen – falls es einen gibt – ist dabei zwangsläufig ohne Bedeutung, denn er ist ja dem Strategieplaner nicht bekannt. Wenn im folgenden vom Idealpunkt die Rede ist, ist immer der des Strategieplaners gemeint.

Betrachten wir eine Situation, in der beide Mengen der letzten Periode zwischen Idealpunktmenge und Cournot-Menge lagen: Dann beantwortet eine Maß-für-Maß-Politik eine Bewegung auf den Idealpunkt hin oder von ihm weg durch eine entsprechend starke Bewegung in die gleiche Richtung. Wie dabei der qualitative Begriff „entsprechend stark" quantifiziert wird, ist von Fall zu Fall verschieden. Es kann sich zum Beispiel um gleiche Prozentsätze oder gleiche absolute Änderungen handeln, aber auch andere Spezifizierungen sind vorgekommen. Eine typische Maß-für-Maß-Politik bleibt stets im Bereich zwischen Idealpunktmenge und Cournot-Menge. Auf Mengen unterhalb der Idealpunktmenge reagiert sie mit der Idealpunktmenge und auf Mengen über der Cournot-Menge antwortet sie mit der Cournot-Menge.

Eine Maß-für-Maß-Politik kann frühestens ab der dritten Periode angewandt werden, da erst dann zwei vergangene Perioden vorliegen. Das ist für die typische Strategiestruktur von Bedeutung, die in drei Phasen des Spielverlaufs unterschiedliche Verhaltensweisen vorsieht:

Anfangsphase:	*Hauptphase:*	*Endphase:*
Feste Konzessionen in bis zu vier Perioden.	Maß-für-Maß-Politik.	Nichtkooperativ in bis zu vier Perioden.

In der *Anfangsphase* erfolgt von einem verhältnismäßig hohen Anfangsangebot aus eine Bewegung auf den Idealpunkt hin. In der *Hauptphase* wird eine Maß-für-Maß-Politik angewandt. Das Verhalten in der *Endphase* ist nichtkooperativ. Typischerweise wird dort die Cournot-Menge gespielt.

Eine Strategie mit dieser Struktur nennen wir eine Maß-für-Maß-Strategie. Natürlich entsprechen die Endturnierstrategien im allgemeinen nicht in allen Punkten diesem Bild. Trotzdem kann von einer typischen Struktur gesprochen werden. Inwieweit eine Strategie der typischen Struktur nahekommt, kann durch ein Typizitätsmaß gemessen werden, das hier nicht näher erläutert werden soll. Der Spearman-Rangkorrelationskoeffizient zwischen Typizität und Spielerfolg im Endturnier beträgt 0,616 und ist auf dem 1%-Niveau (einseitig) signifikant. Je typischer eine Strategie ist, desto erfolgreicher ist sie.

Die in der Literatur bekannten Duopoltheorien gehen davon aus, daß quantitative Erwartungen über das Angebot des anderen gebildet werden und daß der eigene Gewinn auf dieser Grundlage maximiert wird. Das gilt auch für spieltheoretische Ansätze. Maß-für-Maß-Strategien dagegen betreiben keine quantitative Erwartungsbildung und keine Optimierung. Trotz dieses fundamentalen Unterschiedes zu der üblichen Rationaltheorie handelt es sich zweifellos um eine vernünftige Vorgehensweise.

Eine Maß-für-Maß-Politik dient nicht der passiven Anpassung an das Verhalten des anderen, sondern der aktiven Einflußnahme. Es wird versucht, die andere Seite durch geeignete Reaktionen auf das eigene kooperative Ziel hinzulenken.

Wenn beide Spieler mit Maß-für-Maß-Strategien Einfluß aufeinander ausüben wollen, so kann das durchaus zur Kooperation führen, wenn die Idealpunkte nicht zu aggressiv gewählt sind. Darauf beruht die positive Korrelation von Typizität und Erfolg.

Eine Maß-für-Maß-Politik kann also als reziproke Verhaltensweise gedeutet werden. Sie folgt dem Prinzip „wie du mir, so ich dir". Ob eine Aktion des anderen als freundlich oder feindlich eingestuft wird, entscheidet sich am eigenen Idealpunkt. Für die Stärke der Reaktion gilt ein Verhältnismäßigkeitsprinzip, wie man in Anlehnung an den juristischen Sprachgebrauch sagen könnte.

Das Vorhandensein einer nichtkooperativen Endphase weist darauf hin, daß wir es hier vermutlich meist nicht mit einer motivationalen Reziprozitätstendenz zu tun haben, sondern eher mit einer instrumentalen Reziprozität, die vornehmlich das eigene Interesse im Auge hat. Unmittelbar motivational verankerte Reziprozität kann jedoch nicht ganz ausgeschlossen werden. Zumindest kann die Wirksamkeit dieser Verhaltenstendenz in anderen Situationen der Grund dafür sein, daß sich das Prinzip der Maß-für-Maß-Politik als naheliegendes Element der Strategiekonstruktion anbietet.

Betrachten wir einen eingeschränkt rationalen Strategieplaner, der nichts anderes will, als einen möglichst großen Gewinn zu erreichen. Dieses Ziel ist in dem Sinne nicht operational, daß daraus nicht unmittelbar eine Handlungsanweisung abzuleiten ist. Es ist ein wichtiges allgemeines Problem der eingeschränkten Rationalität, daß nichtoperationale Ziele in operationale transformiert werden müssen. Im vorliegenden Fall besteht die Transformation in der Wahl eines Idealpunktes mit Hilfe eines Fairnesskriteriums. Das geschieht vor dem Hintergrund der Überzeugung, daß nur durch Kooperation hohe Gewinne zu erreichen sind. Kooperation erfordert einen fairen Interessenausgleich. Das Verhaltensmuster der Reziprozität bietet sich als Instrument zur Durchsetzung des kooperativen Ziels an. Auf diese Weise kann ein selbstzentriert motivierter Strategieplaner zu einer Maß-für-Maß-Politik gelangen. Da eine Maß-für-Maß-Politik nur von der dritten Periode an eingesetzt werden kann, ergibt sich die Notwendigkeit der Planung einer Anfangsphase. Die Anfangsphase wird dazu benutzt, mit einer Reihe von aufeinanderfolgenden Konzessionen Kooperationsbereitschaft zu signalisieren. Da auch bei dem anderen selbstzentrierte Motivation erwartet wird, muß mit nichtkooperativem Verhalten in den letzten Perioden gerechnet werden. Daraus ergibt sich die Planung einer Endphase.

Mit diesen Überlegungen sollte versucht werden, deutlich werden zu lassen, wie man sich im vorliegenden Fall die eingeschränkt rationale Umsetzung von ökonomischer Motivation in konkrete Handlungsanweisungen vorstellen kann.

L. Schlußbetrachtung

Der Stand der Forschung ist noch weit entfernt von einer empirisch gut gestützten allgemeinen Theorie der eingeschränkten Rationalität, aber man gewinnt den Eindruck, daß sich einige Aspekte bereits jetzt deutlich abzeichnen. Es gibt nicht nur graduelle, sondern grundsätzliche Unterschiede zu dem in der Wirtschaftstheorie geläufigen Bild der vollen Rationalität. Das betrifft auch die Struktur der ökonomischen Motivation.

In den nun folgenden abschließenden Ausführungen soll versucht werden, etwas mehr darüber zu sagen, aber nur soweit sich das anhand der hier dargestellten experimentellen Ergebnisse illustrieren läßt. Das bedeutet, daß Wichtiges, was auch als zum Thema gehörig betrachtet werden könnte, vollkommen außer acht gelassen wird, zum Beispiel Lernverhalten (*Roth* und *Erev* 1995, *Selten* und *Buchta* 1999) und die Theorie der Prominenz im Dezimalsystem (*Albers* und *Albers* 1983, *Albers* 1997) sowie die hyperbolische Abzinsung (*Ainslie* 1992). Ein vollständiges Bild dessen, was über eingeschränkte Rationalität und ökonomische Motivation aus der Literatur bekannt ist, kann hier nicht gezeichnet werden. Es soll auch weitgehend darauf verzichtet werden, die Diskussion durch weitere experimentelle Ergebnisse zu vertiefen, die bisher noch nicht zur Sprache gekommen sind.

Eine Theorie des eingeschränkt rationalen Verhaltens wird nicht auf der Annahme aufbauen dürfen, daß konsistente Präferenz- und Wahrscheinlichkeitsurteile gefällt werden können. Wie wir gesehen haben, sind solche Urteile unzuverlässig, da sie einem starken Einfluß aufmerksamkeitslenkender Faktoren unterliegen. Konsistenz kann nicht erwartet werden. Damit wird der Bayesianismus nicht nur als deskriptive, sondern auch als präskriptive Entscheidungstheorie fragwürdig. Die Grundlagen einer Modellierung der eingeschränkten Rationalität müssen anderswo gesucht werden.

Die in der herkömmlichen mikroökonomischen Theorie betrachteten Zielfunktionen, Nutzen oder Gewinn, kann man als *Optimierungsziele* bezeichnen. In praktischen Entscheidungssituationen ist es kaum einmal möglich, Optimierungsziele zu verfolgen. Es sind entweder nur vage oder unvollständige Präferenzen vorhanden, oder ein durch die experimentelle Aufgabe vorgegebenes Optimierungsziel ist nicht operational und muß daher durch etwas anderes ersetzt werden.

Für das eingeschränkt rationale Verhalten sind anders strukturierte Ziele von Bedeutung, zum Beispiel Kriterien für die Lotteriewahl (Abschnitt E), Ansprüche (Abschnitt J) oder Idealpunkte (Abschnitt K). In allen diesen Fällen handelt es sich um *Erfüllungsziele* in dem Sinne, daß ein Ergebnis angestrebt wird, das bestimmte Bedingungen erfüllt. Ein Erfüllungsziel ist nicht etwas, was zu maximieren ist, sondern etwas, was erreicht werden soll.

Erfüllungsziele sind nicht starr. Sie können im Laufe des Entscheidungsprozesses durch andere ersetzt werden. Das klassische Beispiel ist die Anspruchsanpassung (Abschnitt J). Die Konzepte der Anspruchserfüllung und Anspruchsanpassung finden sich schon in den grundlegenden Arbeiten von *H. A. Simon* (1957). Die Anspruchsanpassungstheorie (*Sauermann* und *Selten* 1962, *Selten* 1998) baut auf diesen Konzepten auf. Obwohl sie im Lichte der experimentellen Forschung revisionsbedürftig ist, zeigt sie, wie wesentliche Aspekte der eingeschränkten Rationalität einer kohärenten formalen Modellierung zugänglich sind.

Man kann davon ausgehen, daß Versuchspersonen die Wahl zwischen zwei Lotterien gefühlsmäßig treffen. Es ist uns nicht bekannt, wie die dabei weitgehend unbewußt ablaufenden Entscheidungsprozesse aussehen. Es ist aber vielleicht für diese Frage von Bedeutung, daß die von erfahrenen Versuchspersonen angegebenen Lotteriewahlstrategien meist Mehrkriterienproduktionssysteme sind. Mit diesen Strukturen wird versucht, verschiedenen Aspekten des Problems nacheinander Rechnung zu tragen. Offensichtlich ist dies kein Optimierungsvorgang. Es gibt keine Funktion, die maximiert wird.

Eine Theorie des eingeschränkt rationalen Verhaltens wird Entscheidungsprozesse beschreiben müssen, die nicht optimierend sind, auch nicht annäherungsweise. Es ist nichts da, was optimiert wird. Es werden verschiedene Gesichtspunkte berücksichtigt, aber das geschieht nicht durch die Maximierung einer Funktion, sondern in grundsätzlich anderer Weise.

Wie wir gesehen haben, gibt es das Problem der Transformation nichtoperationaler Ziele in operationale Ziele. So wird zum Beispiel die Maximierung des Gesamtgewinns in den typischen Strategien für das 20-Perioden-Mengenduopol durch das einfachere Ziel der Kooperation bei einem Idealpunkt ersetzt. Bei der Wahl zwischen zwei Lotterien mit Wahrscheinlichkeitsauszahlung scheint etwas Ähnliches stattzufinden. Die Versuchspersonen betrachten nicht unmittelbar die Auswirkung der Entscheidung auf die Geldauszahlung in der großen Lotterie, sondern lassen sich statt dessen von den Punktgewinnen in den zu vergleichenden Lotterien leiten. Die Informationsverarbeitung behandelt dann Punktgewinne ähnlich wie direkte Geldauszahlungen. Die Gesamtsituation fließt nur über die stärkere Akzentuierung von Hoffnungen und Befürchtungen durch das erhöhte Hintergrundrisiko ein.

In den Experimenten von *Loomes* (Abschnitt F) über Geldallokation und Wahrscheinlichkeitsallokation stehen die Versuchspersonen vor der Aufgabe, durch die Wahl eines Parameters x zwischen null und 20 eine von 21 Lotterien auszuwählen. Es sind nur vage Zielvorstellungen vorhanden, die aber nicht in ein operationales Ziel transformiert werden, sondern in ein qualitatives Lösungsprinzip: Mehr auf die Alternative A mit der höheren Wahrscheinlichkeit setzen, aber nicht alles.

Durch einfache Quantifizierung entsteht daraus das typische Verhalten. Es ist dies eine *direkte Entscheidungskonstruktion,* die ohne Erfüllungsziele auskommt.

Es scheint häufig so zu sein, daß zunächst eine qualitative Entscheidung gefällt wird, die anschließend quantifiziert wird. Man kann in diesen Fällen von zwei Stufen des Entscheidungsprozesses sprechen, einer qualitativen und einer quantitativen. So kann zum Beispiel ein Strategieplaner zunächst das qualitative Konzept einer Maß-für-Maß-Politik entwickeln (Abschnitt K) und erst danach zur Quantifizierung übergehen.

Das Zusammenwirken von interpersoneller Motivation und eingeschränkter Rationalität wirft besondere Probleme auf. Die wichtige Verhaltenstendenz der Reziprozität erfordert die Einstufung von Aktionen der anderen Seite als freundlich, feindlich oder neutral. Wie wir am Beispiel des Gefangenendilemmas gesehen haben (Abschnitt H), kommt es hierbei nicht nur auf objektive Zusammenhänge zwischen Entscheidungen und Auszahlungen an, sondern auch auf die Präsentation. Die zerlegte Form legt eine Interpretation der kooperativen Wahl als freundlich nahe, weit mehr als die Bimatrixform.

Optimierungstheorien der interpersonellen Motivation können solche *Präsentationseffekte* nicht erfassen. Eine adäquate Theorie muß den Prozeß der eingeschränkt rationalen Situationsanalyse nachzeichnen.

Wie *Warglien, Devetag* und *Legrenzo* (1998) dargelegt haben, stützen sich Versuchspersonen bei der Analyse von experimentellen Spielen auf mentale Modelle im Sinne von *Johnson-Laird* (1983). Es liegt nahe, zu vermuten, daß dabei eine Anknüpfung an Alltagserfahrungen mit mündlichen Verhandlungen von Bedeutung sind. Es kann so zu mentalen Modellen kommen, die eine kooperative Analyse von eigentlich nichtkooperativen Spielsituationen nahelegen.

Reziprozität ist eng mit Fairnessnormen verbunden, an denen gemessen wird, was freundlich, feindlich oder neutral ist. In Verhandlungssituationen konzentrieren sich die Auseinandersetzungen der Parteien häufig auf den Konflikt zwischen verschiedenen Fairnessnormen. Das gilt allerdings nur dort, wo eine Vergleichbarkeit der Ergebnisse gegeben ist.

Lohnkonflikte sind nicht von dieser Art. Es gibt keinen naheliegenden gemeinsamen Maßstab für die von den Arbeitgebern und Gewerkschaften bei einer Einigung erzielten Ergebnisse. In experimentellen Lohnverhandlungen (Abschnitt J) tritt deshalb das Anspruchsausgleichsprinzip an die Stelle der Fairnessnormen. Der Anspruchsausgleich findet durch gegenseitige Anspruchsanpassung auf ordinalen, interpersonell vergleichbaren Anspruchsskalen statt.

Die Anspruchsausgleichstheorie läßt die Frage nach der Entstehung der Anspruchsskalen offen. Es ist experimentell gezeigt worden, daß Anspruchsskalen an die Erfahrung angepaßt werden (*Scholz* 1983). Es besteht eine Tendenz, erreichte Niveaus zu erhöhen und nicht erreichte zu senken. Die Frage ist damit allerdings nicht ausreichend beantwortet.

Im Falle der Idealpunkte (Abschnitt K) kann mehr darüber gesagt werden, wie sie zustande kommen. Sie werden meist von Fairnesskriterien abgeleitet. Das mentale Modell der imaginären Verhandlungen könnte dabei von Bedeutung sein.

Eine zukünftige formale Theorie der eingeschränkten Rationalität wird klären müssen, wie nichtoperationale Zielvorstellungen durch Transformation in operationale Erfüllungsziele oder durch direkte Entscheidungskonstruktion in konkretes Handeln übersetzt werden können. Dieses *Operationalisierungsproblem* entsteht dadurch, daß zu Beginn des Entscheidungsprozesses nur vage und unvollständige Präferenzen vorhanden sind, oder dadurch, daß ein Optimierungsziel vorgegeben ist, das wegen der Unüberschaubarkeit der Zusammenhänge nicht verfolgt werden kann. Ein besseres Verständnis des Ineinandergreifens von ökonomische Motivation und eingeschränkter Rationalität erfordert Fortschritte in diese Richtung.

Literaturverzeichnis

Ainslie, G. (1992), Picoeconomics, Cambridge, Cambridge University Press.

Albers, W. (1997), Foundations of a Theory of Prominence in the Decimal System, Discussion Papers, Institut für Mathematische Wirtschaftsforschung, Universität Bielefeld.

Albers, W. / G. *Albers* (1983), On the prominence structure in the decimal system, in: R. W. Scholz (ed.), Decision making under uncertainty, Amsterdam, Elsevier (North Holland), 271 – 287.

Berg, J. / J. *Dickhaut* / K. *McCabe* (1995), Trust, Reciprocity, and Social History, Games and Economic Behavior, 10, 122 – 142.

Bolton, G. E. / A. *Ockenfels* (2000), ERC – A Theory of Equity, Reciprocity and Competition, erscheint in: American Economic Review.

Borcherding, K. / S. *Schmeer* / M. *Weber* (1995), Biases in Multiattribute Weight Exicitation, in: J. P. Caverni, M. Bar-Hillel, F. H. Barron, H. Jungermann (eds.), Contributions to Decision Making I, Amsterdam, Elsevier Science, 3 – 27.

Bornstein, G. / M. *Ben-Youssef* (1994), Cooperation in intergroup and single-group social dilemmas, Journal of Experimental Social Psychology, 30,0 52 – 67.

Fehr, E. / K. *Schmidt* (1999), A Theory of Fairness, Competition and Cooperation, Quarterly Journal of Economics, 114, 817 – 868.

Fehr, E. / S. *Gächter* / G. *Kirchsteiger* (1997), Reciprocity as a Contract Enforcement Device – Experimental Evidence, Econometrica, 65, 833 – 860.

Fischhoff, B. / P. *Slovic* / S. *Lichtenstein* (1978), Fault Trees: Sensitivity of estimated failure probabilities to problem representation, Journal of Experimental Psychology: Human Perception and Performance 4, 330 – 334.

Gigerenzer, G. / P. M. *Todd* / ABC Research Group (1999), Simple Heuristics That Make Us Smart, Oxford, Oxford University Press.

Gneezy, U. / A. *Rustichini* (1998), Pay enough – or don't pay at all, Discussion Paper, University of Tilburg.

Güth, W. / R. *Schmittberger* / B. *Schwarze* (1982), An Experimental Analysis of Ultimatum Bargaining, Journal of Economic Behavior and Organization, 3, 367 – 388.

Hennig-Schmidt, H. (1999), Bargaining in a Video Experiment – Determinants of Boundedly Rational Behavior, Berlin, Springer.

Johnson-Laird, Ph. (1983), Mental Models, Cambridge, Cambridge University Press.

Loomes, G. (1998), Probability vs. Money: A Test of Some Fundamental Assumptions about Rational Decision Making, The Economic Journal, 108, 477 – 489.

von Neumann, J. / O. *Morgenstern* (1944, second edition 1947), Theory of Games and Economic Behavior, Princeton, Princeton University Press.

Newell, A. / H. *Simon* (1972), Human Problem Solving, Englewood Cliffs, Prentice Hall.

Pruitt, D. G. (1970), Reward Structure of Cooperation: The Decomposed Prisoner's Dilemma Game, Journal of Personality and Social Psychology, 7, 21 – 27.

Quiggin, J. (1993), Generalized Expected Utility Theory: The Rank Dependent Model, Boston, Kluwer.

Roth, A. / I. *Erev* (1995), Learning in extensive form games, Games and Economic Behavior, 8, 164 – 212.

Savage, L. (1954), The foundation of statistics, New York, Wiley.

Sauermann, H. / R. *Selten* (1962), Anspruchsanpassungstheorie der Unternehmung, Zeitschrift für die gesamte Staatswissenschaft, 118, 577 – 597.

Scholz, R. W. (1987), Cognitive Strategies in Stochastic Thinking, Dordrecht, Reidel.

Scholz, R. W. / A. *Fleischer* / A. *Bentrup* (1983), Aspiration forming and predictions based on aspiration levels compared between professional and non-professional bargainers, in: R. Tietz (ed.), Aspiration Levels in bargaining and economic decision making, Berlin, Springer, 104 – 121.

Selten, R. (1967), Die Strategiemethode zur Erforschung des eingeschränkt rationalen Verhaltens im Rahmen eines Oligopolexperiments, in: H. Sauermann (ed.), Beiträge zur experimentellen Wirtschaftsforschung, Tübingen, Mohr, 136 – 168.

– (1988), The Equity Principle in Economic Behavior, in: Models of Strategic Rationality, Dordrecht, Kluwer, 169 – 281.

– (1997), Descriptive Approaches to Cooperation, in: S. Hart and A. Mas-Colell (eds.), Cooperation: Game Theoretic Approaches, Berlin, Springer, 189 – 326.

– (1998), Aspiration adaption Theory, Journal of Mathematical Psychology, 42, 91 – 214.

Selten, R. / J. *Buchta* (1999), Experimental scaled bid first price auctions with directly observed bid functions, in: D. Budescu, I. Erev, R. Zwick (eds.), Games and Human Behavior, Mahwah, Erlbaum, 79 – 102.

Selten, R. / M. *Mitzkewitz* / G. R. *Uhlich* (1997), Duopoly Strategies Programmed by Experienced Players, Econometrica, 65, 517 – 55.

Selten, R. / A. *Ockenfels* (1998), An Experimental Solidarity Game, Journal of Economic Behavior and Organization, 34, 517 – 539.

Selten, R. / A. *Sadrieh* / K. *Abbink* (1999), Money Does not Induce Risk Neutral Behavior, but Binary Lotteries Do even Worse, Theory and Decision, 46, 211 – 49.

Simon, H. A. (1957), Models of Man: Social and Rational, New York, Wiley.

Tietz, R. (1973), Ein anspruchsanpassungsorientiertes Wachstums- und Konjunkturmodell (KRESKO), Tübingen, Mohr.

– (1976), Anspruchsausgleich in experimentellen Zwei-Personenverhandlungen mit verbaler Kommunikation, Zeitschrift für Sozialpsychologie, Beiheft 2: Entscheidungsprozesse in Gruppen, 123 – 141.

Tietz, R. / W. *Daus* / J. *Lautsch* / P. *Lotz* (1988), Semi-normative properties of bounded rational bargaining theories, in: R. Tietz, W. Albers, R. Selten (eds.), Bounded rational behavior in experimental games and markets, Berlin, Springer, 142 – 159.

Tietz, R. / H. J. *Weber* (1972), On the nature of the bargaining process in the KRESKO-game, in: H. Sauermann (ed.), Contributions to experimental economics, Vol. III, Tübingen, Mohr, 305 – 334.

Warglien, M. / M. G. *Devetag* / P. *Legrenzo* (1998), Mental Models and Naive Play in Normal Form Games, Università Ca'Foscari di Venezia, Dipartimento di Economia e Direzione Aziendale, unveröffentlicht.

Weber, M. / F. *Eisenführ* / D. *von Winterfeldt* (1988), The Effects of Splitting Attributes on Weights in Multiattribute Utility Measurement, Management Science, 34, 431 – 445.

Laudationes

Von Prof. Dr. *Hans-Werner Sinn*

Gossen-Preis

Meine sehr geehrten Damen und Herren, liebe Kollegen,

in diesem Jahr wird zum dritten Male der Gossenpreis verliehen. Es wird ein junger Wissenschaftler aus unseren Reihen geehrt, der sich in besonderer Weise internationale Anerkennung verschafft hat und nicht älter als 45 Jahre ist. Auch in diesem Jahr hat das Preiskommitee, bestehend aus Tony Atkinson, Bruno Frey, Martin Hellwig, Arnold Picot, Erich Streissler und mir selbst, dem erweiterten Vorstand wieder vier Kandidaten vorgeschlagen, aus denen dann per Briefwahl der Preisträger ermittelt wurde.

Der diesjährige Preisträger beschäftigte sich zunächst intensiv mit Problemen der Arbeitsmarkttheorie und setzte sich insbesondere mit der „Effizienzlohntheorie“ eingehend auseinander. Seine 1991 eingereichte Habilitationsschrift mit dem Titel „Unfreiwillige Arbeitslosigkeit als Gleichgewichtsphänomen“ faßt seine wesentlichen theoretischen Arbeiten zu diesem Themenkreis zusammen.

Er hat zahlreiche Veröffentlichungen in besten Zeitschriften unserer Disziplin vorzuweisen. Dazu gehören Veröffentlichungen in Econometrica, American Economic Review, Journal of Political Economy, Quarterly Journal of Economics, Economic Journal, European Economic Review, Journal of Economic Behaviour and Organization, um hier nur die wichtigsten zu nennen. Die Auswertung des Social Science Citation Index, der die Zitierungen seiner Arbeiten ausweist, sagt, in welch großem Ausmaß diese Arbeiten in kurzer Zeit auch internationale Anerkennung gefunden haben. Es gibt niemanden im deutschen Sprachraum, der in seinem Alter auch nur annähernd so viele Veröffentlichungen in den Top-Journals vorzuweisen hat, und auch wenn ich die Altersgrenze bei hundert Jahren ziehe, dann finde ich kaum jemanden, der ihm in dieser Hinsicht das Wasser reichen kann.

Der Preisträger wurde 1956 in Hard in Vorarlberg geboren. Er studierte von 1975–1980 Volkswirtschaftslehre an der Universität Wien und graduierte 1980 zum Magister der Sozial- und Wirtschaftswissenschaften. Von 1981 an war er Universitätsassistent am Institut für Volkswirtschaftslehre der Technischen Universität Wien, zunächst bei Professor van der Bellen und dann ab 1982 bei Professor Frisch. In Wien war er auch Assistentenvertreter, und wie mir ein älterer Kollege aus Wien versicherte, verstand er sich wie kein anderer darauf, den Professoren

Zugeständnisse abzupressen. Diese praktische Erfahrung in spieltheoretischen Dingen war ihm später noch nützlich.

Nach seiner Promotion im Jahr 1986 ging er 1988 für ein Jahr an die London School of Economics. 1991 folgte die Habilitation, und 1994 nahm er den Ruf an die Universität Zürich an. Daß er auch heute noch in Zürich lehrt, ist keine Selbstverständlichkeit, denn er erhielt seitdem bereits mehrere Rufe, darunter auch einen Ruf nach Bonn als Nachfolger von Reinhard Selten, den wir im Anschluß an diese Preisverleihung als Thünen-Redner hören werden.

Erst nach der Habilitation wandte sich unser Preisträger zunächst noch in Wien, dann ab 1994 auch in Zürich dem Gebiet zu, auf dem er seine vielbeachteten Aufsätze schrieb. Es handelt sich um die experimentelle Ökonomie. Er zählt heute neben Reinhard Selten, Werner Güth und Joachim Weimann zu den Vertretern der neuen deutschen Schule von experimentellen Ökonomen, die internationale Anerkennung erworben hat. Dies sage ich ungeachtet der Tatsache, daß sich der Preisträger selbst nicht gern als „experimenteller Ökonom" bezeichnen läßt, sondern es vorzieht, ein Ökonom zu sein, der *auch* experimentell arbeitet.

Nach diesen Erläuterungen werden Sie wissen, wen ich meine. Die wenigen, die noch rätseln, möchte ich aber auch nicht mehr auf die Folter spannen. Ich freue mich, Ihnen den diesjährigen Gossenpreisträger vorzustellen. Es ist

Ernst Fehr.

Bevor ich Herrn Fehr bitte, zu uns zu kommen, möchte ich noch einige Anmerkungen zu seinen wissenschaftlichen Arbeiten machen.

Das zentrale Thema in Fehrs experimenteller Forschung ist Reziprozität. In seiner negativen Form wird der Begriff wohl am besten durch den Bibelspruch „Auge um Auge, Zahn um Zahn" erläutert. Der entscheidende Unterschied zum Standardmodell der Mikroökonomik ist, daß nach Fehrs Meinung beispielsweise Individuen sich auch dann für einen zugefügten ökonomischen Schaden rächen, wenn es sich aus monetärer Sicht gar nicht lohnt.

Solche Reziprozität kann aber auch positiver Natur sein. Reziprozität in diesem Sinne bedeutet: „Tue dem Gutes, der dich gut behandelt." Dies zeigt sich am eindrucksvollsten in seinen Gift-Exchange-Experimenten. In diesen Experimenten kann man beobachten, daß Spieler, die in die Rolle von Unternehmern schlüpfen, bereit sind, ihren „Arbeitnehmern" von Anfang an Zuschläge auf den Marktlohn zu bezahlen, in der Hoffnung, daß die Arbeitnehmer darauf mit einem höheren Leistungseinsatz reagieren. Während solch ein Verhalten für andauernde Arbeitsverhältnisse durchaus mit der Standardtheorie erklärt werden kann, ist es bei einmaligen Verträgen nur schwer begründbar. Warum sollte ein Arbeitnehmer sich besonders anstrengen, wenn er bereits für die gesamte Arbeit bezahlt wurde und es keinerlei Rückforderungen des Auftraggebers gibt? Nur weil der Auftraggeber großzügig war?

Fehrs Experimente zeigen, daß es tatsächlich eine große Zahl von Spielern gibt, die solche Lohnzuschläge mit erhöhter Leistungsbereitschaft honorieren – obwohl es ihnen Kosten verursacht und es keinerlei Druckmittel von Seiten des Unternehmens gibt.

Wie läßt sich dieses Verhalten erklären? Im Prinzip gibt es zwei Möglichkeiten, die in der Literatur betrachtet werden. Entweder die Spieler sind schlichtweg irrational. Oder sie sind zwar rational, aber ihre Präferenzen erstrecken sich nicht nur auf die Auszahlungen, die sie selbst erhalten, sondern auch auf die Auszahlungen anderer Spieler. Fehr vertritt in dieser Diskussion ganz klar die zweite Auffassung. Damit bestätigt er Keynes, der ja die nach unten hin starren Nominallöhne so begründet hat.

In dem in der letzten Ausgabe des Quarterly Journal of Economics erschienen Aufsatz „A Theory of Fairness, Competition and Cooperation" entwickelt er gemeinsam mit Klaus Schmidt eine konkrete Form für solch eine Präferenzstruktur. Sie nennen es eine „selbstzentrierte Ungerechtigkeitsaversion". Die Hypothese ist, daß zumindest eine gewisser Anteil aller Individuen eine Aversion gegen Ungleichheit hat, die besonders ausgeprägt ist, wenn das Individuum selbst durch diese Ungleichheit benachteiligt ist. Es birgt sicher eine gewisse Gefahr, abweichendes Verhalten durch solch „exotische" Präferenzen zu erklären. So kann man argumentieren, daß man auf diese Weise alles und nichts erklären kann. Was diese Arbeit dennoch überzeugend macht, ist die große Anzahl verschiedenster Ergebnisse der experimentellen Forschung, die hier innerhalb *eines* Modells als Ergebnis rationalen Handelns begründet werden können.

Eines der Geheimnisse des Erfolges von Ernst Fehr ist seine Fähigkeit, die Leser und Zuhörer von der Bedeutung seiner Forschung zu überzeugen. Bei einer Arbeit aus seiner Feder weiß man immer ganz genau, warum gerade diese Frage mit Hilfe von Experimenten zu behandeln ist, und wird genauestens darüber informiert, welchen Fortschritt die gewonnene Erkenntnis schafft.

Ein zweites Geheimnis seines Erfolges ist die akribische Planung und Durchführung seiner Experimente. Nichts wird hier dem Zufall überlassen. Vor einigen Monaten war Ernst Fehr als Gast am *Center for Economic Studies* in München und führte dort auch eine Reihe von Experimenten durch. Eines Morgens kam er kurz vor Beginn der Experimente in das Computerlabor, wo einige Assistenten, die das Experiment überwachen sollten, noch schnell ein zweites Frühstück zu sich nahmen. Er sog die Luft im Raum kurz ein, rannte plötzlich durch den Raum und riß sämtliche Fenster auf. „Um Gottes Willen, wie kann man hier drinnen nur eine Leberkässemmel essen. Der Geruch verfälscht uns ja die Ergebnisse."

Lieber Herr Fehr, ich bitte Sie nun, den Preis entgegenzunehmen. Er besteht aus einer Urkunde, deren Begründungstext ich jetzt verlese, und einem kleinen, nicht unwichtigen Umschlag.

Anläßlich der Jahrestagung 1999 in Mainz wird

Herrn Professor Ernst Fehr

der **Gossen-Preis des Jahres 1999** verliehen.

Ernst Fehr ist einer der herausragenden, auch international stark beachteten Ökonomen, die sich vor allem experimenteller Methoden bedienen. Er hat den Einfluß von sozialen Normen, Fairneßvorstellungen und Reziprozität auf wirtschaftliche Gleichgewichte, insbesondere auch auf Arbeitsmarktgleichgewichte, überzeugend nachgewiesen. Damit hat er die Bedeutung einer verhaltensorientierten Ökonomik deutlich gemacht.

Herzlichen Glückwunsch!

Thünen-Vorlesung

Lassen Sie mich nun zur zweiten Ehrung des heutigen Abends kommen und den diesjährigen Thünen-Redner Reinhard Selten herzlich willkommen heißen. Dies ist der Tag der experimentellen Ökonomie, denn wie schon erwähnt, ist auch Reinhard Selten heute in erster Linie als experimenteller Ökonom tätig.

Reinhard Selten wurde 1930 in Breslau geboren. Dort betrieb sein Vater einen Lesezirkel, den er jedoch aufgrund seiner jüdischen Herkunft in den dreißiger Jahren aufgeben mußte. Auch für Reinhard Selten waren in dieser Zeit viele Türen verschlossen. Er mußte die Schule abbrechen, und es war ihm verboten, eine Lehrstelle anzutreten. Mit einem der letzten Züge, die nach Westen fuhren, gelangte er mit seiner Familie über Sachsen und Österreich schließlich nach Melsungen, wo er von 1947 bis 1951 das Gymnasium besuchte. Daran schloß sich von 1951 bis 1957 ein Mathematikstudium in Frankfurt am Main an.

Durch einen populärwissenschaftlichen Artikel im Fortune Magazine wurde sein Interesse an der Spieltheorie geweckt, und es war nur folgerichtig, daß er sich zu einem Seminar in Spieltheorie bei Edward Burger, einem Mathematiker, anmeldete. Seit dieser Zeit ließ ihn die Spieltheorie nicht mehr los.

Etwa zur gleichen Zeit stieß Reinhard Selten zur Volkswirtschaft: Er begann als Assistent bei Heinz Sauermann zu arbeiten. Dort wurde er zu einem der Mitbegründer der deutschen Schule der experimentellen Wirtschaftswissenschaft, aus der ja auch Herr Fehr hervorgegangen ist. Durch die dort durchgeführten Oligopolexperimente gelangte Reinhard Selten früh zu der Überzeugung, daß eine Theorie vollständiger Rationalität die Ergebnisse seiner Experimente nicht erklären konnte. Wenn ich den Titel seiner Thünenvorlesung „Eingeschränkte Rationalität und ökonomische Motivation" richtig interpretiere, so wird er sich auch heute mit diesem Themenkomplex beschäftigen.

Während seiner Assistenzzeit heiratete er 1959, also vor 40 Jahren, seine Frau Elisabeth, die er bei einem Treffen der Esperanto-Bewegung kennenlernte.

1967 ging Reinhard Selten für ein Jahr nach Berkeley. Nach seiner Rückkehr habilitierte er sich in Frankfurt am Main mit dem Thema „Preispolitik der Mehrproduktenunternehmung in der statischen Theorie" und trat 1969 eine Professur an der Freien Universität in Berlin an. 1972 wechselte er als einer der Gründungsväter des Instituts für mathematische Wirtschaftsforschung nach Bielefeld. 1984 schließlich nahm er einen Ruf an die Universität Bonn an, wo er auch nach seiner Emeritierung noch als Direktor des Laboratoriums für experimentelle Wirtschaftsforschung aktiv ist.

Die wissenschaftlichen Auszeichnungen Reinhard Seltens sind Ihnen wohl bekannt. Zusammen mit John Nash und John Harsanyi erhielt er 1994 den Nobelpreis für die „grundlegende Analyse des Gleichgewichts in der nicht-kooperativen Spieltheorie", was alle deutschen Kollegen unverdientermaßen mit großem Stolz erfüllt hat. Darüber hinaus, und das ist vielleicht nicht allen bekannt, hat er mehrere Ehrendoktorwürden erhalten. So ist er Ehrendoktor an seinen früheren Wirkungsstätten – den Universitäten Frankfurt, Berlin und Bielefeld – sowie in Graz. 1996 ernannte ihn die Jiaotong-Universität Shanghai zum Ehrenprofessor. Er war Präsident der European Economic Association, er ist Fellow der Econometric Society und Ehrenmitglied der American Economic Association. Er gehört zur Nordrhein-Westfälischen Akademie der Wissenschaften und ist ausländisches Ehrenmitglied der American Academy of the Arts and Sciences. Außerdem ist er Mitglied des Honora Patrona Komitato der Universala Esperanto Asocio.

Was kann man zu Reinhard Seltens wissenschaftlichem Werk sagen? Vieles und vor allem Ihnen Wohlbekanntes. Viele von Ihnen, und ich denke hier an die etablierten Kollegen genauso wie an unsere jungen Nachwuchswissenschaftler, arbeiten mit Methoden der Spieltheorie, die ganz wesentlich auf Reinhard Selten zurückgehen. Während seiner Zeit in Frankfurt entstand seine wohl wichtigste Arbeit „Spieltheoretische Behandlung eines Oligopolmodells mit Nachfragetätigkeit", die 1965 in der „Zeitschrift für die gesamte Staatswissenschaft" erschien, eine Zeitschrift, die ja pikanterweise von seinem eigenen Chef herausgegeben wurde und bei der es damals noch kein Refereesystem gab. In diesem deutschsprachigen Artikel führt er das Konzept der Teilspielperfektheit ein, das er später durch das Konzept der Zitternden Hand – der Trembling Hand – ergänzte. Das Konzept der Teilspielperfektheit wurde zehn Jahre später, angewandt auf makroökonomische Politikprobleme, von Kydland und Prescott für die in der Spieltheorie nicht gerade führenden amerikanischen Ökonomen in gewisser Weise neu erfunden und trat dann seinen Siegeszug durch die ökonomische Literatur an. Die späte Anerkennung, die das Konzept im Ausland erfuhr, hat Selten schließlich auch in Deutschland populär gemacht – ein Umweg, der uns zu denken geben sollte.

Als ich im Jahr 1967 mit dem Studium begann, schien es, daß die Spieltheorie ihre Hochblüte gerade hinter sich hatte. Mit Ausnahme von Selten und wenigen anderen war es die Theorie älterer Ökonomen, die den Gipfel ihrer Leistungskraft bereits überschritten hatten. Die jüngeren wendeten sich damals der Wachstumstheorie zu. Ich finde es deshalb bemerkenswert, daß die Spieltheorie inzwischen einen Siegeszug durch die Ökonomie angetreten hat und heute in einer zweiten Hochblühte steht, wo sie in mehr und mehr konkreten Politikproblemen mit hohem Nutzen angewandt wird und aus dem Handwerkskasten der Ökonomen gar nicht mehr wegzudenken ist. Sie hat insbesondere auch die Betriebswirtschaftslehre bereichert. Wenn ich mit dem Zug oder dem Flugzeug unterwegs bin, sehe ich immer wieder Geschäftsleute in Büchern wie „Spieltheorie für Einsteiger" blättern. Was uns Reinhard Selten als komplexes theoretisches Konzept übergeben hat, ist inzwischen sogar zum populären Instrumentarium für Manager und Unternehmensberater geworden.

Erstaunlich ist bei allem auch, daß Reinhard Selten selbst der heute populären Spieltheorie recht skeptisch gegenübersteht. Ja, es liegt ein Hauch von Schizophrenie darin, daß er den Nobelpreis für Arbeiten erhielt, in denen die Entscheidungsträger eine besonders extreme Form hoher Intelligenz aufweisen, während er doch selbst die Rationalitätshypothese weitgehend ablehnt. Seine wahre Überzeugung ist, wie er mir zu meiner großen Überraschung einmal versicherte, das Gegenteil dessen, wofür er den Nobelpreis erhielt, und sein wahres Interesse gilt den experimentellen Spielen, die die Idee der Teilspielperfektheit nach seiner Meinung als empirisch bedeutunglos entlarven. Ich muß gestehen, daß mich das alles sehr verwirrt. Ich würde von Reinhard Selten gern erfahren, wie ein einfacher Volkswirt, wie ich selbst es bin, den intellektuellen Widerspruch in seinen Arbeiten gedanklich überwinden kann. Und ich wäre auch froh, etwas dazu zu hören, wie wir Ökonomen weiterhin als Politikberater agieren können, wenn die Grundpfeiler des methodologischen Individualismus und des individuellen Rationalverhaltens, die uns ja den Rückgriff auf diktatorische Werturteile ersparen, zerstört werden. Sollen wir etwa in Zukunft eine Politikempfehlung mit der Dummheit der Menschen begründen?

Mit dieser Frage will ich es bewenden lassen und Reinhard Selten selbst das Wort geben. Meine sehr verehrten Damen und Herren, freuen wir uns nun gemeinsam auf eine sicherlich spannende Thünen-Vorlesung zu einem der Grundprobleme unserer Disziplin.

Herr Selten, Sie haben das Wort.

Rede beim Empfang durch die LZB in Rheinland-Pfalz und im Saarland

Von Prof. Dr. *Hans-Werner Sinn*

Lieber Herr Koebnick, meine sehr geehrten Damen und Herren,

im Namen des Vereins für Socialpolitik darf ich mich ganz herzlich bei der Landeszentralbank in Rheinland-Pfalz und im Saarland für die Einladung in diese herrlichen Räumlichkeiten bedanken.

Hier im kurfürstlichen Schloß kann es eigentlich gar nicht ausbleiben, daß man sich mit der Vergangenheit beschäftigt. Als ich mich ein wenig über die Mainzer Stadtgeschichte kundig gemacht habe, sind mir einige Parallelen zu unserem Kerntagungsthema, nämlich der Osterweiterung der EU, nicht verborgen geblieben.

1789 brach in Frankreich die große Revolution aus. Die Monarchie hatte abgewirtschaftet, das Volk befreite sich von den eisernen Fesseln des Absolutismus. 1989, genau zweihundert Jahre später, gab es eine nicht minder wichtige Revolution in Osteuropa, und das Volk befreite sich vom Eisernen Vorhang. Ohne diese zweite Revolution hätte es die Osterweiterung der EU nicht geben können, und ohne die erste wäre Mainz nicht, was es ist.

Vor 200 Jahren schauten die Bürger des Mainzer Kurstaates nämlich gebannt auf die Ereignisse in Paris und ließen sich alsbald vom revolutionären Elan der Franzosen anstecken. Im eng verzahnten deutsch-französischen Grenzgebiet breiteten sich die Ideen und Ideale der Revolution wie ein Lauffeuer aus: Bauern verweigerten ihre Abgaben, Handwerker gingen protestierend auf die Straßen, oft mit den Farben und Parolen der Revolution. Gleichheit, Freiheit und Brüderlichkeit auch in Mainz.

Wenn ich mich an die Bilder aus Ungarn, Polen, der DDR und Rumänien von vor zehn Jahren erinnere, dann kann ich mir sehr gut vorstellen, was damals hier passierte. Die Streiks in der Danziger Werft, das Fahnenmeer in Bukarest, und die Panzer – aber auch fröhliche Bilder an der Grenze von Ungarn nach Österreich und an der Mauer, auf der die Menschen sangen und tanzten. Alles muß sich vor 200 Jahren in Mainz sehr ähnlich abgespielt haben.

Nun, um es kurz zu machen, der Aufstand der Mainzer ermunterte die Franzosen, eine Osterweiterung ihrer Republik zu probieren, und 1792 nahmen sie die Stadt mit Waffengewalt ein. Dabei legten die Eroberer großen Wert darauf, nicht als feindliche Unterdrücker, sondern als Befreier der politisch rechtlosen Bevölkerung zu erscheinen. So sicherte der Eroberer von Mainz, Custine, am 23. Oktober 1792 den Mainzern zu, daß ihr „eigener, ungezwungener Wille ... ihr Schicksal entscheiden“ solle.

Tatsächlich konstituierte sich daraufhin zunächst im Jahr 1793 der „Rheinisch-Deutsche Freistaat“, heute besser als „Mainzer Republik“ bekannt. Indes, statt frei zu bleiben, strebte dieser Staat angesichts der zunehmenden militärischen Bedrohung durch die immer näher rückenden preußisch-hessischen Truppen eine schnelle Vereinigung mit dem revolutionären Frankreich an. Man schickte eine Delegation nach Paris, wo das Vereinigungsgesuch vorgetragen wurde.

Bei den Franzosen brach eine spontane Begeisterung über die mögliche Vollendung der Osterweiterung aus. Ein Problem waren nur die anrückenden Preußen. Leider war Frankreich nicht willens, diesen neuen Teil der Nation ernsthaft zu verteidigen und übergab die Stadt Mainz gegen den Willen der Mainzer nach kurzer Belagerung gegen Zusicherung freien Geleits an die Preußen.

Ich hoffe, Sie, Herr Zohlnhöfer, empfinden es angesichts dieses für Sie nicht sehr glücklichen Teils Ihrer Geschichte nicht als Affront, wenn nun ich, halb Bayer, halb Preusse, hier mitten in Mainz das Wort ergreife und mich auch noch erdreiste, im Namen des Vereins für Socialpolitik Ihre Gastfreundschaft in Anspruch zu nehmen.

Ich baue darauf, daß sich ihr Ärger über den Fehlschlag beim Versuch der Vereinigung mit Frankreich gelegt hat, zumal die Osterweiterung Frankreichs inzwischen auf andere Weise, nämlich im Rahmen der Europäischen Union, geglückt ist. Sie erhalten doch jetzt mit schöner Regelmäßigkeit aus Brüssel die Dekrete der französischen EU-Beamten, nach denen sich Ihre Vorfahren schon vor zweihundert Jahren so sehr gesehnt hatten. Sogar der Nachfolger des preußischen Staates – die Ex-DDR – wurde ja mit Frankreich vereinigt. Es muß Sie froh stimmen, wenn Preußen sich in Mainz im Rahmen einer Konferenz über eine abermalige Osterweiterung Frankreichs Gedanken machen, zumal der Tenor der Diskussionen dem Vorhaben gegenüber außerordentlich positiv eingestellt ist. Schließlich wird damit ja ein alter Mainzer Wunsch erfüllt. Feiern wir nun miteinander hier im kurfürstlichen Schloß, wo man gerne „singt und lacht“, den geschichtlichen Sieg der Mainzer.

Auf Ihr Wohl, Herr Koebnick, und nochmals vielen Dank für die Einladung!

Schlußwort

Von Prof. Dr. *Hans-Werner Sinn*,
Vorsitzender des Vereins für Socialpolitik

Meine Damen und Herren,

die Jahrestagung des Vereins für Socialpolitik geht jetzt zuende. Wir hatten eine produktive und überaus lebendige Konferenz. Damit eine Tagung so erfolgreich wird und so glatt über die Bühne geht, ist eine Menge Arbeit hinter den Kulissen nötig. Ich möchte die Konferenz daher nicht beschließen, ohne mich bei denjenigen zu bedanken, die im Hintergrund für einen reibungslosen Ablauf dieser Konferenz sorgten.

Der erste Dank geht an Herrn Zohlnhöfer, der unermüdlich und bis ins letzte Detail an der lokalen Organisation gefeilt hat. Die Stadt Mainz und die Johannes-Gutenberg Universität haben uns herzlich empfangen, und wir wurden großzügig bewirtet. Die Tagung in Mainz werden wir alle in guter Erinnerung bewahren. Herr Zohlnhöfer, als Zeichen unserer Anerkennung möchte ich Ihnen ein kleines Präsent übergeben.

Wie bereits in Bern und Rostock hat mich die lokale Organisation in Mainz auch deshalb so beeindruckt, weil alles so schnell und effizient ablief, ohne einen großen Mitarbeiterstab anzuheuern. Neben Herrn Zohlnhöfer waren insbesondere Frau Margareta Kulessa und Frau Anja Altmann die treibenden Kräfte der Organisation. Leider ist Frau Kulessa erkrankt, so daß sie an der Konferenz, die sie selbst mitorganisiert hat, gar nicht teilnehmen konnte. Auf diesem Wege die besten Genesungswünsche. Frau Altmann möchte ich als kleines Dankeschön einen Blumenstrauß überreichen. Bedanken möchte ich mich auch bei Frau Bösche – der Sekretärin von Herrn Zohlnhöfer – und Frau Pfennig für die tatkräftige Unterstützung vor und während der Konferenz, sowie bei Frank Hochapfel für die Organisation der Buchausstellung. Den Damen möchte ich als kleines Dankeschön jeweils einen Blumenstrauß überreichen. Für Herrn Hochapfel habe ich einen guten Tropfen.

Wie Sie sicher wissen, ist die Organisation der Tagung nur der eine Teil. Für die Durchführung braucht es noch viele helfende Hände, damit alles wie am Schnürchen läuft. In Mainz hatten wir viele hochmotivierte und engagierte Hilfskräfte. Auch Ihnen gilt unser herzlichster Dank. Um die perfekte Versorgung mit Kaffee und Gebäckstücken haben sich die Mitarbeiter des „Kulturcafes“ verdient gemacht.

Der ganze mit einer Tagung zusammenhängende Schriftverkehr lief über die Münchner Geschäftsstelle. In den Wochen vor der Konferenz wird der Weg von und zur Poststelle für unsere studentischen Hilfskräfte regelmäßig zu wahrhaft schweißtreibender Arbeit. 3000 Programmhefte, 650 Anmeldebestätigungen waren zu verschicken, 650 Tagungsmappen zu bestücken und vieles mehr, was in kurzer Zeit gedruckt, gepackt und versandt werden muß. Allen, die daran mitgearbeitet haben, herzlichen Dank, insbesondere meinen studentischen Hilfskräften Frau Rottmann und Herrn Stimmelmayr, der hier vor Ort auch mit der Videokamera unterwegs war und hoffentlich genügend Filmmaterial gesammelt hat, damit Sie bald auf dem Internet die Höhepunkte dieser Vereinstagung Revue passieren lassen können. Auch für Herrn Stimmelmayr habe ich ein kleines Präsent.

Daß in der Geschäftsstelle der Überblick nie verloren ging, dafür möchte ich mich bei Frau Porak und Frau Baumann ebenfalls auf das herzlichste bedanken. Da beiden wenig Zeit für touristische Aktivitäten in Mainz blieb, hoffe ich, daß sie mit diesen Geschenken eine kleine Erinnerung an die Schönheiten und Vorzüge der Stadt Mainz behalten.

Mein besonderer Dank gilt auch Ronnie Schöb als Geschäftsführer des Vereins, der die Organisation der Tagung von zentraler Stelle aus gesteuert hat, sowie Marcel Thum, der als Schriftführer des Vereins maßgebliche Funktionen bei der Vorbereitung der Tagung, so etwa bei der Organisation des Job Markets, übernommen hat. Für die beiden Herren habe ich jeweils ein Spiel ausgewählt, nämlich für Herrn Thum „Stratego" – in Anknüpfung an die Strategischen Spiele mit Fehr – und für Herrn Schöb „Den Sinn erkennen".

Schließlich komme ich zur wissenschaftlichen Organisation der Jahrestagung. In der Kerntagung haben wir die Möglichkeit bekommen, uns in fünf Vorträgen intensiv mit der Erweiterung der Europäischen Union zu beschäftigen. In der Offenen Tagung ist die ganze Bandbreite wirtschaftswissenschaftlicher Forschung vor uns aufgefächert worden. Beides, Konzentration und Vielfalt, ist den Organisatoren der beiden Teile hervorragend gelungen. Herr Hoffmann und sein Team – Dieter Cassel, Monika Schnitzer und Franz Wagner – haben das Thema der Erweiterung der EU richtig angepackt und fünf kompetente Referenten eingeladen. Stellvertretend für das Team möchte ich mich bei Herrn Hoffmann mit einem Reprint von Alfred Müller-Armack „Wirtschaftslenkung und Marktwirtschaft" bedanken.

Was die offene Tagung angeht, so weiß ich gar nicht, wie ich Wolfgang Wiegards Mühen richtig würdigen soll. Dein Team, lieber Wolfgang, mußte die neue Rekordzahl von 502 Einreichungen begutachten. Dies ist Dir zusammen mit den Kommissionsmitgliedern Jürgen von Hagen, Martin Hellwig und Dalia Marin ausgezeichnet gelungen, wie die hohe Qualität der Vorträge im Laufe der Tagung gezeigt hat. Ein herzlicher Dank auch an die Kommission der Offenen Tagung. Für Dich als Leiter der Vorbereitungskommission, haben wir als kleines Geschenk das Buch eines älteren Kommilitonen vorbereitet: John Bates Clark's „The Distribution of Wealth". Clark hat ja, genauso wie Du selbst, in Heidelberg studiert, nur etwas früher.

Nochmals den herzlichen Dank des Vereins für Socialpolitik und meinen persönlichen Dank an die Organisatoren dieser Tagung.

Die nächste Jahrestagung findet in Berlin statt, und zwar vom 19.9. bis 22. 9. 2000. Das Plakat für unsere Jahrestagung 2000 zeigt sehr eindringlich, worum es uns dabei geht. Zehn Jahre nach dem Fall der Mauer wollen wir uns an historischer Stätte mit dem Thema der Beschäftigung im vereinten Deutschland auseinandersetzen.

Im Jahr darauf werden wir uns dann übrigens in Magdeburg treffen, wo der Systemwettbewerb Tagungsthema sein wird.

Ich wünsche mir, daß Sie nützliche Anregungen erfahren haben, ausreichend Gelegenheit hatten, Ihre eigenen Arbeiten und die Arbeiten Ihrer Kollegen zu diskutieren, und daß Sie neue Kontakte geknüpft haben – auch das gehört schließlich zu einer Tagung. Damit schließe ich die diesjährige Tagung des Vereins für Socialpolitik und wünsche Ihnen allen eine gute Heimfahrt.

Auf Wiedersehen in Berlin 2000!

II. Liste der Referate der offenen Tagung

A 1 – Strukturelle Determinanten der Arbeitslosigkeit

Vorsitz: *Josef Falkinger*

1. „Heterogene Arbeit in einem Lohnverhandlungsmodell: Eine strukturelle Schätzung für Westdeutschland"

   Bernd Fitzenberger, TU Dresden

2. „Lohnverhandlungen, Arbeitslosigkeit und Wachstum"

   Michael Bräuninger, Universität der Bundeswehr Hamburg

3. „Unterbeschäftigung aufgrund steigender Qualifikationsanforderungen"

   Josef Falkinger, Universität Regensburg

A 2 – Multinationale Investitionen

Vorsitz: *Frank Stähler*

1. „Fragmentation, kostenorientierte Direktinvestitionen und Beschäftigung"

   Carsten Eckel, Universität Passau

2. „Internationale Investitionen als (de-)stabilisierender Faktor?"

   Philipp Harms, Universität Konstanz

3. „Multinationale Unternehmen und endogene Marktstrukturen"

   Frank Stähler, Universität Kiel / *Roberto A. De Santis,* Institut für Weltwirtschaft Kiel

A 3 – Produktdifferenzierung

Vorsitz: *Thomas von Ungern-Sternberg*

1. „Adverse Selektion bei Aktienfinanzierung und Produktmarktwettbewerb"

   Erlend Nier, London School of Economics

2. „Über die Modellierung von Verbundvorteilen"

   Clemens Puppe, Universität Bonn / *Klaus Nehring,* University of California Davis

3. „A Model of Regulation in the Housing Market“

   Pascal Raess / Thomas von Ungern-Sternberg, Université de Lausanne

A 4 – Reform der Krankenversicherung

Vorsitz: *Andreas Haufler*

1. „Krankenversicherung vs. Selbstfinanzierung: Ein Wohlfahrtsvergleich“

   Christian Haslbeck / Wolfgang Buchholz, Universität Regensburg

2. „Zusatzleistungen in der gesetzlichen Krankenversicherung“

   Mathias Kifmann, Universität Konstanz

3. „Effizienzwirkungen einer Finanzierungsreform im Gesundheitswesen“

   Andreas Haufler / Friedrich Breyer, Universität Konstanz

A 5 – Markteintritt, Kollusion und Kartell

Vorsitz: *Jörg Oechssler*

1. „Warum Ausschließlichkeitsbindungen Marktzutritt erleichtern“

   Martin Peitz, University of Alicante / *Paolo G. Garella,* University of Bologna

2. „Kartellstabilität unter Kapazitätsbeschränkungen: Eine Fundierung der traditionellen Sichtweise“

   Volker Nocke, London School of Economics

3. „Mit „Trial & Error“ zur Kollusion“

   Jörg Oechssler / Hans-Theo Normann / Steffen Huck, HU Berlin

A 6 – Ökologische Steuerreform

Vorsitz: *Ronnie Schöb*

1. „Verzerrende Steuern schützen die Umwelt“

   Thomas Gaube, Universität Bonn

2. „Sollten Hoch-Steuer-Länder aufkommensneutrale ökologische Steuerreformen durchführen?“

   Thorsten Bayindir-Upmann/ Matthias G. Raith, Universität Bielefeld

3. „Ökologische Steuerreform und Wettbewerbsfähigkeit“

   Erkki Koskela, University of Helsinki / *Ronnie Schöb / Hans Werner Sinn,* CESifo München

A 7 – Mathematische Spieltheorie

Vorsitz: *Walter Elberfeld*

1. „Endliche anonyme Spiele“

   Matthias Blonski, Universität Mannheim

2. „Asymmetrie, Imitieren und die Evolution von Verhalten“

   Burkhard Hehenkamp, Universität Dortmund

3. „Eine Analyse der Stabilitätsmengen in reinen Koordinationsspielen“

   Walter Elberfeld / Andreas Löffler, Universität Köln

A 8 – Empirische Ansätze zur internationalen Wirtschaft

Vorsitz: *Horst Entorf*

1. „Verifizierung der neuen Außenhandelstheorie anhand des Osthandels der Europäischen Union“

   Jarko Fidrmuc, Institut für Höhere Studien Wien

2. „Ethnisch-Linguistische Verbindungen, Suchkosten und Handel: Eine empirische Untersuchung“

   Karsten Junius, Institut für Weltwirtschaft Kiel / *Volker Nitsch,* Bankgesellschaft Berlin

3. „Der deutsche Aktienmarkt, der Dollar und der Außenhandel“

   Horst Entorf, Universität Würzburg

A 9 – Law and Economics: Theoretische Aspekte

Vorsitz: *Marcel Thum*

1. „Zur Durchsetzung von Wettbewerbsrecht: Mißbrauchsaufsicht oder Anmeldeverfahren“

   Verena Hahn, HU Berlin

2. „Rechtsschutzversicherungen als strategischer Zug“

   Roland Kirstein, Universität des Saarlandes

3. „Fortdauernde Erpressung“

   Marcel Thum, LMU München / *Jay Pil Choi,* Columbia University, New York

A 10 – Bereitstellung öffentlicher Güter

Vorsitz: *Berthold U. Wigger*

1. „Dauerhafte Transfers durch die öffentliche Bereitstellung privater Güter"

   Claudio Thum/Marcel Thum, LMU München

2. „Gender, Arbeit und Freizeit: Ein Modell privater Bereitstellung öffentlicher Güter"

   Miriam Beblo/Julio R. Robledo, FU Berlin

3. „Öffentliche versus private Produktion staatlich bereitgestellter Güter"

   Berthold U. Wigger, Universität Mannheim

A 11 – Ökonometrische Untersuchungen individuellen Verhaltens

Vorsitz: *Joachim Winter*

1. „Ein Eulergleichungsinvestitionsmodell mit monopolistischen Absatz- und monopsonistischen Arbeitsmärkten"

   Norbert Janz, ZEW Mannheim

2. „Strategisches Arbeitsangebot: Ein dynamisches Verhandlungsmodell und seine ökonometrische Implementation"

   Miriam Beblo, FU Berlin

3. „Sparentscheidungen bei Lebenszeit- und Einkommensunsicherheit: Empirische Ergebnisse auf Basis westdeutscher Haushaltsdaten"

   Ralf Rodepeter/Joachim Winter, Universität Mannheim

B 1 – Steuern und Arbeitslosigkeit

Vorsitz: *Lutz Altenburg*

1. „Steuerprogression und Beschäftigung in einem Allgemeinen Gleichgewichtsmodell für Europa"

   Anna Ruocco, Universität Regensburg/*John P. Hutton,* University of York

2. „Lohnverhandlungen, Besteuerung und Arbeitslosigkeit: Eine makroökonometrische Analyse des westdeutschen Arbeitsmarktes"

   Michael Reutter, LMU München

3. „Steuern und Beschäftigung bei variabler Leistungsintensität und Lohnverhandlungen"

   Lutz Altenburg/Martin Straub, Fernuniversität Hagen

B 2 – Zentralbankinstitutionen

Vorsitz: *Helge Berger*

1. „Signalisierung von Kompetenz durch Zentralbanken: Geldmengen- oder Inflationsziele?“

   Volker Hahn / Hans Gersbach, Universität Heidelberg

2. „Zur optimalen Amtsdauer von Zentralbankratsmitgliedern“

   Axel Lindner, Universität Frankfurt

3. „Braucht konservative Geldpolitik konservative Zentralbanken?“

   Helge Berger, CESifo München / *Ulrich Woitek,* University of Glasgow

B 3 – Netzeffekte und Skalenerträge

Vorsitz: *C. Christian von Weizsäcker*

1. „Kompatibilitätsinvestitionen im Duopol in der Gegenwart von nachfrageseitigen Spillover-Effekten und die Rolle von horizontaler Kooperation“

   Christian Wey, Wissenschaftszentrum Berlin

2. „Netzeffekte, Kompatibilitätsentscheidungen und horizontale Produktdifferenzierung“

   Bernd Woeckener, Universität Tübingen

3. „Das Gesetz der zunehmenden Distanzkostendegression“

   C. Christian von Weizsäcker, Universität Köln

B 4 – Gesundheitsökonomie

Vorsitz: *Heinz Rothgang*

1. „Krankenversicherung, Prozeßinnovationen in der Medizin und Konsumentenwohlfahrt“

   Markus Anlauf, Universität Mannheim

2. „Growth, Fertility and Health Spending“

   Luis Currais Nunes / Manuel Gomez Suarez, University of A Coruna

3. „Führt das Pflegeversicherungsgesetz zu einer Angleichung und Begrenzung der Heimentgelte?“

   Günter Roth, Universität Dortmund / *Heinz Rothgang,* Universität Bremen

B 5 – Ökonomische Aspekte von Wertesystemen

Vorsitz: *Nils Goldschmidt*

1. „Man zahlt für Macht"

   Bruno S. Frey / Marcel Kucher, Universität Zürich

2. „Die Konsequenzen der Verrechtlichung für die ethischen Grundlagen wirtschaftlicher Ordnung"

   Nils Goldschmidt / Gerold Blümle, Universität Freiburg

B 6 – Umweltstandards und freiwillige Selbstverpflichtung

Vorsitz: *Klaus Conrad*

1. „Produktstandards und „Grüner Protektionismus"

   Daniel Sturm, London School of Economics and Political Science

2. „Umweltstandards für Produkte, monopolistischer Wettbewerb und internationaler Handel"

   Alexander Haupt, Europa-Universität Viadrina Frankfurt (Oder)

3. „Freiwillige Selbstverpflichtung oder Öko-Dumping als Teil einer strategischen Handelspolitik"

   Klaus Conrad, Universität Mannheim

B 7 – Experimente in extensiven Spielen

Vorsitz: *Abdolkarim Sadrieh*

1. „Effizienz und „Fair Play" in einem einfachen Prinzipal-Agent Experiment"

   Vital Anderhub, HU Berlin / *Simon Gächter,* Universität Zürich / *Manfred Königstein,* HU Berlin

2. „Vertikale Ausschließung in experimentellen Märkten"

   Stephen Martin, University of Copenhagen / *Hans-Theo Normann,* HU Berlin / *Christopher M. Snyder,* George Washington University

3. „Adaptives Lernen versus Bestrafung im Ultimatumspiel"

   Abdolkarim Sadrieh / Klaus Abbink, Universität Bonn / *Fang-Fang Tang,* University of Singapore / *Gary E. Bolton,* Penn State University

B 8 – Wettbewerb und Sortieren in Märkten mit asymmetrischer Information

Vorsitz: *Jürgen Eichberger*

1. „Versicherungsmärkte bei adverser Selektion und Kapazitätsbeschränkungen"

   Achim Wambch, LMU München / *Roman Inderst,* Universität Mannheim

2. „Verzögerung in kompetitiven Suchmärkten mit adverser Selektion"

   Roman Inderst, Universität Mannheim

3. „Ausbildung als Signal bei Unsicherheit"

   Jürgen Eichberger, Universität des Saarlandes / *David Kelsey,* University of Birmingham

B 9 – Public Choice

Vorsitz: *Gerald Pech*

1. „Lobbying und vertikale Finanztransfers"

   Rainald Borck, HU Berlin / *Stephanie Owings,* Northern Virginia Community College

2. „Die Vermeidung eines Public Bad durch Mehrheitsabstimmung über Umverteilung – Experimentelle Evidenz"

   Matthias Sutter, Universität Innsbruck

3. „Sezession, politische Macht und die Grenzen staatlicher Umverteilung"

   Gerald Pech, Universität Bochum

B 10 – Öffentliche Infrastrukturinvestitionen

Vorsitz: *Alfons Weichenrieder*

1. „Beitrag zur Produktivität oder „Pork-barrel"? Die zwei Seiten von Infrastrukturinvestitionen"

   Oliver Cadot, INSEAD / *Lars-Hendrik Röller* / *Andreas Stephan,* HU Berlin

2. „Wettbewerb der Gebietskörperschaften und öffentliche Infrastruktur"

   Kersten Kellermann, Universität Freiburg (CH) / *Carsten-Henning Schlag,* ETH Zürich

3. „Lokale Investitionen bei Defizitschranken"

   Alfons Weichenrieder, CESifo München

B 11 – Individuelles Verhalten unter Unsicherheit

Vorsitz: *Thomas Wein*

1. „Lernen während der Suche nach der besten Alternative"

   Klaus Adam, European University Institute Florenz

2. „Zur Absicherung von Preisrisiken bei nicht handelbarem Inflationsrisiko"

   Axel F. A. Adam-Müller, Universität Konstanz

3. „Informationsmängel im deregulierten Kraftfahrzeugversicherungsmarkt und die Fähigkeiten von Studenten"

   Thomas Wein, Universität Lüneburg

C 1 – Steuerwettbewerb versus Steuerkoordination

Vorsitz: *Bernd Huber*

1. „Begrenzt der Steuerwettbewerb ineffiziente Staatstätigkeit?"

   Wolfgang Eggert, Universität Konstanz

2. „Lokale Kapitaleinkommensbesteuerung und Standortwettbewerb: Theoretische Analyse und empirische Resultate für die Gewerbesteuer"

   Thiess Büttner, ZEW Mannheim

3. „Kann Steuerkoordination funktionieren?"

   Bernd Huber / Clemens Fuest, LMU München

C 2 – Empirische Modelle von Zinsprozessen

Vorsitz: *Bernd Wilfling*

1. „Prognose von Interbanken-Geldmarktzinsen im vereinigten Deutschland"

   Uwe Hassler, FU Berlin

2. „Verbesserung der Qualität marktbasierter Zinsprognosen: Zeitvariable Stationarität und Regimeerwartungen"

   Ralf Ahrens, Universität Gießen

3. „Die Konvergenz bilateraler Zinssätze bei einer antizipierten, zeitgebundenen Wechselkursfixierung"

   Bernd Wilfing, Universität Hamburg

C 3 – Kreditmarkt und Konjunkturzyklus

Vorsitz: *Peter Flaschel*

1. „Fishers Schuldendeflation und Konjunkturzyklen"

   Lutz Arnold, Universität Dortmund

2. „Endogenes Nettovermögen von Schuldnern und dynamische Produktionsreaktionen"

   Andreas Schabert, Universität Köln

3. „Schuldendeflation in Modellen des ungleichgewichtigen Wachstums"

   Peter Flaschel / Gangolf Groh, Universität Bielefeld / *Carl Chiarella,* University of Technology Sidney

C 4 – Internationale Wirtschaft

Vorsitz: *Ludger Schuknecht*

1. „Kapitalmobilität und Erweiterung der EU"

   Claudia Buch, Institut für Weltwirtschaft Kiel

2. „Dynamische Handelspolitik und glaubwürdige Politik"

   Carsten Hefeker / Daniel Gros, Universität Basel

3. „Wettbewerbs- und Wachstumseffekte von Finanzdienstleistungshandel"

   Joseph F. Francois, Erasmus Universität Rotterdam / *Ludger Suknecht,* WTO

C 5 – Vertikale Integration, Joint Ventures und Spezialisten

Vorsitz: *Gerhard Clemenz*

1. „Strategische Fehlprognosen von Investmentberatern"

   Christian Laux / Daniel Probst, Universität Mannheim

2. „Die Anreize, Research Joint Ventures zu gründen: Theorie und Beweis"

   Lars-Hendrik Röller / Ralph Siebert, Wissenschaftszentrum Berlin / *Mihkel M. Tombak,* Helsinki School of Economics

3. „Vertikale Integration zwischen Produzenten und Handelsbetrieben"

   Gerhard Clemenz, Universität Wien

C 6 – Alter, Familie und Heirat

Vorsitz: *Kai A. Konrad*

1. „Bildung und Heiratsalter: Eine theoretische und empirische Untersuchung"
   Sandeep Baliga / Sanjeev Goyal / Stephan Klasen, LMU München
2. „Sparen Eltern für ihre Kinder?"
   Hendrik Jürges, Universität Dortmund
3. „Geographie der Großfamilie"
   Kai Konrad / Harald Künemund / Julio R. Robledo, FU Berlin / *Kjell Erik Lommerud,* University of Bergen

C 7 – Empirische Arbeiten zur Informationstechnologie

Vorsitz: *Ulrich Kaiser*

1. „Zusammenhang zwischen Qualifikationsstruktur und Informationstechnologien in Dienstleistungen"
   Martin Falk, ZEW Mannheim / *Katja Seim,* Yale University
2. „Preiskampf und Preismißbrauch im lokalen Telefonfestnetz"
   Justus Haucap, Universität der Bundeswehr Hamburg
3. „Neue Technologien und die Nachfrage nach heterogener Arbeit: Mikroökonometrische Evidenz für deutsche unternehmensnahe Dienstleister"
   Ulrich Kaiser, ZEW Mannheim

C 8 – Ausbildung und Beschäftigung

Vorsitz: *Monika Merz*

1. „Ausbildungsanforderung, Bildungspolitik und Beschäftigung gut und gering qualifizierter Arbeiter"
   Volker Grossmann / Josef Falkinger, Universität Regensburg
2. „Renditen der Ausbildung und Familiencharakteristika in Deutschland"
   Isabel Gödde / Reinhold Schnabel, Universität Mannheim
3. „Eine ökonomische Analyse der Karriereentscheidungen deutscher Abiturienten"
   Monika Merz, Rice University Houston / *Axel Schimmelpfennig,* Institut für Weltwirtschaft Kiel

C 9 – Untersuchungen zur Unternehmensfinanzierung

Vorsitz: *Alfred Haid*

1. „Finanzierungsrestriktionen und die Terminierung von Innovationen im deutschen Dienstleistungssektor"

   Manfred Stadler / Martin Kukuk, Universität Tübingen

2. „Die Kreditaufnahmeentscheidung kleiner und mittlerer Unternehmen – Empirische Ergebnisse aus Umfragedaten"

   Timm Körting / Dietmar Harhoff, ZEW Mannheim

3. „Investitionen in FuE, Finanzierungsrestriktionen und Unternehmenssteuerung"

   Alfred Haid, DIW Berlin / *Jürgen Weigand,* Indiana University

C 10 – Marktgröße und Innovation

Vorsitz: *Georg Götz*

1. „Marktgröße, Fixkosten und horizontale Konzentration"

   Alexandra Gross / Manfred Neumann, Universität Erlangen-Nürnberg / *Jürgen Weigand,* Indiana University

2. „Dynamischer R&D-Wettbewerb mit endogenen Forschungszielen und „Leapfrogging"

   Steffen Hoernig, European University Institute Florenz und Universidade Catolica Portuguese Lisboa

3. „Technologiewahl und monopolistischer Wettbewerb"

   Georg Götz, Universität Wien / *Walter Elberfeld,* Universität Köln

C 11 – Makroökonomische Aspekte von Finanzinnovationen

Vorsitz: *Malte Krüger*

1. „Verursachen Finanzmarktvolatilitäten Schwankungen der realwirtschaftlichen Aktivität?"

   Jörg Döpke / Christian Pierdzioch, Institut für Weltwirtschaft Kiel

2. „Geldpolitische Bedeutung von Netzgeld"

   Gabriele Kabelac, Deutsche Bundesbank

3. „Eine Welt ohne Geld?"

   Malte Krüger, Universität Köln

D 1 – Globale Umweltprobleme

Vorsitz: *Günter Lang*

1. „Verhandlungen über Emissionsrechte – Der Effekt der Handelbarkeit“

   Carsten Helm, Potsdam-Institut für Klimaforschung e.V.

2. „Zum Management globaler Umweltrisiken: stochastische und strategische Unsicherheitsaspekte“

   Alfred Endres / Cornelia Ohl, FernUniversität Hagen

3. „Globale Erwärmung und die deutsche Landwirtschaft“

   Günter Lang, Universität Augsburg

D 2 – Transmission der Geldpolitik in Deutschland

Vorsitz: *Bernd Hayo*

1. „Der Zusammenhang zwischen Geldmenge, Output und Preisen in Deutschland – ein modifizierter P-Star-Ansatz“

   Jörg Clostermann, FH Ingolstadt / *Franz Seitz,* FH Amberg-Weiden

2. „Deutsche Geschäftsbanken und die Transmission monetärer Impulse – Eine Verkleinerung der Black-Box“

   Markus Küppers, Universität Köln

3. „Industrieeffekte von Geldpolitik in Deutschland“

   Bernd Hayo / Birgit Uhlenbrock, Zentrum für europäische Integrationsforschung Bonn

D 3 – Anreizmechanismen bei asymmetrischer Information

Vorsitz: *Urs Schweizer*

1. „Mittelsleute und Mechanism Design: Zur Funktion von Unternehmensberatern“

   Kay Mitusch / Roland Strausz, FU Berlin

2. „Selbstauferlegte Strafen bei moralischem Risiko und Risikoaversion“

   Claude Fluet, University of Quebec Montreal / *Dominique Demougin,* Universität Magdeburg

3. „Robuste Möglichkeits- und Unmöglichkeitstheoreme“

   Urs Sweizer, Universität Bonn

D 4 – Regionales Wachstum und regionaler Handel

Vorsitz: *Gerald Müller*

1. „Forschungskooperation, Netzwerke und Lokalisierung von technischem Wissen“

   Andreas Kopp, Institut für Weltwirtschaft Kiel

2. „Wie handeln Hauptstädte?“

   Kristof Dascher, Europa-Universität-Viadrina Frankfurt (Oder)

3. „Schmalere Produktivitätslücke in den neuen Ländern bei der Beachtung von Preiseffekten“

   Gerald Müller, Institut für Wirtschaftsforschung Halle

D 5 – Frauenerwerbstätigkeit, Aussiedler und Einwanderer

Vorsitz: *Clemens Fuest*

1. „Berufliche Mobilität von Aussiedlern“

   Thomas Bauer / Klaus F. Zimmermann, IZA Bonn

2. „Konsumentendienstleistungen, Frauenerwerbstätigkeit und der Baumol-Effekt“

   Tomas Kögel, Max Planck Institut für demographische Forschung Rostock

3. „Wohlfahrtseffekte der Immigration in einem dualen Arbeitsmarkt“

   Clemens Fuest / Marcel Thum, LMU München

D 6 – Probleme der Alterssicherung I

Vorsitz: *Stefan Homburg*

1. „Rentenreform während des demographischen Übergangs“

   Hans Fehr, Universität Tübingen

2. „Kapitalgedeckte Rentenversicherung und Arbeitslosigkeit“

   Roland Demmel / Christian Keuschnigg, Universität des Saarlandes

3. „Zwangsersparnis im Sozialstaat“

   Stefan Homburg, Universität Hannover

D 7 – Technischer Fortschritt und Entlohnung

Vorsitz: *John P. Haisken-DeNew*

1. „Zur Wirkung des technischen Fortschritts auf die Qualifikationsstruktur der Beschäftigung und die Entlohnung"

   Stefan Klotz / Winfried Pohlmeier, Universität Konstanz / *Friedhelm Pfeiffer,* ZEW Mannheim

2. „Ein dynamisches Modell zur Theorie kompensierender Lohndifferentiale"

   André Drost / Bernhard Felderer, Universität Köln

3. „Gibt es ein Lohndifferential für die PC-Nutzung am Arbeitsplatz in Deutschland?"

   John P. Haisken-Denew, DIW Berlin / *Christoph M. Schmidt,* Universität Heidelberg

D 8 – Arbeitsmarktpolitik

Vorsitz: *Thomas Wagner*

1. „Der Einfluß gemeinnütziger Arbeitnehmerüberlassung in Rheinland-Pfalz auf den individuellen Wiedereingliederungserfolg in den ersten Arbeitsmarkt"

   Michael Lechner, Universität St. Gallen / *Friedhelm Pfeiffer / Hannes Spengler / Matthias Almus,* ZEW Mannheim

2. „Eine ökonomische Evaluation von ABM in Sachsen-Anhalt"

   Michael Lechner / Martin Eichler, Universität St. Gallen

3. „Die Mitnahme- und Verdrängungseffekte der aktiven Arbeitsmarktpolitik"

   Thomas Wagner, FH Nürnberg / *Elke Jahn,* Universität Erlangen-Nürnberg

D 9 – Unternehmensfinanzierung bei Verhaltensrisiken

Vorsitz: *Dalia Marin*

1. „Delegation von Kontrollrechten, Eigentümerstruktur und der Rückgang der Außenfinanzierung"

   Roman Inderst / Holger M. Müller, Universität Mannheim

2. „Disorganisation und Finanzierungskrise"

   Dalia Marin / Monika Schnitzer, LMU München

D 10 – Empirische Industrieökonomie

Vorsitz: *Roland Herrmann*

1. „Messung von substitutionalen Beziehungen mithilfe von Kreuzkorrelationsfunktionen"

   Ralf Dewenter, Universität GH Essen

2. „Zum Zusammenhang zwischen Größe und Wachstum bei Gründungen – Empirische Ergebnisse für West-Deutschland"

   Matthias Almus / Eric A. Nerlinger, ZEW Mannheim

3. „Lassen sich Struktur-Verhaltens-Ergebnis-Hypothesen wettbewerbstheoretischer Konzeptionen empirisch bestätigen?"

   Roland Herrmann / Claudia Röder, Universität Gießen / *John M. Connor,* Purdue University

D 11 – Bewertung von Finanzderivaten

Vorsitz: *Rainer Schöbel*

1. „Optimales Absichern von Wertpapieren mit Kreditrisiko unter Berücksichtigung der Wahrscheinlichkeit bzw. des Erwartungswertes der Unterabsicherung"

   Christopher Lotz, Universität Bonn

2. „Asiatische Devisenoptionen mit stochastischer Zinsentwicklung: Bewertung als Summe von Optionen mit verzögerter Auszahlung"

   Klaus Sandmann, Universität Mainz / *J. Aase Nielsen,* University of Aarhus

3. „Stochastische Volatilität mit einem Ornstein-Uhlenbeck Prozeß: Eine Erweiterung"

   Rainer Schöbel / Jianwei Zhu, Universität Tübingen

E 1 – Umweltökonomie

Vorsitz: *Franz Hackl*

1. „Transfers in internationalen Umweltabkommen bei asymmetrischer Information"

   Carsten Schmidt, Universität Konstanz

2. „Umweltpolitik und Wettbewerbsfähigkeit im Falle X-ineffizienter Unternehmen"

   Jacqueline Rothfels, Institut für Wirtschaftsforschung Halle

3. „Der Einfluß von Einkommenserwartungen auf rapportierte Zahlungsbereitschaften im Rahmen des kontingenten Bewertungsansatzes"

   Franz Hackl / Gerald J. Pruckner, Universität Linz

E 2 – Stabilitätsprobleme der Wechselkurspolitik

Vorsitz: *Lukas Menkhoff*

1. „Spekulative Attacken: Eindeutige Sunspot-Gleichgewichte und Markttransparenz"

   Frank Heinemann / Gerhard Illing, Universität Frankfurt am Main

2. „Scheitern Wechselkursstabilisierungen an selbsterfüllenden Erwartungen?"

   Bettina Krois, HU Berlin

3. „Moral Hazard in thailändischen Banken?"

   Lukas Menkhoff, RWTH Aachen

E 3 – Verhaltensrisiken und optimale Anreize

Vorsitz: *Sabine Böckem*

1. „Beschränkte Haftung und Anreizverträge bei mehreren Projekten"

   Christian Laux, Universität Mannheim

2. „Quereinsteiger: Anreiz oder Abschreckung?"

   Erwin Amann, Universität Dortmund

3. „Arm und ignorant: Principal-Agent Probleme bei beschränktem Haftungskapital"

   Ulf Schiller, Universität Tübingen / *Sabine Böckem,* Universität Dortmund

E 4 – Endogene Wachstumsmodelle

Vorsitz: *Ingrid Ott*

1. „Beeinflußt Bildungspolitik Einkommensverteilung und Wirtschaftswachstum?"

   Christiane Schäfer, LZB Hamburg

2. „Endogenes Wachstum unter Unsicherheit"

   Christiane Clemens, Universität Hannover / *Susanne Soretz,* Universität Lüneburg

3. „Politökonomische Aspekte in einem endogenen Wachstumsmodell mit produktiven Staatsausgaben"

   Ingrid Ott, Universität Lüneburg

E 5 – Arbeit, Gesundheit und Anreize

Vorsitz: *Viktor Steiner*

1. „Haben wir den Wert der Gesundheit überschätzt?“

   Rafael Lalive, Universität Zürich

2. „Anreize und Fiskalpolitik: Anspruchslöhne in Deutschland von 1991 – 96“

   Christopher Cornwell, University of Georgia / *Kerstin Schneider,* Universität Dortmund

3. „Können durch einkommensbezogene Transfers an Arbeitnehmer die Arbeitsanreize gestärkt werden?“

   Viktor Steiner, ZEW Mannheim

E 6 – Probleme der Alterssicherung II

Vorsitz: *Wolfgang Peters*

1. „Effizienz des Umlageverfahrens in der Alterssicherung im Drei-Perioden-OLG Modell“

   Matthias Wrede, Universität Bamberg

2. „Umlagefinanzierte Alterssicherung bei hoher Haushaltsmobilität: Eine partialanalytische Betrachtung“

   Ulrich Hange, TU Dresden

3. „Abstimmung über Rentenversicherung mit Händen und Füßen: Junge Migranten auf der Flucht vor der Herrschaft der Alten“

   Alexander Haupt / Wolfgang Peters, Europa Universität Viadrina Frankfurt (Oder)

E 7 – Innvovation, technischer Wandel und Wachstum

Vorsitz: *Uwe Walz*

1. „Endogener technischer Wandel in einer Ökonomie mit kompetitiven Märkten“

   Andreas Irmen / Martin Hellwig, Universität Mannheim

2. „Produktivitätskonvergenz und ökonomisches Wachstum: Ein Ansatz mittels der Frontier-Produktionsfunktion“

   Jens-Uwe Wächter, Zentrum für europäische Integrationsforschung Bonn / *Christopher M. Cornwell,* University of Georgia

3. „Innovation und Diffusion in einem Modell mit Wachstumszyklen“

   Klaus Wälde, The World Bank / *Uwe Walz,* Universität Tübingen

E 8 – Probleme der Arbeitsmarktpolitik

Vorsitz: *Rudolf Winter-Ebmer*

1. „Arbeitsmarktreform und Entschädigungszahlungen für Insider"

   Hans Peter Grüner, Universität Bonn

2. „Einkommensabhängiges Arbeitslosengeld und Arbeitslosigkeit bei Kollektivverhandlungen"

   Jakob B. Madsen, University of Western Australia / *Laszlo Goerke,* Universität Konstanz

3. „Arbeitslosigkeit und Kriminalität: Eine Panelanalyse für die USA"

   Steven Raphael, University of California / *Rudolf Winter-Ebmer,* Universität Linz

E 9 – Unternehmensfinanzierung und Wettbewerb

Vorsitz: *Ulrich Lehmann-Grube*

1. „Eine monopolistische Rating-Agentur"

   Anette Boom, FU Berlin

2. „Räumlicher Wettbewerb auf Kreditmärkten"

   Ulrich Lehmann-GrubeE / Heidrun Hoppe, Universität Hamburg

E 10 – Globalisierung, Outsourcing und Arbeitsmarkt

Vorsitz: *Wilhelm Kohler*

1. „Globalisierung und Arbeitsmärkte"

   Barbara Dluhosch, LMU München / *Michael C. Burda,* HU Berlin

2. „Wechselkurspolitik, Abfolge von Reformschritten und die „Internationale Finanzarchitektur": Lehren aus der Asienkrise 1997 / 98"

   Markus Diehl, Institut für Weltwirtschaft Kiel

3. „Handel und Löhne: Was können wir vom Faktorgehalt des internationalen Handels lernen?"

   Wilhelm Kohler, Universität Linz

E 11 – Spekulation, Kommunikation und Wertpapiermärkte

Vorsitz: *Bettina Kuon*

1. „Informationsineffizienzen in Gleichgewichten unter rationalen Erwartungen"

   Simon Messner, Université des Sciences Sociales Toulouse

2. „Zur Dynamik rationaler Lernprozesse bei asymmetrischer Information"

   Maik Heinemann, Universität Hannover

3. „Eine strategische Analyse spekulativen Handels in einem Wertpapiermarkt mit Informationsasymmetrie"

   Bettina Kuon, Universität Bonn

F 1 – Fairness, Wettbewerb und Kommunikationsstruktur

Vorsitz: *Klaus M. Schmidt*

1. „Kommunikationsformen und Kooperation: Eine experimentelle Untersuchung"

   Joachim Weimann / Axel Ockenfels / Jeannette Brosig, Universität Magdeburg

2. „Raum und Kooperation – eine experimentelle Studie"

   Oliver Kirchkamp, Universität Mannheim / *Rosemarie Nagel,* Universitat Pompeu Fabra Barcelona / *Avner Shaked,* Universität Bonn

3. „Eine Theorie über Fairness, Wettbewerb und Kooperation"

   Klaus M. Schmidt, LMU München / *Ernst Fehr,* Universität Zürich

F 2 – – Monetäre Außenwirtschaft I

Vorsitz: *Marcel Fratzscher*

1. „Die Effekte der Europäischen Wirtschafts- und Währungsunion auf das Lohnverhalten"

   Charlotte Lauer, ZEW Mannheim

2. „Evidenzen zur Stationarität realer Wechselkurse aus Paneltests"

   Peter Anker, Universität Gießen

3. „Die Auswirkungen der Wechselkursregime und –stabilität auf die wirtschaftliche Entwicklung: Eine empirische Analyse"

   Marcel Fratzscher, European University Institute Florenz

F 3 – Aktuelle Steuerpolitik: Reform der Unternehmensbesteuerung

Vorsitz: *Wolfgang Wiegard, Universität Regensburg*

Stellungnahmen von und Panel-Diskussion mit

1. *Stefan Homburg,* Universität Hannover
2. *Franz W. Wagner,* Universität Tübingen
3. *Albert Peters,* Bundesministerium der Finanzen, Berlin

F 4 – Arbeitslosigkeit und Arbeitsmobilität

Vorsitz: *Martin Kolmar*

1. „Hilfe zur Arbeit in kommunalen Beschäftigungsgesellschaften und das Problem vertikaler Externalitäten"

   Holger Feist/Ronnie Schöb, CESifo München

2. „Die Auswirkungen des Deutschen Arbeitslosenversicherungssystems auf die gesamtwirtschaftliche Ersparnis und die Vermögensverteilung"

   Burkhard Heer, Universität Köln

3. „Steuerdifferentiale, Domino-Effekte und die Allokation des Faktors Arbeit in einem räumlichen Modell mit beschränkter Arbeitsmobilität"

   Martin Kolmar/Ashok Kaul, Universität Bonn/*Patrik Guggenberger,* Yale University

F 5 – Dynamische makroökonomische Modelle

Vorsitz: *Bernd Lucke*

1. „Mehrperiodige Prognosen in ökonomischen dynamischen Systemen"

   Volker Böhm/Jan Wenzelburger, Universität Bielefeld

2. „Indeterminiertheit in einem Ramsey-Wachstumsmodell einer kleinen offenen Volkswirtschaft"

   Mark Weder, HU Berlin

3. „Output-Dynamik und Schockfortpflanzung in Real-Business-Cycle-Modellen mit endogenem Wachstum"

   Bernd Lucke, Universität Hamburg

F 6 – Transformationsökonomien

Vorsitz: *Peter Gottfried*

1. „Investitionsverhalten in berechenbaren allgemeinen Gleichgewichtsmodellen für Transformationsländer"

   Daniel Piazolo, Institut für Weltwirtschaft Kiel

2. „Die Bedeutung von Gouvernanz-Strukturen in Entwicklungs- und Transformationsländern für die Herausbildung eines Post-Washington-Konsenses"

   Joachim Ahrens, Universität Göttingen

3. „Die Osterweiterung der EU: Eine numerische Gleichgewichtsanalyse"

   Peter Gottfried/Anna Ruocco/Wolfgang Wiegard, Universität Regensburg

F 7 – Innovation, Produktivität und wirtschaftliche Entwicklung

Vorsitz: *Andre Jungmittag*

1. „Faktoreinsatz, Produktivität und Entwicklungsniveau: Das neoklassische Modell im empirischen Test"

   Ludger Wössmann/Erich Gundlach/Desmond Rudman, Institut für Weltwirtschaft Kiel

2. „Neue Unternehmen für ein neues Jahrhundert, Firmengründungsraten und regionale Wirtschaftsstruktur in Südwestdeutschland um 1900"

   Jörg Baten, LMU München

3. „Innovation, Standardisierung und die langfristige Produktionsfunktion – Eine Kointegrationsanalyse für Deutschland 1960–1996"

   Andre Jungmittag/Knut Blind/Hariolf Grupp, Fraunhofer-Institut für Systemtechnik und Innovationsforschung Karlsruhe

F 8 – Makroökonomische Aspekte von Lohnstarrheiten

Vorsitz: *Alfred Maußner*

1. „Nominale Lohnstarrheiten bei tiefen Inflationsraten"

   Ernst Fehr/Lorenz Götte, Universität Zürich

2. „Effizienzlohnarbeitslosigkeit und endogenes Wachstum"

   Jürgen Meckl, Universität Konstanz

3. „Lohnkontrakte in einer monetären Wirtschaft mit endogenem Wachstum"

   Alfred Maussner, Universität Bamberg

F 9 – Empirische Analyse langfristiger Trends

Vorsitz: *Rahel Falk*

1. „Eine zeitreihenanalytische Untersuchung der Nichtlinearitätshypothese öffentlicher Ausgaben"

   Thorsten Neumann / Stefan Mittnik, Universität Kiel

2. „Die Entwicklung der Unternehmensinvestitionen in Deutschland. Eine Erklärung mit Hilfe der Technik der saisonalen Kointegration"

   Christian Dreger / Hans-Ulrich Brautzsch, Institut für Wirtschaftsforschung Halle

3. „Ungleichheit und Konsumglättung im ländlichen Indien: Eine Panelanalyse für den Zeitraum 1960 – 1991"

   Rahel Falk / Clive Bell, Universität Heidelberg

F 10 – Geld- und Fiskalpolitik in der EWU

Vorsitz: *Reinhard Neck*

1. „Zur Überwachung fiskalpolitischer Konsolidierungen in der EWU"

   Rolf Strauch, Deutsche Bundesbank

2. „Controlling Inflation in Euroland – Eine geldpolitische Strategie für die EZB"

   Nikolaus A. Siegfried / Karen Cabos, Universität Hamburg

3. „Zur Gestaltung der makroökonomischen Politik in der Europäischen Währungsunion: Ein numerischer spieltheoretischer Ansatz"

   Reinhard Neck / Gottfried Haber, Universität Klagenfurt / *Warwick J. McKibbin,* Australian National University

F 11 – Mikrostruktur von Finanzmärkten

Vorsitz: *Nikolaus Hautsch*

1. „Informierte Investoren beim computerisierten Handel deutscher Aktien"

   Dirk Schiereck, Universität Mannheim / *Joachim Grammig,* Universität Frankfurt

2. „Preiseinfluß und Profit großer Xetra-Händler"

   Siegfried Trautmann / Anne-Kerstin Kampovsky, Universität Mainz

3. „Volatilitätsschätzung auf Grundlage von Preisintensitäten"

   Frank Gerhard / Nikolaus Hautsch, Universität Konstanz

G 1 – Finanzierung, Beschäftigung, Altersvorsorge

Vorsitz: *Peter Winker*

1. „Löhne, Investitionen und Arbeitslosigkeit"

   Richard Reichel, Universität Erlangen-Nürnberg

2. „Betriebliche Altersversorgung: Verbreitung, Bestimmungsgründe und Auswirkungen auf die Personalfluktuation"

   Claus Schnabel, Institut der deutschen Wirtschaft Köln / Joachim Wagner, Universität Lüneburg

3. „Beschäftigungsanpassung und Finanzierungsrestriktionen"

   Werner Smolny, Universität Konstanz / *Peter Winker,* Universität Mannheim

G 2 – Monetäre Außenwirtschaft II

Vorsitz: *Ansgar Belke*

1. „Vertrauensschwund und Währungskrisen"

   Willy Spanjers, Universität des Saarlandes

2. „Panel-Einheitswurzeltests der Kaufkraftparitätentheorie und ökonomische Intuition"

   Christoph Fischer / Daniel Porath, Universität Mainz

3. „Zur Aggregation von Hysteresis in der Beschäftigung: Die Bedeutung der Wechselkursunsicherheit"

   Ansgar Belke, Ruhruniversität Bochum / *Matthias Göcke,* Institut für industriewirtschaftliche Forschung Münster

G 3 – Aktuelle Wirtschaftspolitik: 630 DM-Gesetz

Vorsitz: *Dalia Marin, LMU München*

Stellungnahmen von und Panel-Diskussion mit

1. *Norbert Berthold,* Universität Würzburg
2. *Gert Wagner,* DIW Berlin und Viadrina Frankfurt / Oder
3. *Claus F. Hofmann,* Bundesministerium für Arbeit und Sozialordnung Bonn

G 4 – Asymmetrische Information im Oligopol

Vorsitz: *Christoph Schenk*

1. „Beobachtbarkeit von Kreditkonditionen bei asymmetrischer Information"

   Frank Schuhmacher, Universität Bonn

2. „Unsicherheitsaverse Firmen und die Offenlegung privater Informationen über Kosten"

   Jens Tapking, Universität des Saarlandes

3. „Signaling durch Querlieferungen"

   Christoph Schenk, Wissenschaftszentrum Berlin

G 5 – Wirtschaftliche Entwicklung und Geschichte

Vorsitz: *Bertram Schefold*

1. „Nachkriegswachstum, Produktivitätskonvergenz und Wiederaufbau"

   Werner Smolny, Universität Konstanz

2. „Biologischer Lebensstandard und wirtschaftliche Entwicklung: Ernährung, Gesundheit und Wohlfahrt in historischer Perspektive"

   John Komlos, LMU München

3. „Klassisches Athen: Stufe, System, Stil oder was sonst? Eine Deutung in der Tradition deutscher Forschung über die Antike Wissenschaft"

   Bertram Schefold, Universität Frankfurt am Main

G 6 – Umverteilung und Steuerwettbewerb

Vorsitz: *Christoph Lülfesmann*

1. „Steuerkonkurrenz in föderalen Staaten"

   Marko Köthenbürger, Universität Paderborn

2. „Steuerwettbewerb und Einkommensumverteilung: Eine empirische Analyse für die Schweiz"

   Lars P. Feld, Universität St. Gallen

3. „Tiebout und Umverteilung: Ein Migrationsmodell mit heterogenen Individuen"

   Anke S. Kessler / Christoph Lülfesmann, Universität Bonn

G 7 – Spezielle Besteuerungsfragen

Vorsitz: *Jörg Althammer*

1. „Tax Spillovers under Separate Accounting and Formula Apportionment“

   Soren Bo Nielsen / Pascalis Raimondos-Moller, Copenhagen Business School / *Guttorm Schjelderup,* Norwegian School of Economics

2. „Der Euro, der Zinssatz und die Wohneigentumsquote“

   Ulrich Scholten, Cesifo München

3. „Zur Reform der Familienbesteuerung“

   Jörg Althammer, Universität Augsburg

G 8 – Arbeitslosigkeit und Globalisierung

Vorsitz: *Jürgen Jerger*

1. „Überqualifizierung treibt Arbeitnehmer in Niedriglohnbeschäftigung“

   Thomas Zwick, ZEW Mannheim

2. „Lernen von allgemeinen Gleichgewichtseffekten und Arbeitslosigkeit“

   Achim Schniewind / Hans Gersbach, Universität Heidelberg

3. „Globalisierung, Lohnsetzung und die Erosion von Sozialstandards“

   Jürgen Jerger, Universität Freiburg

G 9 – Empirische Finanzmarktanalyse

Vorsitz: *Joachim Grammig*

1. „Spezifikation, Schätzung und empirische Anwendung eines neuen Autoregressive Conditional Duration Modells“

   Joachim Grammig / Kai-Oliver Maurer, Universität Frankfurt am Main

2. „Sind Aktienrenditen mit endlicher Varianz modellierbar?“

   Ralf Runde / Axel Scheffner, Universität Dortmund

3. „Modellierung von interdependenten Volatilitäts- und Intertransaktionsdauer-Prozessen auf Finanzmärkten“

   Joachim Grammig/ Marc Wellner Universität Frankfurt am Main

G 10 – Asymmetrische Information

Vorsitz: *Dieter Bös*

1. „Die Auswahl von Gutachtern“
   Ida Bagel / Pio Baake, HU Berlin
2. „Soziale Interaktionen – Gibt es wirklich ein Identifikationsproblem?“
   Ulf von Kalckreuth, Deutsche Bundesbank
3. „Preisregulierung bei unvollständigen Verträgen“
   Dieter Bös, Universität Bonn

G 11 – Geldpolitik und Finanzmärkte

Vorsitz: *Jörg Döpke*

1. „Elemente einer Theorie der Liquiditätssteuerung von Notenbanken“
   Ulrich Bindseil, EZB Frankfurt am Main
2. „Die Reaktion langfristiger Zinssätze auf Neuigkeiten über die Geldpolitik“
   Dieter Nautz / Jürgen Wolters, FU Berlin
3. „Reale und finanzielle Integration – Evidenz für die Beitrittsländer zur EU und zur Währungsunion“
   Claudia M. Buch / Jörg Döpke, Institut für Weltwirtschaft Kiel

Verzeichnis der Referenten der Kerntagung

Andries Brandsma, Commission Europeenne, Economic Affairs II–D–1, Rue de la Loi 200, B-1049 Bruxelles

Prof. *Michael C. Burda,* Ph.D., Humboldt-Universität zu Berlin, Wirtschaftswissenschaftl. Fakultät, Spandauer Straße 1, 10178 D-Berlin

Prof. Dr. *Wilhelm Kohler,* Johannes-Kepler-Universität Linz, Institut für Volkswirtschaftslehre, Altenberger Straße 69, A-4040 Linz-Aurach

Hans Peter Lankes, EBRD – European Bank of Reconstruction and Development, Transition Strategy, 1, Exchange Square, London EC2A 2JN, Großbritannien

Prof. Dr. *Reinhard Selten,* Rheinische Wilhelms-Universität Bonn, Adenauer-Allee 24 - 42, D-53113 Bonn

Prof. Dr. *Hans-Werner Sinn,* Präsident, ifo Institut für Wirtschaftsforschung, Poschingerstraße 5, D-81679 München

Prof. Dr. *Alfred Steinherr,* Chief Economist, EIB Europäische Investitionsbank, Head of Economics & 100, Boulevard Konrad Adenauer, L-2950 Luxembourg

Die Veranstaltung wird in dankenswerter Weise durch folgende Sponsoren unterstützt:

Deutsche Bundesbank

Dresdner Bank AG

Genossenschaftsverband Hessen / Rheinland-Pfalz / Thüringen e.V.

Gothaer Versicherungsbank

Landesbank Rheinland-Pfalz

Landeszentralbank in Rheinland-Pfalz und im Saarland

Siemens AG

Arbeitgeberverband der Versicherungsunternehmen in Deutschland

BASF AG

BfG Bank AG

BHF-Bank AG

Boehringer Ingelheim GmbH

Bundesvereinigung der Deutschen Arbeitgeberverbände

DaimlerChrysler AG

Deutsche Bank AG

Eckes AG

Frankfurter Allgemeine Zeitung GmbH

Freunde der Universität Mainz e.V.

Hypo-Vereinsbank AG

J. F. Hillebrand GmbH

Jenoptik GmbH

Johannes Gutenberg-Universität

Kreditanstalt für Wiederaufbau

Merck KGaA

Ministerium für Bildung, Wissenschaft und Weiterbildung Rheinland-Pfalz

Osram GmbH

Rheinhessenwein e.V.

Robert Bosch GmbH

Sixt AG

Stadtsparkasse Köln

Werner & Mertz GmbH

Schriften des Vereins für Socialpolitik

Neue Folge

248 **Szenarien der Europäischen Währungsunion und der Bankenregulierung.** Hrsg. von D. Duwendag. Tab., Abb.; 158 S. 1997 ⟨3-428-08960-X⟩ DM 86,– / sFr 78,–

249 **Bildung und Arbeit in Ostdeutschland.** Hrsg. von D. Timmermann. Tab., Abb.; 97 S. 1997 ⟨3-428-08955-3⟩ DM 74,– / sFr 67,–

250 **Zentrum und Peripherie – Zur Entwicklung der Arbeitsteilung in Europa.** Hrsg. von H.-J. Vosgerau. Johann-Heinrich-von-Thünen-Vorlesung: Heinz König: Innovation und Beschäftigung. Jahrestagung des Vereins für Socialpolitik, Gesellschaft für Wirtschafts- und Sozialwissenschaften, in Linz 1995. Zugleich Beiheft 5 „Zeitschrift für Wirtschafts- und Sozialwissenschaften". Tab., Abb.; 191 S. 1997 ⟨3-428-09105-1⟩ DM 78,– / sFr 71,–

251/I **Reform des Sozialstaats I:** Arbeitsmarkt, soziale Sicherung und soziale Dienstleistungen. Hrsg. von R. Hauser. Tab., Abb.; 220 S. 1997 ⟨3-428-09102-7⟩ DM 86,– / sFr 78,–

251/II **Reform des Sozialstaats II:** Theoretische, institutionelle und empirische Aspekte. Hrsg. von R. Hauser. Tab., Abb.; 155 S. 1998 ⟨3-428-09400-X⟩ DM 78,– / sFr 71,–

252 **Herausforderung Medien: Zwischen Freiheit und Zwang.** Hrsg. von P. Oberender. Abb.; 83 S. 1997 ⟨3-428-09104-3⟩ DM 64,– / sFr 58,–

253 **Fiskalföderalismus in Europa.** Hrsg. von A. Oberhauser. Tab., Abb.; 145 S. 1997 ⟨3-428-09254-6⟩ DM 86,– / sFr 78,–

254 **Institutionelle Probleme der Systemtransformation.** Hrsg. von D. Cassel. Tab., Abb.; 210 S. 1997 ⟨3-428-09263-5⟩ DM 68,– / sFr 62,–

255 **Perspektiven der Osterweiterung und Reformbedarf der Europäischen Union.** Hrsg. von W. Zohlnhöfer. Tab., Abb.; 201 S. 1998 ⟨3-428-09283-X⟩ DM 92,– / sFr 83,50

256 **Steuersysteme der Zukunft.** Hrsg. von G. Krause-Junk. Johann-Heinrich-von-Thünen-Vorlesung: Rudolf Richter: Neue Institutionenökonomik – Ideen und Möglichkeiten. Jahrestagung des Vereins für Socialpolitik, Gesellschaft für Wirtschafts- und Sozialwissenschaften, in Kassel 1996. Zugleich Beiheft 6 „Zeitschrift für Wirtschafts- und Sozialwissenschaften". Tab., Abb.; 381 S. 1998 ⟨3-428-09270-8⟩ DM 158,– / sFr 140,50

257 **Spekulation, Preisbildung und Volatilität auf Finanz- und Devisenmärkten.** Hrsg. von E. Baltensperger. Tab., Abb.; 163 S. 1998 ⟨3-428-09377-1⟩ DM 98,– / sFr 89,–

258 **Bildung und Wirtschaftswachstum.** Hrsg. von R. K. von Weizsäcker. Tab., Abb.; 144 S. 1998 ⟨3-428-09461-1⟩ DM 84,– / sFr 76,–

259 **Probleme der Besteuerung**

I. Hrsg. von A. Oberhauser. 123 S. 1998 ⟨3-428-09446-8⟩ DM 86,– / sFr 78,–

II. Hrsg. von N. Andel. 174 S. 1999 ⟨3-428-09813-7⟩ DM 98,– / sFr 89,–

III. Hrsg. von N. Andel. Tab., Abb.; 176 S. 2000 ⟨3-428-10159-6⟩ DM 128,– / sFr 114,–